U0634036

BLUE BOOK

智 库 成 果 出 版 与 传 播 平 台

辽宁装备制造业蓝皮书
**BLUE BOOK** OF EQUIPMENT MANUFACTURING
INDUSTRY IN LIAONING

# 辽宁省装备制造业发展报告（2022）

ANNUAL REPORT ON THE DEVELOPMENT OF EQUIPMENT MANUFACTURING
INDUSTRY IN LIAONING PROVINCE (2022)

主 编／祝爱民 肖 萌

社会科学文献出版社
SOCIAL SCIENCES ACADEMIC PRESS (CHINA)

图书在版编目（CIP）数据

辽宁省装备制造业发展报告 . 2022 ／ 祝爱民，肖萌
主编 . --北京：社会科学文献出版社，2022. 9
（辽宁装备制造业蓝皮书）
ISBN 978-7-5228-0090-5

Ⅰ. ①辽… Ⅱ. ①祝… ②肖… Ⅲ. ①制造工业-经
济发展-研究报告-辽宁-2022 Ⅳ. ①F426. 4

中国版本图书馆 CIP 数据核字（2022）第 078600 号

辽宁装备制造业蓝皮书
辽宁省装备制造业发展报告（2022）

主　　编／祝爱民　肖　萌

出 版 人／王利民
组稿编辑／邓泳红
责任编辑／张　超
责任印制／王京美

出　　版／社会科学文献出版社·皮书出版分社（010）59367127
　　　　　　地址：北京市北三环中路甲 29 号院华龙大厦　邮编：100029
　　　　　　网址：www. ssap. com. cn
发　　行／社会科学文献出版社（010）59367028
印　　装／天津千鹤文化传播有限公司

规　　格／开本：787mm×1092mm　1/16
　　　　　　印张：16. 75　字数：247 千字
版　　次／2022 年 9 月第 1 版　2022 年 9 月第 1 次印刷
书　　号／ISBN 978-7-5228-0090-5
定　　价／128. 00 元

读者服务电话：4008918866

# 辽宁装备制造业蓝皮书编委会

# 主要编撰者简介

**祝爱民**　沈阳工业大学管理学院执行院长，教授，博士，博士生导师。辽宁省管理科学研究会常务理事，辽宁省管理类专业学位研究生教学指导委员会委员，辽宁省管理科学与工程类专业教学指导委员会委员。国家一流本科专业建设点负责人，辽宁省教学名师。先后主持或参与国家自然科学基金项目、国家社会科学基金项目、教育部人文社科项目等多项，获教育部第六届高等学校科学研究优秀成果奖（人文社会科学）二等奖1项，辽宁省哲学社会科学优秀成果奖二等奖2项。在《中国管理科学》《科学学研究》《科学学与科学技术管理》等刊物上发表多篇文章，有多项资政建议得到省级领导批示。

**肖　萌**　沈阳工业大学管理学院讲师，博士，硕士生导师。先后主持或参与辽宁省社会科学基金项目、辽宁省教育厅高校基本科研项目、辽宁省科协科技创新智库项目、辽宁省社科联基地项目、沈阳市社科联项目、沈阳市科技创新智库决策咨询课题等多项，获沈阳市第二十四届社会科学优秀学术成果奖二等奖1项，沈阳市自然科学学术成果奖（学术论文类）三等奖1项，辽宁省第6届社会科学学术活动月优秀成果奖三等奖1项。在CSSCI期刊、CSCD期刊、EI期刊上发表多篇文章。

# 前　言

　　装备制造业是一个国家综合国力的重要体现，是事关国家国防安全和经济安全的战略性产业，装备制造业的发展与现代化程度对于国民经济的发展和国计民生有着极其重要的影响。装备制造业也是国民经济的基石，集中反映了一个国家或地区的科技水平、制造能力和综合实力。辽宁是我国装备制造业的发源地之一，曾具有良好的发展基础、丰饶的资源供给和厚重的人力资源，1949 年后辽宁曾被誉为中国"国民经济发展的装备部"，是我国装备制造业大省。辽宁省装备制造业在重大技术装备方面实力雄厚，占全省规上工业增加值达 30%，成套设备、装备制造业产品在技术含量和市场份额方面处于全国领先水平。辽宁省作为老工业基地，拥有坚实的装备制造业基础，正在进行的产业结构调整使高端装备制造业占比更加明显，辽宁省装备制造业结构优化正向智能化、高端化、成套化"三化"方向发展。伴随辽宁经济发展的变化，辽宁省装备制造业经历了起步、发展、辉煌、回落、腾飞、改革、调整等发展阶段，建立了较为完备的产业体系，成为辽宁的支柱产业。所以，辽宁省装备制造业在近现代中国发展历史上和国民经济发展中具有举足轻重的作用，是支撑中国工业现代化的主要力量。

　　辽宁省装备制造业大力推动高质量发展，追求装备制造业的智能化升级，在产业结构调整和高端装备研发等方面取得显著成效，在机器人及智能设备、数控机床、航空航天装备、先进轨道交通装备、海洋工程装备及高技术船舶、汽车、集成电路装备等领域，形成了装备制造业产业特色，并在全

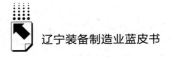

国具有重要地位。

本书重点分析了辽宁省 2019～2020 年装备制造业的发展情况，但是，由于本书是辽宁省建省以来第一部关于装备制造业发展的蓝皮书，为了便于读者理解辽宁省如何成为中国装备制造业强省和大省，有必要将装备制造业在辽宁省的发展历史情况做一个简要回顾和梳理。装备制造业在辽宁的发展进程实际上也是近现代装备制造业在中国发展的缩影，总体上看，装备制造业在辽宁省的发展大体上经历了四个大的发展阶段：新中国成立前（1900～1949 年）；社会主义建设初期（1949～1978 年）；改革开放时期（1978～2012 年）；新时代以来（2012 年至今）。不同发展时期，辽宁装备制造业的发展特点、发展水平、发展规模以及发展作用都有差别。

辽宁省作为中国装备制造业的排头兵，正致力于建设具有国际竞争力的先进装备制造业基地。智能制造是全球装备制造业产业升级的成功途径和制造业变革的前进方向，已上升为国家战略。在全球制造业格局面临重大调整的过程中，辽宁应该把智能制造作为装备制造业增长的新动力，提高行业生产效率和发展质量。通过智能制造转型升级，重塑辽宁省装备制造业的竞争优势，为装备制造业提供高素质的人力资源和高技术水平的产品和服务。通过智能制造革新产业链，实现生产、产品、管理、新业态、新模式和服务的全方位智能化，使辽宁省装备制造业站在智能制造发展的前列。

基于辽宁省装备制造业 2019～2020 年发展概况分析，本书还重点研究、阐述了机器人及智能设备、集成电路、高档数控机床、先进轨道交通装备制造、航空装备、新能源汽车、重大成套装备等重点装备制造业行业的发展情况，并综合了各行业存在的主要问题。一是装备制造业发展速度减慢。原有装备制造业产业结构不合理、国有制企业弊端、人员缺乏创新意识、装备制造业高端设备闲置等原因阻碍了企业的自主创新能力提升，使装备制造业发展速度逐渐回落。二是装备制造业产业分工对市场的适应性较差。与国际同类企业相比，辽宁省装备制造业存在产业集中度低、企业规模小等问题。很多中小型装备制造业企业还没有实现以专业化为基础的分工协作，其产业发展缓慢，缺乏标准，难以形成有效竞争。三是装备制造业的龙头企业带动作用不强。辽宁省装备制造业优势行业中仅有华晨宝马、英特尔、忠旺等少数领军型企业，对行业的拉动作用有限。四是装备制造业本地企业产品研发不足。辽宁省装备制造业企业自主创新能力相对较弱，科研成果转化率较低以及企业研发经费不足。五是装备制造业产业配套滞后。辽宁省优势产业发展良好，但与上下游企业联系还有缺陷，尚未形成完整的产业链。由于生产性服务业发展滞后，产业缺乏相关的公共研发设计平台，为优势企业提供技术和零部件的配套能力较弱。

为提升辽宁省装备制造业行业和企业的发展和市场竞争力，使辽宁省装备制造业行业和企业在全国乃至世界的装备制造基地中占有一席之地，辽宁省装备制造业应针对企业和行业发展面临的问题采取有针对性的发展措施。一是实施差异化的装备制造业产业集群发展战略。依托优势形成特色产业集群，如借助地域特色优势、专业技术优势、产业基础优势等打造重点项目产业群。将发展生产性服务业作为重点工作，促进生产性服务业的集群发展。以优势产业链为龙头，实现产业链上的分解式集聚。二是聚焦优势行业打造行业独角兽。加强工业互联网与装备制造业的融合创新，构建具有辽宁特色的装备制造业平台，建设区域特色工业互联网产业示范基地，加大重点领域研发投入。三是完善装备制造业技术创新机制。推动辽宁省装备制造业的体制机制改革，建立适应市场需求的技术创新机制，激发企业家创业精神以及健全人才引进和内部培养机制。四是通过市场化和供给侧结构性改革积极推动校企联合和军民共建。推动企业由"单一产品"向"成套产品"转变，鼓励中央企业和地方政府共建工业园区，延伸和补充产业链，加快制定军民融合发展战略实施意见，推动相关措施在航空企业落地。五是支持中小企业发展。加大政策支持力度，做好顶层设计，继续支持中小企业在航空制造、汽车业、海洋工业、智能高端装备制造业的发展，实行分类政策，着力突破"卡脖子"问题，补短板。

本年度报告还深入分析了辽宁省装备制造业重点企业的发展情况，梳理了装备制造业大事记，汇总了装备制造业发展重点政策。希望本报告可以为政府有关部门及业界提供一些有益的参考。

在报告的编写过程中，我们参阅了国内外大量的文献，在此谨向文献的作者表示诚挚的谢意。由于编著者水平和研究积累有限，报告中难免有错误和不足之处，恳请多多指正，以期在以后的研究过程中改进提高。

祝爱民　牟　岱

2022 年 4 月

# 摘　要

辽宁省是装备制造业大省，装备制造业发展历史悠久，重大技术装备基础雄厚。近年来辽宁装备制造业大力推动高质量发展，在产业结构和高端装备研发等方面取得显著成效，部分领域在全国具有重要地位。

《辽宁省国民经济和社会发展第十四个五年规划和2035年远景目标纲要》明确提出，"十四五"期间要加快推进智造强省建设，推动制造业高质量发展，加快实现工业振兴；促进先进制造业和现代服务业深度融合，推动高端化、智能化、绿色化、服务化发展；提升产业链自主可控和本地配套能力，培育壮大先进制造业集群。这都为辽宁省装备制造业的发展提供了机会和方向。

2019~2020年辽宁省装备制造业成绩斐然。产业门类日益全面，产品类型更加多样，企业发展势头良好，产业集聚效应日益显著。各细分行业资产增速稳步提升，产品竞争力和创新能力不断增强。总体上产业增加值增长较快，主营业务收入和总体利润小额增加。但通过对重点行业发展情况的分析，发现也存在不少问题，主要体现为：发展速度减慢、产业分工对市场的适应性较差、龙头企业带动作用不强、本地企业产品研发不足、产业配套滞后等。

为建设具有国际竞争力的先进装备制造基地，辽宁应该把智能制造作为装备制造业增长的新动力。通过智能制造转型升级，为装备制造业提供高素质的人力资源和高技术水平的产品和服务。通过智能制造革新产业链，实现生产、产品、管理、新业态、新模式和服务的全方位智能化。

为提升辽宁装备制造业的竞争力，提出实施差异化的产业集群发展战略、聚焦优势行业打造行业独角兽、完善技术创新机制、积极推动校企联合和军民共建、支持中小企业发展等措施。

**关键词：** 装备制造业　辽宁制造　制造业基地

# Abstract

Liaoning Province is a large province of equipment manufacturing industry and has robust base of heavy and large technological equipment. The higher quality development has been promoted for the equipment manufacturing industry in recent years, and significant results have been achieved in the aspects of industrial structure and higher − end equipment research and development, etc., and Liaoning Province has occupied important position in some fields.

The *Outline of the 14th Five−Year Plan (2021−2025) for National Economic and Social Development and Vision 2035 of the Liaoning Province* definitely proposes the following during the 14th Five − Year Plan period: The Province will be strengthened through quick promotion of smart manufacturing, higher quality development will be promoted for the manufacturing industry, and the revitalization of secondary industry will be sped up; The deeper integration will be facilitated between modern manufacturing industry and modern service industry, and the popularization of higher end products, intelligence manufacture, green production, and service provision will be pushed; The self − control and local auxiliary items capacity will be upgraded for the production chains, and advanced manufacturing industrial clusters will be cultivated and strengthened. All of the above proposals will provide opportunities and directions for the development of the equipment manufacturing industry of the Liaoning Province.

The equipment manufacturing industry of the Liaoning Province has achieved great performance during 2019−2020. The types of industrial sectors have become more, the categories of the products have been more diversified, the development trends of enterprises have been positive, and the agglomeration effect of the industry has been increasingly significant. The assets of the various sub−sectors have been increasing steadily, the competitiveness and innovation capacity of the products have been improved continuously. The overall industrial value – added production has been grown quickly, and the primary business revenue and overall profit have increased by a small margin. Problems are found through the analysis of the development of the key sectors, i. e. , the development is slow, the adaptability to the market is poor for the industrial division, the lead enterprises have a weak driving function, the research and development is insufficient for the local enterprises, the auxiliary products lags behind, and so on.

In order to build the advanced equipment manufacturing industry base with international competitiveness, the smart manufacture should be the new growth driver for the equipment manufacturing industry. Through the upgrade and transformation of smart manufacture, the higher quality human resources and higher technological products and services will be offered for the equipment manufacturing industry. Through the innovation of production chain via smart manufacture, the all – around intelligence will be realized for the production, products, management, new industry, new mode and services.

In order to improve the competitiveness of the equipment manufacturing industry of the Liaoning Province, measures are proposed as follows: the differential development strategies should be adopted for the different industrial clusters, unicorn businesses in the industry are formed by focusing on the advantageous sectors, technological innovation system should be perfected, the collaboration between enterprises and universities should be facilitated and the integration of civil and military businesses are prompted, and the small and medium enterprises should be supported, etc.

**Keywords**: Equipment Manufacturing Industry; Liaoning Manufacturing; Manufacturing Industry Base

# 目 录 ⤵

## I 总报告

## II 行业篇

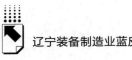

## Ⅲ　政策篇

## Ⅳ　附录

皮书数据库阅读**使用指南**

# 总 报 告

General Report

# B.1
# 辽宁省装备制造业发展形势与建议

辽宁省装备制造业发展研究课题组*

**摘　要：** 辽宁省是装备制造业大省，担负了国家重点发展装备制造业的重任。本文回顾了辽宁省装备制造业发展历史，从 2019 年辽宁省装备制造产业规模、产业结构现状、经济运行情况、技术创新和企业情况等出发，剖析了装备制造业发展过程中出现的产业问题和困境，总结了 2019 年装备制造业取得的成效，基于辽宁地区的经济和产业特点，分析了 2019～2020 年装备制造业发展形势及重点，提出辽宁省装备制造业制定高质量政策措施、实施差异化产业集群发展战略、聚焦优势行业打造行业独角兽、完善技术

* 肖萌，沈阳工业大学管理学院讲师，硕士生导师，主要研究方向为项目管理；祝爱民，沈阳工业大学管理学院教授、院长，博士生导师，主要研究方向为战略管理与评价决策技术；于丽娟，沈阳工业大学管理学院副教授，硕士生导师，主要研究方向为战略管理与评价决策技术；刘爽，辽宁石化职业技术学院副教授；翟畅，沈阳工业大学管理学院硕士研究生；吴芸婷，沈阳工业大学管理学院硕士研究生；王文博，沈阳工业大学管理学院硕士研究生；王学文，沈阳工业大学管理学院硕士研究生；牟岱，沈阳工业大学管理学院特聘教授、博士生导师，主要研究方向为战略管理与评价决策技术；佟欣原，辽宁大学教师，主要研究方向为国际政治经济。

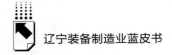

创新机制、推动校企联合和军民共建、支持中小企业发展及向低碳化发展等对策建议。

**关键词：** 装备制造业　产业结构　创新机制　新动能产业　辽宁

# 一　辽宁省装备制造业发展历史

装备制造业是为满足国民经济各部门发展和国家安全需要提供技术装备的各类产业总称。在工业经济体系当中，装备制造业占据着核心地位，被称为"工业的心脏"，能够带动相关产业发展，是国民经济的命脉，对于提升国家综合国力具有重要作用。装备制造业行业跨度非常广泛，从金属制品，汽车制造，仪器仪表制造，通用设备制造，金属制品、机械和设备修理，专用设备制造，电气机械及器材制造，计算机、通信和其他电子设备制造到铁路、船舶、航空航天和其他运输设备制造等。

辽宁是中国最早发展装备制造业的地区之一。从 20 世纪初期至 20 世纪上半叶，辽宁装备制造业初具规模。鉴于当时的历史环境，辽宁装备制造业的服务对象是日伪政府，因而处于半殖民地经济背景之下。在"二战"结束至新中国成立这段时间，苏联和国民党政府先后控制了辽宁装备制造业，尽管经历几次重大损失，但工业基础依然存在，客观上保留了辽宁装备制造业的规模。新中国成立后，面对国内一穷二白的状况，特别需要工业经济的发展。作为新中国工业的摇篮，辽宁凭借产业门类和产业基础的优势，担负起了国家重点发展装备制造业科研基地的重任。新中国的工业化进程从这里起步，第一枚国徽等 1000 多个"第一"是辽宁书写在中国工业史上不可磨灭的记忆。"共和国长子""东方鲁尔"体现了辽宁在中国工业演进中的地位和作用。回顾辽宁装备制造业的发展，其先后经历了新中国成立前、社会主义建设初期、改革开放时期和新时代以来几个阶段。

## （一）新中国成立前（1900~1949年）

东北地区在装备制造领域有着悠久的发展历史。基于其得天独厚的资源、文化沿袭以及特殊的地理位置，装备制造业在东北地区奠定了坚实的基础。由于新中国成立前辽宁省装备制造业发展情况与整个东北地区相一致，因此可以借鉴东北地区装备制造业的发展来概括辽宁装备制造业发展情况。

最早东北地区的装备制造业被称为"机械工业"和"机器工业"。装备制造业的发展与1904年2月8日开始的日俄战争密切相关。日本和俄国觊觎东北地区的资源和利益，为争夺殖民权，在辽东半岛发动了一年多的侵略战争。最终日本获得了胜利，取得了对东北地区的实际控制权。日俄战争结束后，南满洲铁道株式会社（满洲铁路）在东北地区成立。满洲铁路为日本扩展在中国的铁路经营和煤矿开发提供了便利。为了进一步获取和利用东北地区的煤矿，满足其国内需求，日本也加强了东北地区钢铁工业的建设。当时的《机械工业报告》记录了这期间装备制造业的发展，装备制造业开启了萌芽阶段，一系列的建设拉开了东北地区装备制造业的序幕。

1918年第一次世界大战结束，此时国内张作霖也完成了东北地区的统一。张作霖利用风靡全中国的抵制日货、提倡国货的风潮，依靠美国的资本和技术发展了机械工业，于1921年建立了全东北最大的军需工厂——奉天兵工厂。其后，这种趋势越来越强劲，1927~1929年，军阀资本和当地资本合作，建设了沈海、齐克、吉海等铁路，使东北地区的机械工业进入了一个新的发展时期，直至1931年爆发了"九一八"事变。

"九一八"事变后，由于日本帝国主义的侵略占领，东北地区彻底被日本殖民统治。此后，日本扶持在长春的溥仪作为傀儡政权，意图以伪满洲国的形式加强对东北地区资源的控制和掠夺。随着日本与伪满洲国一系列加强区域经济方针的制定，以铁路为骨干的交通部门为首，钢铁、煤炭等基本原料部门和军事设施、民间建筑等建设部门都呈现规模扩大的局面，与此相适应，各类机器的需求量也大大增加，刺激了东北地区机械产品的生产和进口。在此期间，奉天兵工厂被伪满洲国接收并重新经营。据关东州和满铁附属地的统计，1931 年机械工业产值为 4300 万日元。机械工业中，兵器生产占 55%以上，其余 45%中以铁道方面的生产为主，采矿、采煤、制铁方面的生产次之，农业用机器、电机及其他一般机器的生产最少。由于奉天兵工厂的产值并未计算在内，1932 年机械工业部门的产值减少为 2800 万日元，但整个伪满洲国工业总产值仍达到 3.24 亿日元。①

1933~1934 年，东北地区的经济建设进一步走向规模化。一方面车辆及其他土木建筑和采煤及采矿的普通机器需要量大幅度增加，另一方面机械工业的各种政策也逐渐确立，如《满洲国经济建设纲要》。工业企业数量增加，投资机会增多。1933 年 3 月，由于机械类进口税的减免，机器进口量激增。尽管如此，东北区域内车辆和普通机器仍供不应求，原有企业开始扩大生产设备规模、新企业开办增多，机械工业呈现全面大发展的局面。然而这个时期新成立的企业都带有一定的政治目的，如同和汽车、满洲计量仪器两个会社的成立都是为伪满洲国建立中央集权服务。

伪满洲国第一期的经济建设以进口机器为基础，在 1934 年到 1935 年明显放缓，至 1936 年更是处于无法增长的状态。为了发展重工业，伪满洲国在 1937 年颁布了《满洲产业开发五年计划纲要》（简称《计划纲要》），即第二期经济建设纲要。在《计划纲要》中，铝、亚铝和金等金属工业和钢铁、煤炭与液体燃料产业的开发和发展是重要内容，同时航空机械、盐化工、自动车辆工业、金属工业和电气工业也被列入开发议程。《计划纲要》明确指出，到 1940 年要完成日满一体的国防体制，为此必须以充实和加强军事力量为重点，大力推进经济建设。《计划纲要》实施过程中遭遇了多种内外部环境变化，如抗日战争长期化、世界大战激化、日本周边的国际形势恶化、机械工业陷入停滞，以及筹备物资、劳动力和资金等愈加困难，这些都严重地妨碍了计划的完成。其间，禁止海外机械设备的进口对发展机械工业也是一个重大打击。同时，伪满洲国重工业企业成立的时间安排也存在问题。飞机会社成立于 1938 年，汽车、机床、重型机械等会社成立于 1939~

---

① 满史会：《满洲开发四十年史》，东北师范大学出版社，1988。

1940 年，成立的时间非常晚，因此它们对机械工业的总体发展贡献不多。一些重要部门的完成率也很低，降低了计划的实现效果。从《计划纲要》的颁布可以看出，东北地区重工业的发展已在伪满政权的规划当中，尽管此后由于各种条件的限制，机械工业并未得到充分的发展，但其政策的制定为东北地区装备制造业规模的形成奠定了基础。

《日满华经济联系纲要》在 1940 年公布，其明确指出日本、伪满洲国、中国采用统一的国防经济建设政策，强令牺牲和平工业，保障和加强战争工业。但五年计划结束时《计划纲要》的业绩并不显著，整体计划完成 20%~60%，铣铁和煤炭产业分别完成计划的 37% 和 77%，飞机和汽车业的完成情况同计划相差很大，整个机械工业的生产情况不容乐观。机械工业成绩不佳的主要原因在于，伪满洲国重工业会社成立初期曾计划引进外国技术和资本，然而遭到失败，没能完全发挥日本技术的作用。但是资金供应较为充足，1941 年主要会社实缴资本额（满洲铁路等除外）约为 3.7 亿日元，再加上社债、借款等，总投资为 5 亿~6 亿日元，其中 95% 以上为 1937 年以后新增加的投资。虽然这些资金没有全部投作设备资金，但从中也可看出机械工业大发展的趋势。[①]

截至 1945 年，东北地区已有 1000 多家机械企业，形成了机械产品的全品类生产规模。据资料记载，当时的企业年产能可以达到 30 万吨，但当时的机械工业生产仍然是为了满足日本战争侵略和掠夺资源的需要，如满洲三菱机械株式会社、协和工业株式会社生产的部分产品为兵器，日满钢材工业株式会社、满洲工作机械株式会社、满洲金属工业株式会社和津村制作所生产的产品是矿山机械。

除了兵器和各类机械，机车车辆和造船业也在这一时期得到发展。1922 年，沙河口技术研究所成立，其后发展为中车大连机车研究所，是中国第一家铁路机车车辆研究所。1933 年，超低温实验室在研究所内建成，实现人工最低温度为零下 74℃，创下当时的世界纪录，进行了很多极端环境下的

---

① 满史会：《满洲开发四十年史》，东北师范大学出版社，1988。

机车试验。在 1910 年后的 30 年间，东北地区共生产了 911 辆铁路机车、1383 辆客车和 43883 辆货运车，其中满洲铁路拥有 2434 台机车。① 大连造船业在规模和品种上也得以扩展。满洲铁路在接手大连和旅顺两家船厂后，分别新建了大连沉箱船坞和旅顺 3000 吨级造船台。抗日战争爆发后，日本还将这两家船厂作为战时造船的基地，并制定了《战时造船计划方策案》。至日本战败投降之时，船厂已经能够进行船舶制造、船舶维修以及车辆制造和机械维修等多种类型生产，年造船能力达到 2 万吨规模，修船能力达 10 余万吨，制造各类机车车辆近 1000 辆。机车制造业和造船业的规模提升促进了辽宁装备制造业的发展。

这一时期是辽宁装备制造业的形成时期。1949 年前装备制造业的一系列进展，为东北地区乃至整个国家的装备制造业发展奠定了基础。

## （二）社会主义建设初期（1949~1978年）

新中国的成立使我国工业经济逐渐恢复正常。虽然辽宁装备制造业在战争中遭到严重破坏，但日伪期间建立的工厂和制造的机械设备仍构成了部分工业企业发展的基础，使其在全国处于领先地位。为了支援国内其他地区工业的发展和支持抗美援朝战争，辽宁省将工业恢复的重点放在与技术装备相关的钢铁、煤炭、交通运输业以及军事工业上。依靠数量众多的产业工人，辽宁的装备制造业得以迅速复产，并焕发出工业经济的生命力。

### 1. 中苏友好合作时期

辽宁省由于在装备制造业领域拥有着不可替代的地位，成为中国"一五"时期的重工业基地。新中国成立初期，我国工业基本处于空白期，1953 年新中国开始实施"一五"计划，确立了以重工业优先发展为主导的新中国工业化发展的主要方向。

在第一个"五年计划"期间，辽宁省许多重大技术装备实现了国内零突破，一些自主研发的装备产品开始在辽宁大规模生产，这也是辽宁装备制

---

① 满史会：《满洲开发四十年史》，东北师范大学出版社，1988。

造业发展最为迅速的时期，装备制造业体系和地域分布基本形成。辽宁装备制造业借助苏联的技术和资金援助，并沿袭苏联的模式，通过引进生产线和生产设备扩充装备制造业的规模。苏联援建中国的项目有 156 项，其中有 24 项设置在辽宁。这 24 项援建项目的地域分布主要集中在沈阳、鞍山和大连，以重型装备制造业、钢铁原材料和能源为主，其中包含装备制造业项目中的机械工业、金属制品业等，新建扩建企业有沈阳第一、第二机床厂，大连船厂和渤海船厂，沈飞、黎明机械厂，鞍钢、本钢和抚顺铝厂等。① 同时，辽宁还配套了几百个重点工程。在国外专家的指导下，各类装备制造业产品投入批量生产。例如，中苏双方签订协议成立了中苏造船公司，隶属于中国重工业部，是中国船舶工业的第一个合资企业，共建造 7 种船舶，合计 148 艘 34934 吨，造船产值 5552 万元，1955 年 1 月 1 日，中苏造船公司结束合营，成为我国独立经营的大连造船公司，其对整个中国船舶工业企业的发展都产生了深远影响，同时奠定了辽宁船舶工业发展的坚实基础。② 至"一五"末期，辽宁省固定资产原值达到全国第一，工业总产值位列全国第二。基于辽宁的工业基础、资源和地理条件，以及国内的工业制品需求和政治等方面因素，辽宁成为新中国成立后第一个国家重化工业基地和军事工业基地。全国将近 30% 的金属切削机床和 60% 的钢铁产量来自辽宁，辽宁飞机和军舰等军事工业在全国也占很大比例。③ 经过第一个五年计划的重点建设，辽宁装备制造业的生产能力迅速提高，为国家的经济建设提供了有力支撑。

### 2. 装备制造业奠基创业期

第二个五年计划开始，辽宁汽车、造船等一大批装备制造产业快速建立起来。沈阳汽车制造厂、丹东汽车改装厂、凌河汽车工业公司成功研制多种

---

① 胡伟、陈竹：《156 项工程：中国工业化的起点与当代启示》，《工业经济论坛》2018 年第 3 期。

② 李华：《1951~1954 年中苏造船股份公司的成立、管理与绩效分析》，http://hprc.cssn.cn/gsyj/wjs/gjjl/201712/t20171205_4150279.html。

③ 王福君：《区域比较优势与辽宁装备制造业升级研究》，中国经济出版社，2010。

类型的汽车和货车，较著名的有"巨龙载货汽车""辽宁一号客车"等，填补了汽车领域的多项空白，也为辽宁汽车业发展奠定了坚实的基础。大连造船厂等造船企业不断推出大中型船舶的新型号，如"建设9号"油轮和"跃进号"远洋货轮，并承建海军导弹潜艇等军舰，为辽宁省成为我国船舶制造业生产基地创造了重要条件。"二五"期间国家对辽宁的基本建设投资仍占全国较高比例，在装备制造业发达的东北地区，辽宁的投资也达到了近一半，占投资额的45.82%。[1] 在国家资金的大力支持下，辽宁省装备制造业开始在全国同行业中占据优势地位。

### 3.装备制造业体系初步形成期

20世纪六七十年代中后期，辽宁装备制造业不再单纯新建和扩建项目，其发展的基本方针是提高装备制造产品的质量、增加品种，特别是向高水平和高精度的方向发展。以较强的技术支持为基础，辽宁着力提高机械化和自动化水平，初步形成了较完备的装备制造产业体系。随着辽宁装备制造产业规模不断扩大，其自行设计和研发能力快速提升，如大连造船厂经过改造扩建，设计的万吨级船舶数量达到全国第一，成为我国石油运输船舶和海洋钻井平台重要生产基地。沈阳汽车制造厂、凌河汽车工业公司、丹东汽车改装厂等企业也开展了协作配套生产，使辽宁装备制造业的配套产业稳步发展。辽宁还建立了沈阳和大连两个装备制造中心，并凭借其先进技术为国家提供支持，令装备制造业发展成为与石油化工业、冶金工业和电子信息业并列的辽宁四个主导产业之一。本时期一系列大型设备、机车、导弹、军舰和其他全国首创设备在辽宁出现，使辽宁成为仅次于上海的全国第二大装备制造业基地，也逐渐确立了辽宁装备制造业在全国至关重要的地位。

这一时期是辽宁装备制造业的发展时期。借助国外的先进技术和经验，集合国内的资源，辽宁兴建大型工厂，设计研制高精尖设备，使装备制造业的规模和技术水平不断提高，为辽宁经济建设和工业发展打下了坚实基础。

---

① 王福君：《区域比较优势与辽宁装备制造业升级研究》，中国经济出版社，2010。

### （三）改革开放时期（1978~2012年）

#### 1. 装备制造业调整阶段

1979 年，改革开放在中国全面铺开，对于辽宁装备制造业来说，此时却进入了结构调整时期。1978 年到 20 世纪 90 年代中期，辽宁支援其他省份急需的冶金矿山设备、起重设备和机床等，大量转出重要原材料以及大型技术装备，为我国的基础设施和大型项目建设提供了重要技术和装备。然而由于体制机制的限制，辽宁省内装备制造业的技术改造和升级却迟迟未能实现，技术研发得不到企业投入，装备技术水平逐渐下降。我国从改革初期推进轻工业优先发展的战略转到 90 年代加快重加工制造业发展，制造业也由劳动密集型逐步转向资本密集型和技术密集型。长三角和珠三角企业的改革如火如荼，装备制造业企业迅速发展，全国装备制造业的重点地区发生转移，辽宁的区位由优势转为劣势。在此环境下，国家对辽宁国有企业的投资也急剧减少，从 1991 年的 7.1%下降至 2000 年的 3.9%。[①] 辽宁非国有企业由于体制和政策的限制，吸引外资和民间资本能力十分匮乏。改革开放初期，辽宁装备制造业并没有从体制改革中获益，反而加剧了转型与发展间的矛盾。辽宁以重工业为主的发展模式和传统体制，未能及时跟上调整步伐，导致这一时期装备制造业发展相对落后。虽然在一些关键技术和项目上，辽宁装备制造业有所发展，并产生了一些重大成果，加快了高科技对传统行业的改造，但是由于生产总值下降、经济发展和产业地位的下滑，行业内人才流失严重，技术水平、制造模式和管理水平与东部沿海装备制造业发达省份的差距逐渐拉大。

在此期间，辽宁装备制造业的技术水平还停留在以机械化生产为主，而国外已经发展到采用计算机控制的自动化生产，智能化、集成化技术广泛应用于装备制造业，这就使辽宁与国外的装备制造行业时间差距达到 15 年，

---

① 张万强、李世杰：《打造世界级装备制造业基地战略定位与发展路径》，中国经济出版社，2011。

生产出的机械产品拥有世界先进水平的份额不到 5%。由于技术含量高的机械产品种类和数量满足不了国内需求，如高档数控机床等产品只能依赖进口，而一般机械产品却超量生产，造成库存积压，装备制造产品的供给结构难以适应市场需求结构的变化，辽宁装备制造业错失了发展机遇。装备制造业面对发展困局，必须改革以谋求产业升级突破。辽宁制定了集中改造等一系列政策，重点解决管理落后以及组织结构不合理等问题。到 2000 年，辽宁机械工业的增加值达到 400 亿元，占全省工业增加值的 17.2%。尽管辽宁装备制造业整体上发展放缓，但是省内装备制造高技术企业快速发展，为下一步辽宁装备制造业厚积薄发奠定了基础。

**2. 装备制造业成长壮大阶段**

自 2003 年中央实施东北老工业基地振兴战略以来，辽宁经济进入快速增长期，同时装备制造业也取得了长足的发展。十年间，辽宁加快转变经济发展方式，建成先进装备制造业基地和高加工度原材料工业基地。辽宁省政府将装备制造业置于经济结构调整的关注核心。为了实现装备制造业优先发展战略，支持行业企业创新，辽宁省政府对技术改造的投资逐年增加。2010年，装备制造业获得了辽宁省贴息支持的 183 个工业技改项目的 1/3 以上，总贴现资金超过财政贴息总额 7 亿元的 1/2。① 辽宁装备制造业成为工业增长的主要动力，也成为辽宁的支柱产业。

国家在提出振兴东北老工业基地口号后出台了一系列政策，并付诸行动。2003 年中央制定振兴东北老工业基地战略，2005 年国务院《关于深化经济体制改革的意见》颁布，2006 年国务院出台《关于加快振兴装备制造业的若干意见》，这些政策提出了装备制造业发展目标和主要方向，辽宁根据自身装备制造业发展特点，出台了相关配套措施，推进了装备制造业的跨越式发展。虽然在此之前，辽宁装备制造业的地位有所下滑，但仍然是中国的主要装备制造省，装备制造业包含的 9 个行业在辽宁都有设置，近 20000

---

① 《辽宁省装备制造业跨入万亿元阵营》，https：//www.chyxx.com/difang/201102/166262.html。

种产品在辽宁都能生产。辽宁的企业数量、资产、工业增加值和其他指标都在全国装备制造业中占据较高比例，能达到 5% 的水平。在改革政策指引下，2006 年辽宁省数控机床、轻型乘用车、汽车柴油机、制冷设备、气动工具等 7 种装备制造产品产量居全国第一，装备制造业首次超过石化、冶金行业，成为辽宁省第一支柱产业。①

面对国内外复杂的发展环境，2010 年辽宁装备制造业克服困难，励精图治，以强劲的势头达到了预期目标。中国第一台高压升压变压器和第一台核反应堆压力容器在辽宁成功诞生。9 个装备制造业品类的产量保持了两位数的增长，其中汽车行业和机床行业分别同比增长达 38% 和 25.6%，辽宁的汽车制造量一举突破 70 万辆，金属切削机床生产能力也跃升至 15.6 万台。装备制造业产量的提升也带动了出口的增加。交通运输设备、通信及电子设备和通用设备成为支撑出口额的三巨头，约占辽宁装备制造业出口交货总值 1453 亿元的 80%。同时装备制造业的出口额也实现了两位数的增长，达到 28.4%。② 辽宁装备制造业的工业总产值持续增加，年均增加 2000 亿元，终于在"十一五"末期超过 1 万亿元。装备制造业的快速发展使其主营业务收入也超过 1 万亿元，成为工业经济利润的主要来源。2010 年辽宁装备制造业实现利润 598.2 亿元，同比增长 49.1%，占规模以上工业总利润的 39.7%。辽宁也继而成为我国第六个装备制造业万亿元大省。③ 2011 年辽宁装备制造业继续保持良好的发展势头，同比增长 18.9%，占规模以上工业增加值的比重为 31.8%，持续占据优势地位。④

这一阶段辽宁装备制造业发展速度较快，成为辽宁省的龙头产业，

---

① 《装备制造业首次成为辽宁第一支柱产业》，http：//news. cctv. com/xwlb/20070203/101861. shtml。

② 张万强、李世杰：《打造世界级装备制造业基地战略定位与发展路径》，中国经济出版社，2011。

③ 中国人民银行沈阳分行货币政策分析小组：《2010 年辽宁省金融运行报告》，http：// m. sinotf. com/News/index/id/65781. html。

④ 辽宁省统计局：《二〇一一年辽宁省国民经济和社会发展统计公报》，http：//tjj. ln. gov. cn/ tjsj/tjgb/ndtjgb/201501/t20150105_ 1521477. html。

也是工业经济的主要增长点之一。东北老工业基地振兴战略实施以来，辽宁紧紧抓住装备制造业发展的良好机遇，迎来产业发展的黄金十年。通过吸收国外先进技术，借助原有的产业技术，联合区域内的科研机构进行自主研发，辽宁装备制造业形成了较好的产业优势，实现了经济发展要求，并带动石化、化肥、矿山、大型火力发电、（核）电厂、建材等行业进一步提升。辽宁在重大技术装备领域取得了突破，特高压交直流输变电、系列大型盾构机等百余项国际先进水平重大技术装备相继国产化，实现了突破，形成了重型采矿设备和石化机械等生产基地。以机械设备制造加工、仪器仪表、汽车制造、通信设备、计算机及其他电子设备制造为主体的装备制造业基地在辽宁已初具雏形，并在机床、船舶和汽车、工业机器人等行业具有一定的技术优势。虽然与国际先进地区相比仍存在一定差距，但此阶段辽宁装备制造业整体实力已迈上新台阶，部分领域开始达到国际中高端技术水平。

### （四）新时代以来（2012年至今）

随着全球经济逐渐调整，国内经济也随之进入增速换挡、结构调整以及政策消化期。传统制造业依靠劳动密集、生产低附加值和低技术含量产品的老路已经行不通，装备制造业进入了结构性产能过剩、需要进行深度结构调整和重构的时期，并逐渐转入智能制造时代和服务型制造转型时代。

2013年开始，辽宁经济增速持续下滑影响到装备制造业，市场需求下降使装备制造业企业开工不足，有些企业由于债务问题甚至面临生存危机，需要依靠破产重组解决企业问题。辽宁装备制造业在发展困难的环境中，不断优化自身技术水平，注重创新和改革，推动装备制造业的转型升级，在多个装备制造领域取得了成就。

2015年，工业和信息化部公布了全国46个智能制造试点示范项目，加强了智能制造在装备制造业的应用，范围覆盖石油石化、冶金、自动化物流、智能纺织品、智能印刷等与国民经济和民生有关的重要产业，其中辽宁拥有冶金数字矿山、智能机床和智能医学影像设备三个试点。① 同年，中德高端装备制造园区正式开始建设，其致力于推进智能制造、先进机械制造、汽车制造和工业服务的进程，为辽宁打造世界先进装备制造业基地增强了实力。

辽宁装备制造业通过自主创新创造生机。在中央和辽宁省的大力支持下，依靠自主创新，一批高技术企业应时而生，一些陷入低谷的装备制造企业再次崛起。如大连瓦轴集团实施技术创新工程，在国家振兴重大技术装备的 16 个关键领域中，有 14 个领域实现研发配套并达到产业化，不仅成为国内轴承行业的龙头，还代表中国参与国际市场竞争。特变电工沈阳变压器集团研制的特高压直流换流变压器，在交流、直流两个领域同时站上行业世界最高峰，用五年时间创造了十个"世界第一"。新松机器人通过自主研发专利打破了国外多项技术垄断，不仅满足了国内汽车生产商对移动机器人的需求，还出口多个国家，成为跨国公司的重要生产设备供应商。

辽宁坚持发展先进装备制造业，在经济回暖提升时，装备制造业的改革效果也得以充分体现。2016 年辽宁装备制造业工业增加值同比增长 1.8%，数控机床、工业机器人产量都有所增加，增速超过 10%。同年，装备制造业利润额为 319.2 亿元，接近工业总利润的 50%，增速达 10 年来最高水平。② 2017 年，辽宁省装备、石化和冶金工业增加值占工业总额的 72.2%，比 2016 年末增加 8 个百分点，但其中传统的高耗能行业占很大比例。③ 2018 年辽宁省制造业增加值增长 10.9%，连续 11 个月保持两位数增长。④ 装备

---

① 工业和信息化部：《工业和信息化部公布 2015 年智能制造试点示范项目名单》，http://www.cac.gov.cn/2015-07/22/c_ 1116005847. htm。

② 张健：《辽宁省人民政府新闻发布会》，http：//www.ln. gov. cn/spzb/xwfbh1 _ 120088/wuranfont/index. html。

③ 国务院发展研究中心东北调研组：《新时期辽宁装备制造业升级的思路》，https：//www. sohu. com/a/221343292_ 115495。

④ 《辽宁省装备制造业累计工业增加值连续 11 个月实现两位数增长》，https：//www. gov. cn/xinwen/2019-01/13/content_ 5357432. htm。

制造业的智能制造快速发展，有 9 个项目被列入国家示范项目名单，① 在燃气轮机、冷热技术、隧道设备等优势领域新建 3 个省级制造业创新中心，② 创建国家机器人创新中心，成功开发了一大批具有国际先进水平的新产品，如沈鼓集团开发的国内首套 120 万吨乙烯压缩机组，中国科学院沈阳自动化研究所研制的深海登陆艇和无人潜水器，这些都凸显辽宁装备制造业基地的潜力和活力。

2019 年 1 月，辽宁省政府发布《辽宁省建设具有国际竞争力的先进装备制造业基地工程实施方案》，为辽宁装备制造业的未来发展提出了方向。方案指出，辽宁省装备制造产业结构将调整到先进装备制造业比重达 60%，提升全行业的智能化水平，增强对数字化研发设计工具的推广使用，大力提高企业的自主创新率，建立以沈阳、大连高端装备为核心，其他地区"专精特新"装备为补充和配套的先进装备制造体系。辽宁省将围绕航空装备等多个领域发展装备制造业，实施 8 项子工程。2020 年，辽宁省的先进装备制造业比例达到装备制造业总体比例的 60% 以上，并建立重大装备和国家级研发平台。到 2030 年，辽宁装备制造业的自主创新能力争取达到国际先进水平，并注重发展智能制造、服务型制造、绿色制造，建成具有国际竞争力的先进装备制造业基地。③

这期间，辽宁省装备制造业将高质量发展作为重点，以智能、高端、成套为发展目标，逐步打破国外垄断，在产业结构调整和高端装备研发等方面取得显著成效，为建设数字辽宁、智造强省奠定了坚实基础。在汽车制造业强势引领和计算机、通信和其他电子设备制造业的有力拉动下，装备制造业保持良好的发展势头，产业规模占全省规上工业近 30%，为推动工业经济

① 于兆吉、单诗惠：《辽宁省装备制造业智能化现状、问题与对策》，《沈阳工业大学学报》（社会科学版）2020 年第 1 期。

② 张健：《辽宁省人民政府新闻发布会》，http://www.ln.gov.cn/spzb/xwfbh1_120088/wuranfont/index.html。

③ 辽宁省工业和信息化厅：《辽宁省建设具有国际竞争力的先进装备制造业基地工程实施方案》，http://www.ln.gov.cn/zfxx/zfwj/szfbgtwj/zfwj2011_136268/201901/t20190121_3423839.html。

高质量发展发挥了重要作用。辽宁省的机器人和智能设备、数控机床、航空航天设备、先进轨道交通设备、海洋工程设备以及高科技船舶、汽车、集成电路设备等领域在全国都具有重要地位。以企业为主体，集生产、教育、科研、应用于一体的自主创新体系不断完善，装备制造业创新中心建设加快，装备制造业企业创新能力不断增强。

辽宁省装备制造业的进程蕴含在辽宁工业发展史中，装备制造业的发展反映了东北经济的兴衰起落，四个发展阶段由新中国成立前一直持续至今（见表1）。

**表1　辽宁省装备制造业发展历程**

| 阶段 | 阶段特点 | 重要事件 |
| --- | --- | --- |
| 新中国成立前（1900~1949年） | 这一阶段是东北地区装备制造业的形成阶段，为装备制造业的发展奠定了基础 | 1906年南满洲铁道株式会社成立；<br>1921年奉天兵工厂建立；<br>1927~1929年建设了齐克、沈海、吉海等铁路；<br>1937年颁布《满洲产业开发五年计划纲要》；<br>1940年公布《日满华经济联系纲要》；<br>1945年东北地区机械企业达到千余家 |
| 社会主义建设初期（1949~1978年） | 这一阶段是辽宁装备制造业的发展时期，从业人员不断增加，技术含量逐步提高 | 中苏友好合作时期，在国外专家的指导下，恢复军事工业以及与技术装备相关的钢铁、煤炭、交通运输业；<br>装备制造业奠基创业期，辽宁汽车、造船等一大批装备制造产业快速建立起来；<br>装备制造业体系初步形成期，初步形成了较完备的装备制造产业体系，建立了沈阳和大连两个装备制造中心 |
| 改革开放时期（1978~2012年） | 这一阶段辽宁装备制造业的发展速度较快，成为辽宁的龙头产业，是工业经济的主要增长点之一 | 装备制造业调整阶段，大量重要原料和部分主要技术装备从辽宁转出，加剧了转型与发展的矛盾，经济发展和产业地位下滑，与东部沿海发达省份差距逐渐拉大；<br>装备制造业成长壮大阶段，辽宁加快转变经济发展方式，建成先进装备制造业基地和高加工度原材料工业基地。2005年，国务院《关于2005年深化经济体制改革的意见》予以颁布；2006年，辽宁省数控机床、轻型乘用车、汽车柴油机等7种装备制造产品产量居全国第一；2010年，辽宁装备制造业工业总产值和主营业务收入突破万亿元，辽宁成为我国第六个装备制造业万亿元大省 |

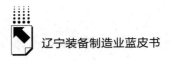

续表

| 阶段 | 阶段特点 | 重要事件 |
|---|---|---|
| 新时代以来<br>（2012年至今） | 这一阶段装备制造业进入结构性产能过剩、需要进行深度结构调整和重构的时期，并逐步转入智能制造时代和服务型制造转型时代 | 2015年，工业和信息化部公布了全国46个智能制造试点示范项目，辽宁占据其中3项；中德高端装备制造园正式开工建设；<br>2016年是辽宁装备制造业10年来增长最快的年份；<br>2018年，国家机器人创新中心在沈阳启动；<br>2019年，《辽宁省建设具有国际竞争力的先进装备制造业基地工程实施方案》出台 |

综观辽宁装备制造业的发展历史，在国家大力支持下，装备制造业经历了从模仿到自主研发，已建成较完备的装备制造体系。在未来的发展过程中，辽宁装备制造业应以国家战略为导向，持续推进智能制造、高端装备成套化等关键领域发展，以创新为动力源，通过产业集聚将辽宁打造成为国际先进装备制造业基地和重大技术装备战略基地。

## 二 2019年辽宁省装备制造业发展现状

### （一）2019年辽宁装备制造业发展概况

辽宁省是我国装备制造业的重要基地之一。2019年，中央经济工作会议强调，我国应积极推动装备制造业的高质量发展，国家制造业需要朝智能化方向发展。辽宁省作为工业大省，装备制造业是辽宁的优势产业之一，是辽宁产业发展的主体，更是支撑辽宁实体经济发展的中流砥柱。在汽车制造业的引领与计算机、通信和其他电子设备制造业的带动下，装备制造业保持了良好的发展态势，对推动工业经济高质量发展有促进作用。2019年以来，辽宁省委、省政府紧紧围绕国家和全省装备制造工作大局，积极推进辽宁省装备制造业稳增长、调结构，实施创新驱动，培育新动能，行业总体实现平稳发展。装备制造业在产业结构和高端装备研发方面取得了成效，为建设辽宁制造业强省奠定了良好基础。

## 1. 装备制造产业规模

辽宁省装备制造业的特征是产业链较长。这条产业链不仅包括传统的机械制造，还包含电子和电气设备制造等，产业链在行业内具有明显的衔接效应。同时，它还与基础资源开采、冶金和化学工业密切相关，涉及多类机器设备、零部件制造及相关服务业。以辽宁省汽车制造业为例，其产业的繁荣与汽车市场具有广泛的关联性。据统计，汽车产业的七成产值是通过产业链的上下游转移过来的，而汽车产业可以带动相关服务业产值增长 30% ~ 80%，每辆车转移到相关贸易和服务产业的产值约占四成，包括广告、金融、保险等。因而，产业链不仅推动装备制造业内部的发展，对其他环节的发展也起到了很强的带动作用。

（1）装备制造行业门类较全

2019 年，辽宁省装备制造业企业中占比最大的产业为通用设备制造业，其产业占比为 24.2%；其次为金属制品业，其产业占比为 18.1%；再次分别为电气机械和器材制造业，汽车制造业，专用设备制造业，计算机、通信和其他电子设备制造业，铁路、船舶、航空航天和其他运输设备制造业，仪器仪表制造业；占比最小的产业为金属制品、机械和设备修理业，其产业占比为 1.0%，具体见图 1。[①]

（2）产品种类多样

2019 年，装备制造业产品目录的 261 种产品中，辽宁省企业已实现生产 168 种，占比为 64.4%。[②] 主要的装备类产品有轿车、SUV 和客车等各种汽车，通用设备中的发动机、机床，专用设备中的矿山、石油钻井设备和金属冶炼设备等，变压器、电力电容器和电缆等电器装备，金属集装箱、铸铁件和钢结构等金属装备。此外，工业机器人、新能源汽车、城市轨道车辆、集成电路等工业产品产量不断提升。

---

① 辽宁省统计局、国家统计局辽宁调查总队：《辽宁统计年鉴 2020》，http：//tjj. ln. gov. cn/ tjsj/sjcx/ndsj/otherpages/2020/2020/indexch. htm。

② 魏红江：《辽宁装备制造业的现状和分析报告》，沈阳工业大学管理学院，2020。

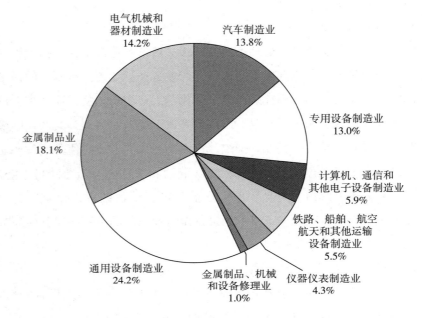

**图1　2019年辽宁省装备制造业各行业企业分类**

（3）各经济类型企业竞相发展

2019年，辽宁省工业装备制造定点企业2545家，占全部工业装备制造定点企业的35.0%。[①] 辽宁省工业增加值为8052.2亿元。装备制造业增加值同比增长7.2%，占规模以上工业增加值的比重为29.7%。[②] 从控股类型看，2019年，装备制造业中有国有控股企业202家，增加值占全省规模以上装备制造业增加值的比重为34.3%；外商和港澳台商控股企业456家，占比为38.6%；民营企业1887家，占比为27.1%（见图2）。[③] 从规模看，大型企业91家，增加值占全省规模以上装备制造业增加值比重的61.6%；中

---

① 魏红江：《辽宁装备制造业的现状和分析报告》，沈阳工业大学管理学院，2020。

② 《二〇一九年辽宁省国民经济和社会发展统计公报》，http://tjj. ln. gov. cn/tjsj/tjgb/ndtjgb/
202002/t20200226_ 3751883. html。

③ 辽宁省统计局、国家统计局辽宁调查总队：《辽宁统计年鉴2020》，http：//tjj. ln. gov. cn/
tjsj/sjcx/ndsj/otherpages/2020/2020/indexch. htm。

型企业 355 家，占比为 17.6%；小型企业 1920 家，占比为 19.3%；微型企业 179 家，占比为 1.5%（见图 3）。①

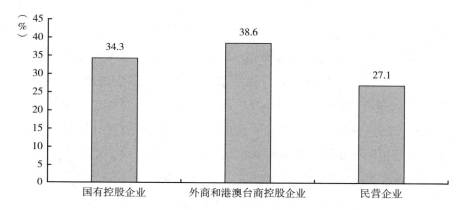

**图 2　2019 年辽宁省装备制造业企业分经济类型增加值占比**

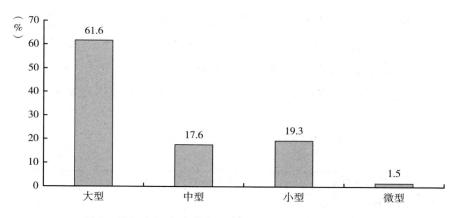

**图 3　2019 年辽宁省装备制造业企业分规模增加值占比**

（4）产业集聚效应日益显著

辽宁省装备制造业已建立多个产业聚集区。沈阳以汽车制造业为龙头，

---

① 辽宁省统计局、国家统计局辽宁调查总队：《辽宁统计年鉴 2020》，http：//tjj. ln. gov. cn/
tjsj/sjcx/ndsj/otherpages/2020/2020/indexch. htm。

推动铁西示范区和大东汽车零部件产业集群的发展。沈阳汽车制造业汇集了华晨宝马、上汽通用等汽车制造商，采埃孚伦福德汽车系统（沈阳）有限公司、德科斯米尔（沈阳）汽车配件有限公司等外资汽车零部件制造商，以及沈阳航天三菱等国有控股发动机制造商。2019年沈阳汽车装备制造业增加值占全省规模以上汽车制造业增加值的72.6%。辽宁省装备制造业还发挥大连沿海优势，打造大连信息产业、旅顺船舶装备、瓦房店轴承等产业集群。2019年，大连市计算机、通信和其他电子设备制造业增加值占全省同行业规上工业增加值的91.6%，铁路、船舶、航空航天和其他运输设备制造业增加值占全省同行业规上工业增加值的77.3%，通用设备制造业增加值占全省同行业规上工业增加值的60.0%。① 围绕智能装备、重大成套装备等领域，大连机床、船舶重工等龙头企业积极转型升级，产业规模不断扩大。

2.装备制造产业结构现状

（1）各行业资产增速稳步提升

2019年，辽宁省装备制造业资产保持稳步增长，其中铁路、船舶、航空航天和其他运输设备制造业，金属制品业等行业的资产总增长率超过10%，专用设备制造业，计算机、通信和其他电子设备制造业，通用设备制造业，金属制品、机械和设备修理业的增速呈现负增长趋势（见表2）。②

表2　2019年辽宁省装备制造业细分行业资产对比

单位：亿元，%

| 行业分类 | 2019年资产 | 2018年资产 | 同比增长 |
|---|---|---|---|
| 铁路、船舶、航空航天和其他运输设备制造业 | 2810.9 | 951 | 195.57 |
| 金属制品业 | 1174.2 | 1023 | 14.78 |
| 专用设备制造业 | 1220.9 | 1357.2 | -10.04 |
| 计算机、通信和其他电子设备制造业 | 1028.8 | 1103.1 | -6.74 |
| 汽车制造业 | 3551.5 | 3413.2 | 4.05 |

---

① 魏红江：《辽宁装备制造业的现状和分析报告》，沈阳工业大学管理学院，2020。

② 辽宁省统计局、国家统计局辽宁调查总队：《辽宁统计年鉴2020》，http://tjj.ln.gov.cn/tjsj/sjcx/ndsj/otherpages/2020/2020/indexch.htm。

| 行业分类 | 2019 年资产 | 2018 年资产 | 同比增长 |
|---|---|---|---|
| 电气机械和器材制造业 | 1118.5 | 1077.1 | 3.84 |
| 仪器仪表制造业 | 208.5 | 206.8 | 0.82 |
| 通用设备制造业 | 1932.9 | 2090.9 | −7.56 |
| 金属制品、机械和设备修理业 | 108.7 | 160.9 | −32.44 |

从资产规模方面看，2019 年汽车制造业的资产规模创历史新高，达到3551.5 亿元，行业平稳发展；铁路、船舶、航空航天和其他运输设备制造业的资产规模次之，为 2810.9 亿元。从资产增速方面看，随着消费升级态势明显，消费品市场规模扩大，铁路、船舶、航空航天和其他运输设备制造业实现快速发展，行业增长率达到 195.57%，金属制品、机械和设备修理业总资产下降幅度最大，较 2018 年下降 32.44%。各行业的资产负债率差异较大，计算机、通信和其他电子设备制造业和仪器仪表制造业的资产负债率控制在 50% 以下，而金属制品、机械和设备修理业资产负债率达到96.78%，行业发展风险较大（见图 4）。①

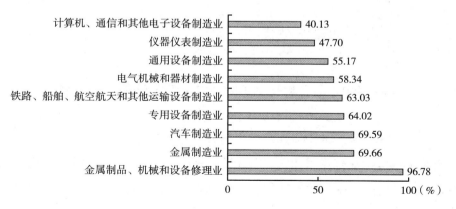

**图 4 2019 年辽宁省装备制造业细分行业资产负债率**

---

① 辽宁省统计局、国家统计局辽宁调查总队：《辽宁统计年鉴 2020》，http：//tjj. ln. gov. cn/tjsj/sjcx/ndsj/otherpages/2020/2020/indexch. htm。

（2）产品竞争力和创新能力提升

辽宁省装备制造业中，通用设备、专用设备和交通运输类产品具有较强竞争力。2019 年，辽宁省规模以上装备制造业生产铁路机车 389 辆，产量占全国产量的 47.9%；金属冶炼设备产量 12.9 万吨，占全国的 23.8%；铁路货车 5224 辆，占全国的 15.4%；民用钢质船舶 165.2 万载重吨，占全国的 7.4%；金属切削机床 2.6 万台，占全国的 7.1%；发动机 11491.3 万千瓦，占全国的 5.6%；汽车 79.1 万辆，占全国的 2.9%（见图 5）。[①]辽宁省内拥有沈阳鼓风机、大连机车、三一重装等一批在国内外领先的装备制造龙头企业。

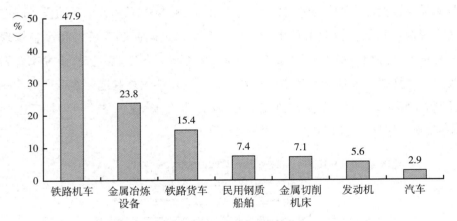

图 5　2019 年辽宁省规上装备制造业主要产品占全国产量的比重

装备制造业新产品中，辽宁省生产服务器约 9 万台，同比增长 43.9%；智能手机 46.1 万台，同比增长 1.0%；新能源汽车 3.4 万辆，同比增长 57.0%。英特尔、东软、阿尔卑斯、华鲁等具有较强创新能力的装备企业发展迅速（见表 3）。[②]

---

① 魏红江：《辽宁装备制造业的现状和分析报告》，沈阳工业大学管理学院，2020。
② 魏红江：《辽宁装备制造业的现状和分析报告》，沈阳工业大学管理学院，2020。

表3　2019年辽宁省规上装备制造业部分新产品产量

| 名称 | 累计 | 同比增长（%） |
|---|---|---|
| 服务器（台） | 90260 | 43.9 |
| 智能手机（台） | 460654 | 1.0 |
| 新能源汽车（辆） | 34203 | 57.0 |

### 3. 装备制造业经济运行情况

### （1）产业增加值

①支柱产业增加值。2019年，辽宁省装备制造业发展维持均衡。装备制造业增加值实现快速增长，比上年增长7.2%，增速高于全省制造业平均水平0.5个百分点，带动全省规上工业增加值增长2.1%。装备制造业增加值占全省规上工业增加值的29.7%，分别高于石化产业、冶金产业、农产品加工业增加值占规上工业增加值比重2.7个、13.5个、21.9个百分点（见图6）。①

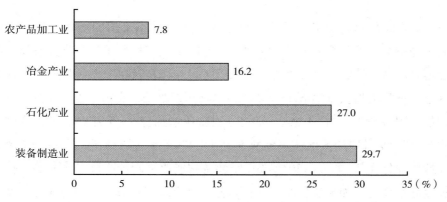

图6　2019年辽宁省支柱产业增加值占规上工业增加值的比重

---

① 辽宁省统计局、国家统计局辽宁调查总队：《辽宁统计年鉴2020》，http://tjj.ln.gov.cn/tjsj/sjcx/ndsj/otherpages/2020/2020/indexch.htm。

2019 年辽宁省规模以上装备制造业增加值整体较上年同期呈现增长趋势，但各月增加值变化有所差别。1~2 月为 11.8%，1~3 月为 13.3%，1~4 月为 10%，1~5 月为 8.9%，1~6 月为 7.7%，1~7 月为 7.5%，1~8 月为 6.8%，1~9 月为 7.4%，1~10 月为 7.5%，1~11 月为 7.2%，1~12 月为 7.2%，各月的规模以上装备制造业增加值较上年同期增长的比例见图 7。①

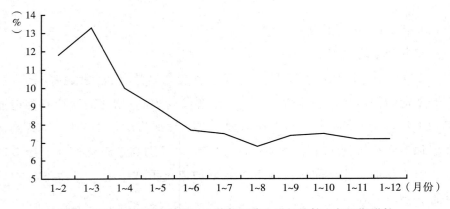

**图 7　2019 年辽宁省规模以上装备制造业增加值较上年同期增长**

从图 7 中可以看出，2019 年辽宁装备制造业增加值的增速处于先下降后平稳趋势。前三个月累计增长处于较高水平，超过 10%，随后增加值累计增长出现停滞，一直保持在 6%~8% 区间。其原因在于 3 月规模以上装备制造业增加值增长率达到 15.6%，为单月同期增长最高值，但在 4 月，其增加值出现负增长，为-0.6%，使装备制造业增加值 1~5 月累计增长率下滑到 8.9%，9 月增加值增长率即使达到 11.7%，累计增长还是维持在 7.4%，并持续保持在 7% 左右。2019 年辽宁装备制造业不同行业重点企业的产值增长也存在变化。如大连机车、新松机器人等企业工业总产值的同比增长率超过 50%，船舶行业的 8 家重点监测企业同比增长率为 15%，沈鼓集团、大连重工起重、特变电工沈变公司等企业增长速度均为 10%，而部分传统行

---

① 辽宁省统计局、国家统计局辽宁调查总队：《辽宁统计年鉴 2020》，http://tjj. ln. gov. cn/tjsj/sjcx/ndsj/otherpages/2020/2020/indexch. htm。

业的产值增长为负。①

②各细分行业工业增加值。辽宁省汽车制造业有着坚实的基础，计算机、通信和其他电子设备制造业正在快速发展，其他行业稳步增长。2019年，全省规模以上汽车制造业增加值与2018年相比增长2.5%，带动全省规上工业增加值增加0.3个百分点，增加值占全省工业增加值的13.1%。计算机、通信和其他电子设备制造业增长25.3%，带动全省规上工业增加值增加1.1个百分点，其增加值占比为5.7%；通用设备制造业增长5.0%，带动全省规上工业增加值增加0.2个百分点，其增加值占比为3.8%；金属制品业增长7.6%，其增加值占比为2.2%；电气机械和器材制造业增长7.1%，其增加值占比为2.0%。从增加值占比来看，汽车制造业占比最大，为13.1%，占辽宁规模以上装备制造业增加值的44.12%，金属制品、机械和设备修理业占比最小，为0.2%。从产业拉动来看，计算机、通信和其他电子设备制造业对装备制造业的拉动最大，可以达到1.1个百分点，仪器仪表制造业和专用设备制造业对装备制造业的拉动最小，贡献为0（见表4）。②

**表4　2019年辽宁省规模以上装备制造业增加值占全省的比重及拉动点**

单位：%，百分点

| 行业 | 占比 | 拉动点 |
| --- | --- | --- |
| 汽车制造业 | 13.1 | 0.3 |
| 计算机、通信和其他电子设备制造业 | 5.7 | 1.1 |
| 通用设备制造业 | 3.8 | 0.2 |
| 金属制品业 | 2.2 | 0.2 |
| 电气机械和器材制造业 | 2.0 | 0.1 |
| 专用设备制造业 | 1.3 | 0.0 |
| 铁路、船舶、航空航天和其他运输设备制造业 | 1.1 | 0.1 |

---

① 魏红江：《辽宁装备制造业的现状和分析报告》，沈阳工业大学管理学院，2020。
② 辽宁省统计局、国家统计局辽宁调查总队：《辽宁统计年鉴2020》，http：//tjj．ln．gov．cn/tjsj/sjcx/ndsj/otherpages/2020/2020/indexch．htm。

续表

| 行业 | 占比 | 拉动点 |
|---|---|---|
| 仪器仪表制造业 | 0.3 | 0.0 |
| 金属制品、机械和设备修理业 | 0.2 | 0.1 |
| 装备制造行业合计 | 29.7 | 2.1 |

辽宁省高技术产业发挥强劲动力。据统计，2019年辽宁省高技术产业中，增加值比重最大的为集成电路业，其增加值占高技术产业增加值的40.1%，拉动全省规模以上高技术产业增加值增长14.0个百分点；其次是通用仪器仪表制造业，其增加值占比为3.1%，拉动增加值增长0.1个百分点；再次是医疗仪器设备及器械制造业，其增加值占比为2.5%，拉动增加值增长0.3个百分点；航空、航天器及其他设备制造业增加值占比为1.7%，拉动增加值增长0.1个百分点；虽然办公设备制造业占比最小，仅占辽宁省规模以上高技术产业增加值的0.9%，但可以拉动辽宁省规模以上高技术产业增加值增长0.9个百分点（见表5）。[1]

表5　2019年辽宁省部分装备制造业增加值占高技术产业增加值的比重及拉动点

单位：%，百分点

| 行业名称 | 占比 | 拉动点 |
|---|---|---|
| 集成电路业 | 40.1 | 14.0 |
| 通用仪器仪表制造业 | 3.1 | 0.1 |
| 医疗仪器设备及器械制造业 | 2.5 | 0.3 |
| 航空、航天器及其他设备制造业 | 1.7 | 0.1 |
| 办公设备制造业 | 0.9 | 0.9 |

（2）主营业务收入

①全行业总体收入。主营业务收入是装备制造业企业从事生产、经营活

---

动所取得的营业收入，反映了装备制造行业的发展水平。2019 年辽宁省装备制造业营业收入共 8392.9 亿元，较上年同比增长 17.9%，占全省规上工业营业收入的比重为 26.6%（见图 8）。[①]

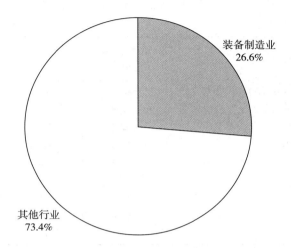

图 8　2019 年辽宁省装备制造业和其他行业营业收入占比

②各行业收入。2019 年，辽宁省装备制造业行业总体收入增加，但部分行业收入小幅回落。其中增加的行业有汽车制造业，占行业收入的 39.96%；铁路、船舶、航空航天和其他运输设备制造业，占行业收入的 11.6%；金属制品业，占行业收入的 10.97%；电气机械和器材制造业，占行业收入的 8.73%；计算机、通信和其他电子设备制造业，占行业收入的 8.72%；仪器仪表制造业，占行业收入的 1.29%；金属制品、机械和设备修理业，占行业收入的 0.58%。其中下降的行业中，通用设备制造业占行业收入的 12.07%，专用设备制造业占行业收入的 6.09%。从主营业务收入来看，汽车制造业收入最高，为 3353.8 亿元，金属制品、机械和设备修理业收入最少，为 48.9 亿元。从收入增长来看，铁路、船舶、航空航天和其他

① 辽宁省统计局、国家统计局辽宁调查总队：《辽宁统计年鉴 2020》，http：//tjj. ln. gov. cn/tjsj/sjcx/ndsj/otherpages/2020/2020/indexch. htm。

运输设备制造业增速最快，为168.61%；专用设备制造业增速最慢，为负增长，达到-0.95%（见表6）。[①]

表6　2019年辽宁省装备制造业细分行业收入对比

单位：亿元，%

| 行业分类 | 2019年主营业务收入 | 2018年主营业务收入 | 同比增长 |
|---|---|---|---|
| 铁路、船舶、航空航天和其他运输设备制造业 | 973.7 | 362.5 | 168.61 |
| 金属制品、机械和设备修理业 | 48.9 | 39.5 | 23.8 |
| 金属制品业 | 920.5 | 747.3 | 23.18 |
| 电气机械和器材制造业 | 732.8 | 596.2 | 22.91 |
| 计算机、通信和其他电子设备制造业 | 731.5 | 598.2 | 22.28 |
| 汽车制造业 | 3353.8 | 3135.5 | 6.96 |
| 仪器仪表制造业 | 108 | 105.8 | 2.08 |
| 通用设备制造业 | 1012.6 | 1017.3 | -0.46 |
| 专用设备制造业 | 511 | 515.9 | -0.95 |

（3）成本费用

①总营业成本。2019年，辽宁省装备制造业总营业成本为6761.5亿元，较2018年增加18.27%，每百元营业收入的营业成本为79.9元，分别低于石化产业、冶金产业和农产品加工业成本6.7元、9.3元和7.2元（见图9）。[②]

②分行业成本。2019年，辽宁省装备制造业成本呈现上升趋势，主营业务收入增长较快的行业成本也大幅上升。其中，汽车制造业占装备制造业成本的37.71%，通用设备制造业占装备制造业成本的12.7%，铁路、船舶、航空航天和其他运输设备制造业占装备制造业成本的12.7%，金属制品业占装备制造业成本的11.92%，电气机械和器材制造业占装备制造业成

① 辽宁省统计局、国家统计局辽宁调查总队：《辽宁统计年鉴2020》，http：//tjj. ln. gov. cn/tjsj/sjcx/ndsj/otherpages/2020/2020/indexch. htm。

② 辽宁省统计局、国家统计局辽宁调查总队：《辽宁统计年鉴2020》，http：//tjj. ln. gov. cn/tjsj/sjcx/ndsj/otherpages/2020/2020/indexch. htm。

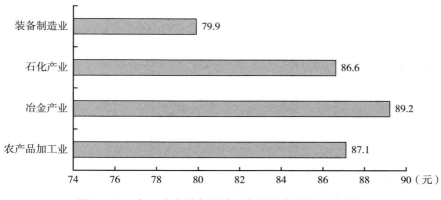

**图9 2019年辽宁省装备制造业每百元营业收入的成本**

本的9.18%，计算机、通信和其他电子设备制造业占装备制造业成本的8.03%，专用设备制造业占装备制造业成本的6%，仪器仪表制造业占装备制造业成本的1.13%，金属制品、机械和设备维修业占装备制造业成本的0.6%。从成本费用总量上来看，汽车制造业费用最大，为2550亿元；金属制品、机械和设备修理业费用最小，为40.8亿元。从成本增速来看，铁路、船舶、航空航天和其他运输设备制造业成本增速最大，为176.82%，专用设备制造业成本降幅最大，为-4.88%（见表7）。①

**表7 2019年辽宁省装备制造业细分行业成本对比**

单位：亿元，%

| 行业分类 | 2019年营业成本 | 2018年营业成本 | 同比增长 |
|---|---|---|---|
| 铁路、船舶、航空航天和其他运输设备制造业 | 858.7 | 310.2 | 176.82 |
| 计算机、通信和其他电子设备制造业 | 543.2 | 441.6 | 23.01 |
| 电气机械和器材制造业 | 620.8 | 506.8 | 22.49 |
| 金属制品业 | 806.2 | 663.2 | 21.56 |

---

① 辽宁省统计局、国家统计局辽宁调查总队：《辽宁统计年鉴2020》，http://tjj.ln.gov.cn/tjsj/sjcx/ndsj/otherpages/2020/2020/indexch.htm。

| 行业分类 | 2019 年营业成本 | 2018 年营业成本 | 同比增长 |
|---|---|---|---|
| 金属制品、机械和设备修理业 | 40.8 | 37.3 | 9.38 |
| 汽车制造业 | 2550 | 2428.8 | 4.99 |
| 通用设备制造业 | 859.1 | 826.4 | 3.96 |
| 仪器仪表制造业 | 77 | 76.3 | 0.92 |
| 专用设备制造业 | 405.7 | 426.5 | −4.88 |

（4）利润额和增值税

①利润总额。2019 年，辽宁省 41 个主要行业中，有 21 个行业利润总额比上一年下降。其中，石油、煤炭等燃料加工业利润总额同比下降 37.0%，医药制造业利润总额同比下降 25.0%，黑色金属冶炼及压延加工业利润总额同比下降 19.1%。但装备制造业利润总额有所上升。2019 年辽宁省装备制造业利润总额为 595.6 亿元，占当年度全省装备制造业营业收入的 7.1%，比 2018 年高 64.6 亿元，占全省规上工业利润总额的比重为 43.9%（见图 10）。[①]

2019 年辽宁省装备制造业利润率较高，规上工业 1~12 月利润总额变化情况如图 11 所示。[②] 从图 11 中可以看出，2019 年 1~2 月，装备制造业利润总额较高为 70.9 亿元，随后 3 月稍有下滑，利润总额达到 16.3 亿元，4~6 月呈上升趋势，7~9 月利润总额小幅下降后保持平稳，10 月利润总额达到最高，为 232.1 亿元，11~12 月，利润总额下滑趋势明显，12 月利润总额最低，为−66.1 亿元。2019 年末下滑的主要原因是疫情防控期间部分企业停工停产，造成企业利润损失。

②各行业利润。2019 年，虽然辽宁省装备制造业总体利润小额增加，但各行业利润增速差别较大。从利润总额来看，利润最高的行业为汽车制造

---

① 辽宁省统计局、国家统计局辽宁调查总队：《辽宁统计年鉴 2020》，http：//tjj. ln. gov. cn/tjsj/sjcx/ndsj/otherpages/2020/2020/indexch. htm。

② 辽宁省统计局、国家统计局辽宁调查总队：《辽宁统计年鉴 2020》，http：//tjj. ln. gov. cn/tjsj/sjcx/ndsj/otherpages/2020/2020/indexch. htm。

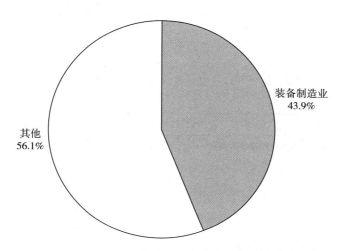

**图 10　2019 年辽宁省装备制造业利润总额占规上工业比例**

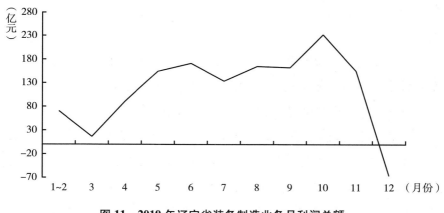

**图 11　2019 年辽宁省装备制造业各月利润总额**

业，为 343.1 亿元；利润最低的行业为金属制品、机械和设备修理业，亏损金额为 15.3 亿元。从利润增长来看，增长率大于 100% 的行业有两个，分别是铁路、船舶、航空航天和其他运输设备制造业，电气机械和器材制造业，且铁路、船舶、航空航天和其他运输设备制造业增长率最快，同比增长 569.35%；利润负增长的行业有金属制品、机械和设备修理业与通用设备制造业，其中通用设备制造业增速下降最快，为-99.24%（见表8）。①

表8　2019年辽宁省装备制造业细分行业利润对比

单位：亿元，%

| 行业分类 | 2019年利润总额 | 2018年利润总额 | 同比增长 |
|---|---|---|---|
| 铁路、船舶、航空航天和其他运输设备制造业 | 41.5 | 6.2 | 569.35 |
| 电气机械和设备制造业 | 22.7 | 10.3 | 120.39 |
| 金属制品业 | 34.5 | 18.5 | 86.49 |
| 专用设备制造业 | 18.2 | 10.8 | 68.51 |
| 仪器仪表制造业 | 11.5 | 9.3 | 23.66 |
| 计算机、通信和其他电子设备制造业 | 139.2 | 128.3 | 8.5 |
| 汽车制造业 | 343.1 | 319.3 | 7.45 |
| 金属制品、机械和设备修理业 | −15.3 | −11 | −39.1 |
| 通用设备制造业 | 0.3 | 39.4 | −99.24 |

③亏损企业数。2019年，辽宁省工业企业数量大致保持平稳，亏损企业数量除个别月份小幅上扬外，持波动下降趋势，但与2018年同期相比，除3月外，亏损企业数量每月都略有增加（见图12）。②

④税收、用工和出口额。装备制造业是辽宁省重要的税收来源、社会稳定器和出口基地。2019年，装备制造业应交增值税172亿元，占全省规上工业应交增值税的31.7%。用工人数69.8万人，占全省规上工业用工人数的38.6%。出口交货值1054.9亿元，占全省规上工业出口交货值的41.7%（见图13）。③

---

① 辽宁省统计局、国家统计局辽宁调查总队：《辽宁统计年鉴2020》，http：//tjj. ln. gov. cn/tjsj/sjcx/ndsj/otherpages/2020/2020/indexch. htm。

② 国家统计局：《中国统计年鉴2020》，http：//www. stats. gov. cn/tjsj/ndsj/2020/indexch. htm。

③ 辽宁省统计局、国家统计局辽宁调查总队：《辽宁统计年鉴2020》，http：//tjj. ln. gov. cn/tjsj/sjcx/ndsj/otherpages/2020/2020/indexch. htm。

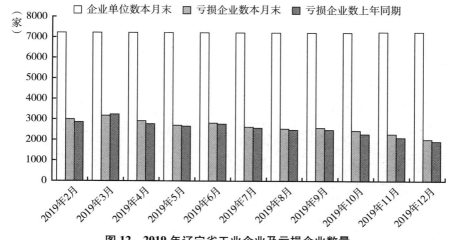

图12 2019年辽宁省工业企业及亏损企业数量

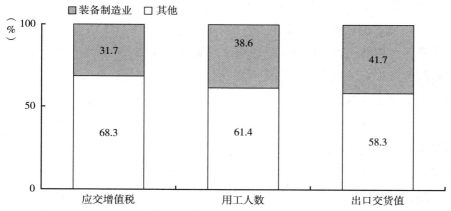

图13 2019年辽宁省装备制造业税收、用工和出口额占全省工业的比重

（5）产品销售率

2019年，辽宁省规模以上工业产品的销售率为98.5%。其中，国有控股企业产品销售率为99.0%，股份制企业产品销售率为98.1%，外商及港澳台商投资企业产品销售率为99.5%，私营企业产品销售率为98.0%（见图14）。①

————————

① 辽宁省统计局、国家统计局辽宁调查总队：《辽宁统计年鉴2020》，http://tjj. ln. gov. cn/tjsj/sjcx/ndsj/otherpages/2020/2020/indexch. htm。

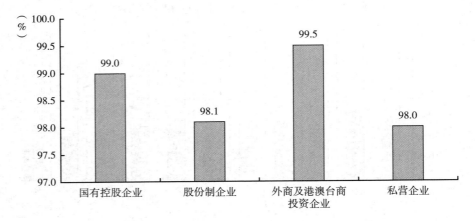

**图 14 2019 年辽宁省装备制造业各类型企业产品销售率**

### 4. 装备制造业技术创新和企业现状

（1）装备制造业技术创新

产业结构的优化升级离不开管理水平的提高和技术的进步。装备制造业企业的发展不能仅仅依靠规模庞大和成本低廉的传统优势，关键是提高企业技术创新能力。创新驱动才是推动行业转型升级和保持企业竞争优势的不竭动力。技术创新是技术与经济相结合的行为，因而提升装备制造业的技术创新能力应包括技术和经济两个方面，主要从产业经济实力、人力资源存量和先进劳动方法等方面进行保障。特别要重视研发投入强度，其是产业自主技术创新的重要支撑，只有加大创新资源的投入才能带来技术成果的产出。根据工业和信息化部牵头制定的发展战略，凸显国家核心竞争力的重要标志之一是重大技术装备，结合辽宁省实际情况，装备制造业大力推进创新政策的实施，发挥市场机制的重要作用，集中力量进行重大技术装备应用推广，并根据重大技术装备的发展进行适时调整。

技术创新还可以通过技术引进来实现。改革开放以来，辽宁省在引进技术方面取得了较明显的成效，引进了一批国际先进的加工制造技术和管理技术。中国国际专利技术与产品交易会是沟通国内外技术创新的一座很好的桥梁，每年都吸引来自海外 30 多个国家和地区的 1 万余个项目参展。辽宁省装备制造业企业在对新技术引进消化的基础上，进行深度吸收和再创新，促进了企业技术水平的进步。经过多年的发展，据有关数据统计，辽宁省万人有效发明专利拥有量已由 2010 年底的 1.7093 件增加到 2019 年底的 9.7 件，超过原有计划 7.36 件，同比增长 13.9%，有效外观设计 4299 件，PCT 国际专利申请量达到 515 件，同比增长 33.4%。① 辽宁省通过建立行业专利数据库，为全省企业及各部门提供相关服务。随着工业智能化水平和自主创新能力的显著提高，辽宁省数字化研发工具的普及率和关键工序数控化率达到全国领先水平，辽宁省也致力于在沈阳、大连及重要地区创建高端装备和"专、精、特、新"设备的国家研发平台。疫情期间，辽宁省装备制造业门类较其他省份更齐全，因而在组织建设医用防护口罩、防护服等防疫用品生产线上更具有优势，为抗疫前线提供了大量的药品、救护车和高端医疗设备，突出了制造业大省的责任和担当。

技术创新来源于拥有大量的知识产权。在创新过程中，装备制造业企业的知识产权需要制度和政策的支持，因此要严格执行国家有关知识产权保护的法律法规。辽宁为省内企业的知识产权创造提供了较完备的法制环境，持续增强知识产权保护措施。除国家颁布的《专利法》《著作权法》等知识产权保护相关法律外，辽宁省还专门出台了一系列知识产权保护的法规和规划。辽宁省政府发布了《辽宁省知识产权保护办法》，这是中国第一部关于知识产权保护的综合性政府规章。辽宁省委、省政府办公厅专门印发了《辽宁省关于加强知识产权审判领域改革创新若干问题的实施意见》。辽宁省知识产权"十三五"规划被列入辽宁省政府专项规划。辽宁省还实施了专利行政执法专项行动，有效遏制了假冒侵权行为，专利执法范围从最初的 5 个地市扩大到涵盖全省的 14 个地市。在有法可依的基础上，辽宁遵从严格执法，以加强知识产权保护来支持装备制造业企业的创新发展，促进装备制造业的转型升级。

---

① 《2019 年辽宁知识产权发展与保护状况白皮书发布》，http：//tradeinservices.mofcom.gov.cn/article/shidian/lxhy/202004/103389.html。

（2）装备制造业企业现状

①工业企业的地域分布。作为辽宁省经济发展的基石，工业产业遍及全省，从事该产业的企业数量众多。辽宁工业发展引领其他产业发展，工业出口交货值不断增长，工业企业占据着举足轻重的地位。在不断发展的同时，辽宁省也存在工业企业在各地市分布不均的情况，如表9所示。①

**表9　2019年辽宁工业企业在各地市分布**

| 地区 | 企业单位数（家） | 比重（%） | 资产总计（亿元） | 比重（%） | 销售费用（亿元） | 比重（%） | 利润总额（亿元） | 比重（%） | 总资产贡献率（%） |
|---|---|---|---|---|---|---|---|---|---|
| 全省 | 7610 | 100 | 20750.9 | 100 | 827.9 | 100 | 1354.0 | 100 | 7.6 |
| 沈阳市 | 1579 | 20.75 | 4745.1 | 22.87 | 357.9 | 43.23 | 316.7 | 23.39 | 7.9 |
| 大连市 | 1875 | 24.64 | 5288.3 | 25.48 | 190.6 | 23.02 | 559.2 | 41.30 | 9.1 |
| 鞍山市 | 710 | 9.33 | 1636.3 | 7.89 | 59.0 | 7.13 | 96.0 | 7.10 | 5.3 |
| 抚顺市 | 264 | 3.47 | 533.7 | 2.57 | 17.0 | 2.05 | 32.2 | 2.38 | 13.1 |
| 本溪市 | 202 | 2.65 | 1112.5 | 5.36 | 30.7 | 3.71 | 31.0 | 2.29 | 4.3 |
| 丹东市 | 374 | 4.91 | 405.4 | 1.95 | 16.3 | 1.97 | 29.2 | 2.16 | 6.5 |
| 锦州市 | 328 | 4.31 | 480.8 | 2.32 | 27.1 | 3.27 | 20.7 | 1.53 | 10.7 |
| 营口市 | 665 | 8.74 | 1567.4 | 7.55 | 41.9 | 5.06 | 91.9 | 6.78 | 6.6 |
| 阜新市 | 225 | 2.96 | 331.6 | 1.60 | 8.0 | 0.97 | 16.6 | 1.22 | 5.0 |
| 辽阳市 | 233 | 3.06 | 1049.5 | 5.06 | 15.5 | 1.87 | 34.7 | 2.56 | 9.3 |
| 盘锦市 | 288 | 3.78 | 2279.8 | 10.99 | 19.1 | 2.30 | 70.0 | 5.17 | 7.0 |
| 铁岭市 | 285 | 3.75 | 308.8 | 1.49 | 11.1 | 1.35 | 6.2 | 0.46 | 4.4 |
| 朝阳市 | 301 | 3.96 | 368.6 | 1.78 | 21.1 | 2.55 | 33.2 | 2.45 | 7.8 |
| 葫芦岛市 | 280 | 3.68 | 597.6 | 2.88 | 12.6 | 1.52 | 15.4 | 1.13 | 9.1 |

由表9数据可知，2019年辽宁省工业企业共有7610家，其中沈阳市和大连市企业单位数量较多，沈阳市1579家，总资产共计4745.1亿元，大连市1875家，总资产共计5288.3亿元；本溪市、阜新市、辽阳市企业数目较少，其中本溪市企业数量为202家，阜新市为225家，辽阳市为233家；丹

---

① 辽宁省统计局、国家统计局辽宁调查总队：《辽宁统计年鉴2020》，http://tjj.ln.gov.cn/tjsj/sjcx/ndsj/otherpages/2020/2020/indexch.htm。

东市、阜新市、铁岭市和朝阳市的资产比重相对较少，均不足辽宁省行业总规模的 2%，分别为 1.95%、1.60%、1.49% 和 1.78%；锦州市、阜新市、铁岭市和葫芦岛市的利润总额较低，分别占辽宁省全行业利润总额的 1.53%、1.22%、0.46% 和 1.13%。

②装备制造业企业规模变化趋势。辽宁装备制造业是国家及辽宁省政府重点扶持产业，具有独特优势。截至 2019 年底，辽宁省规模以上装备制造业企业 2709 家，年均从业人员 69.8 万人。企业数量与从业人员年平均数呈现正相关变化趋势。2011～2019 年装备制造业企业数量以及从业人员数量如表 10 所示。①

表 10　2011～2019 年辽宁装备制造业企业数量以及从业人员数量

单位：家，万人

| 年份 | 装备制造业企业 | 从业人员 |
| --- | --- | --- |
| 2011 | 3987 | 90.48 |
| 2012 | 5878 | 134.05 |
| 2013 | 5851 | 133.07 |
| 2014 | 5285 | 124.14 |
| 2015 | 4237 | 103.59 |
| 2016 | 2713 | 72.61 |
| 2017 | 2372 | 70.00 |
| 2018 | 2339 | 61.90 |
| 2019 | 2709 | 69.80 |

由表 10 可以看出，辽宁省装备制造业企业数量和从业人员数量呈下降趋势。其原因在于，国家对辽宁地区出台的改组改制政策措施虽为东北振兴注入了活力，但企业也在国有体制和集体体制向私有制的改革过程中不断重组，导致一些企业破产，从业人员也由于多种原因被削减。而且随着大数据时代的来临，通过互联网沟通的速度更快，层级更少，人员需求也要相应进

---

① 辽宁省统计局、国家统计局辽宁调查总队：《辽宁统计年鉴 2020》，http：//tjj. ln. gov. cn/tjsj/sjcx/ndsj/otherpages/2020/2020/indexch. htm。

行调整，部分企业也会因为跟不上时代步伐而退出行业。先进制造技术的逐渐普及也使传统行业机械化水平更高，减少了传统组织模式下的岗位配置。所以随着国家政策的落实和新技术发展，辽宁装备制造业的企业数量和从业人员数量呈现下降趋势。

③装备制造业从业人员变化趋势。辽宁省装备制造业总体从业人员数量呈波动式变化，内部行业的从业人员分布不均衡。辽宁装备制造业从业人员总量从 2017 年的 70 万人，减至 2018 年的 61.9 万人，至 2019 年，又增至 69.8 万元，如表 11 所示①。

从表 11 中可知，辽宁装备制造业中，通用设备制造业和汽车制造业的从业人员人数最多，可以达到 14 万人左右，并在 3 年间保持平稳；其次为铁路、船舶、航空航天和其他运输设备制造业、金属制品业、电气机械和器材制造业、专用设备制造业和计算机、通信和其他电子设备制造业，从业人员在 5 万~10 万人；从业人员较少的行业为仪器仪表制造业和金属制品、机械和设备修理业，且金属制品、机械和设备修理业的从业人数呈下降趋势。随着装备制造业科技水平的不断提高，传统生产运营模式和人才培养模式已经不适合装备制造业的发展，装备制造业企业应该提升企业创新能力，特别是高技术装备制造业企业需加快科学技术人才的培养和引进，扩大辽宁装备制造业人员的数量，提高能力水平。

表 11 2017~2019 年辽宁省装备制造业各行业从业人员数

单位：万人

| 行业 | 2017 年 | 2018 年 | 2019 年 |
| --- | --- | --- | --- |
| 通用设备制造业 | 14.4 | 13.9 | 14.4 |
| 汽车制造业 | 14.1 | 13.7 | 14.0 |
| 铁路、船舶、航空航天和其他运输设备制造业 | 10.4 | 4.5 | 10.3 |
| 金属制品业 | 9.2 | 8.5 | 9.9 |
| 电气机械和器材制造业 | 7.0 | 6.4 | 6.8 |

---

① 辽宁省统计局、国家统计局辽宁调查总队：《辽宁统计年鉴 2020》，http：//tjj. ln. gov. cn/tjsj/sjcx/ndsj/otherpages/2020/2020/indexch. htm。

续表

| 行业 | 2017 年 | 2018 年 | 2019 年 |
|---|---|---|---|
| 专用设备制造业 | 6.6 | 6.7 | 6.5 |
| 计算机、通信和其他电子设备制造业 | 5.2 | 5.1 | 5.3 |
| 仪器仪表制造业 | 1.8 | 1.8 | 1.8 |
| 金属制品、机械和设备修理业 | 1.4 | 1.1 | 0.9 |
| 装备制造业总体 | 70 | 61.9 | 69.8 |

## （二）2019年辽宁装备制造业存在的问题和困境

国家提出的振兴东北老工业基地政策对于东北地区的经济发展具有显著的促进作用，但 2019 年东北地区经济发展速度与发达地区相比还较慢。辽宁装备制造业是东北地区经济的主要组成部分，面临巨大压力和挑战。

1. 装备制造业存在的问题

（1）装备制造业体制机制不灵活

辽宁省装备制造业龙头企业中国有及国有控股企业占比较大，厂办大集体、"三供一业"、冗员等历史问题负担较重，缺乏高效的决策机制和灵活的市场经营机制，企业生存和发展的压力较大。虽然这些企业具有成熟的技术和完整的生产体系，员工的技术能力较强，但企业经营者和员工脑海中还存有以往计划经济的烙印，短时间内市场和企业经营存在一定程度的矛盾，管理组织模式复杂且冗余，导致各级人员限制较多，运营效率低，无法有效发挥企业管理相应的作用。国有企业的经营模式也使部分国企领导将创新视为高风险活动，怕承担责任，故步自封，对员工也缺乏激励和培训意识，不鼓励员工自主创新，没有相应的奖惩措施，因而整体工作士气低迷，导致企业无法研发高新技术设备，采购的高端设备也全部或部分闲置，不能发挥最大使用价值。正是这些阻碍了企业的自主创新能力提升，行业增长停滞不前，装备制造业的发展速度逐渐回落，经济放缓。沈阳机床、大船海工等重点国企生产经营困难，面临破产重整。

（2）装备制造业产业结构调整滞后

辽宁省装备制造业经过多年发展，高端装备制造业以重型装备的传统产业为主，涉及通用装备制造、专用装备制造、机电机械装备制造、电子信息产业等多个行业，航空、高档数控机床、机器人及智能装备等高端装备制造业主营收入占装备制造产业比重不足20%。燃气轮机、氢能产业、高端医疗装备等新兴产业还比较弱小，短期内难以发挥支撑作用。与国际同类企业相比，辽宁省装备制造业存在产业集中度低、企业规模小等问题。很多中小型装备制造业企业还没有实现以专业化为基础的分工协作，其产业发展缓慢，缺乏标准，难以形成有效竞争。这些企业的基本结构特征是"小而全"，因此在产业分工明显的市场竞争中适应性较差。

2019年辽宁装备制造业增加值同比增长7.2%，较2018年9.4%的同比增长率，减少2.2个百分点，出现回落趋势。[①] 增速出现下滑的主要原因在于装备制造业的原有产业结构不合理，汽车制造等传统装备制造业占比大，航空航天等高端装备制造业占比相对较低，因而经济发展的后续动力不足。根据辽宁省统计局数据，2019年规模以上工业企业财务指标中，汽车制造业营业收入为3353.8亿元，同比增长6.96%，营业成本为2550亿元，同比增长4.99%，利润总额为343.1亿元，同比增长7.45%；铁路、船舶、航空航天和其他运输设备制造业营业收入为973.7亿元，同比增长168.61%，营业成本为858.7亿元，同比增长176.82%，利润总额为41.5亿元，同比增长569.35%；专用设备制造业营业收入为511亿元，同比下降0.95%，营业成本为405.7亿元，同比下降4.88%，利润总额为18.2亿元，同比增加68.51%；通用设备制造业营业收入为1012.6亿元，同比下降0.46%，营业成本为859.1亿元，同比增长3.96%，利润总额为0.3亿元，同比下降

---

① 辽宁省统计局、国家统计局辽宁调查总队：《辽宁统计年鉴2020》，http：//tjj. ln. gov. cn/tjsj/sjcx/ndsj/otherpages/2020/2020/indexch. htm。

99.24%。① 从上述数据中可以得出，汽车制造业营业收入最大，利润总额最大，铁路、船舶、航空航天和其他运输设备制造业利润同比增长率最大，专用设备制造业营业成本的同比增长率减幅最大，通用设备制造业利润同比增长率减幅最大。因此产业分工应该合理向营业收入多、利润增长率高的行业进行引导，以谋求最大的利润。

（3）装备制造业龙头企业带动作用不强

制造业实现转型升级的决定性因素是企业发展战略。辽宁省装备制造业优势行业仅有华晨宝马、英特尔、忠旺等少数领军型企业，对行业的拉动作用有限。党的十八大报告指出，努力构建以企业为主体、市场为导向的技术创新体系。由于辽宁是老工业基地，基于时代背景，装备制造业企业大多数是在计划体制内培育和成长起来的，且以大中型国有企业为主，企业发展具有顽固的路径依赖性，管理水平存在差距，因此必须进行要素驱动发展和企业创新发展。但值得关注的是，部分企业即使确定了创新发展战略，也会由于短期利益最大化而减少创新投入，陷入短视发展道路。

（4）装备制造业整体创新能力不强

自主创新核心技术不足。辽宁装备制造业企业自主创新能力相对较弱。虽然宝马汽车和英特尔芯片等产品为辽宁装备制造业提供了高额的产值，推动装备制造业规模不断扩张，但由于辽宁大部分大中型企业技术研发投入和技术创新资金不足，产品科技含量较低，因此本地装备制造业企业仍以较低附加值产品为主。这些装备制造业企业习惯于模仿一些成功的企业，但自己不具备较强科研实力的技术研发中心，也形成不了较强自主创新能力的产品体系，缺乏数量足够的自主知识产权技术，因此难以研发出竞争性产品，许多关键领域和核心技术仍依赖国外。支撑高档数控机床、机器人等高端装备制造业可持续发展的自主研发关键技术、共性技术缺失，重大技术装备的核心配套面临诸多"卡脖子"问题。

---

① 辽宁省统计局、国家统计局辽宁调查总队：《辽宁统计年鉴 2020》，http：//tjj. ln. gov. cn/tjsj/sjcx/ndsj/otherpages/2020/2020/indexch. htm。

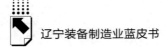

创新资源与产业结合度不高。装备制造业创新升级依靠科研成果的产生，专利申请数量反映了区域整体的科研水平。2019 年，辽宁规模以上工业企业新产品开发项目 12212 个，企业有效发明 22848 项，在全国各地区中排第 13 位。[①] 因此，辽宁的新产品和专利数量还有待提高。同时，辽宁省创新资源丰富，拥有大量的科研机构和高等学校，科研成果层出不穷，但装备制造业企业与成果产出机构并未形成良性循环的产学研合作体系，导致创新成果被研发出来后，无法实现有效转化，资源配置效率较低，创新投入与产出效果不协调，科技对产业的支撑作用没有充分发挥。2017 年全国共有 2766 所高校与科研院所签订了成果转化合同，辽宁只有 9 所单位排在前 100 名，数量较少，分别是中国科学院大连化学物理研究所、中国科学院沈阳自动化研究所、中国科学院沈阳金属研究所、东北大学、大连理工大学、沈阳化工大学、辽宁科技大学、沈阳师范大学、沈阳工业大学。[②] 技术市场是连接技术与经济的桥梁，在促进科学技术发展、科技人才交流、科技成果转化为现实生产力等方面发挥着重要作用。2018 年，辽宁省技术市场交易额 499.9 亿元，居全国第 11 位，仅占全国的不足 3%，2019 年成交额跃至 571.2 亿元，同比增长 14.3%，全年技术市场成交各类技术合同 1.7 万项。[③] 技术市场的发展规模能够反映出辽宁省科技成果的转化情况，辽宁省在技术市场的发展方面还存在差距。

企业研发经费不足。影响辽宁省装备制造业企业技术创新能力提高的因素之一是企业研发经费不足。辽宁装备制造业资本市场发展滞后，风险投资渠道不畅，在科研和试验开发方面的投入远远落后于全国其他发达省份。研发经费的投入对制造业的创新和转型有着巨大的影响，是创新要素投入中最重要的部分。2018 年，辽宁省研发支出占 GDP 比重为 1.8%，全国平均水

① 国家统计局：《中国统计年鉴 2020》，http：//www.stats.gov.cn/tjsj/ndsj/2020/indexch.htm。
② 《辽宁省内 9 家单位入围中国科技成果转化年度百强》，https：//3g.163.com/local/article/EEL4HN2N04228EEJ.html。
③ 辽宁省统计局、国家统计局辽宁调查总队：《辽宁统计年鉴 2020》，http：//tjj.ln.gov.cn/tjsj/sjcx/ndsj/otherpages/2020/2020/indexch.htm。

平为 2.19%, 2019 年, 辽宁省规模以上工业企业研发投入 310.2 亿元, 居全国第 15 位, 与排名第一广东省的研发投入 2314.9 亿元相去甚远。[①] 可见, 辽宁省工业的研发支出与发达省份还存在较大差距。同时, 资金的缺乏也使企业间、产学研之间的技术合作力量不足, 科技成果转化缓慢, 影响了装备制造业的转型升级。

（5）装备制造业产业链上下游企业融通发展不够

辽宁省优势产业发展良好, 但与上下游企业联系还有缺陷, 尚未形成完整的产业链。重成套和整机、轻核心零部件配套现象依然存在, 一业独大、一企独大, 产业基础不够扎实, 产业链封闭。由于生产性服务业发展滞后, 缺乏公共研发设计平台支撑产业发展, 为企业提供技术和零部件的配套能力较弱, 关键配套存在较大短板, 很多核心零部件不能实现本地配套, 甚至受制于人, 如高档数控机床 60% 以上核心功能部件需进口, 先进轨道交通装备本地配套率不到 40%, 工业机器人本地配套率不足 15%。[②] 在航空航天和其他运输设备制造业中, 需要提升产业创新能力, 在干支线整机及大部件和通用飞机及零部件方面需加强, 重点工业企业有沈阳飞机工业（集团）有限公司、大连世杰航空锻造有限公司等; 在船舶和其他运输设备制造业中, 需要发挥辽宁省自主燃气轮机创新高地的作用, 提升关键零部件及材料和关键共性技术等水平, 高技术船舶、海洋工程装备、游艇制造业、船舶配套产业等船舶集成问题仍有待解决。在汽车制造业中, 节能汽车内燃机、能源管理、增压直喷技术、启停微混技术、双离合器变速器等技术需要集成创新; 在乘用车、特种车辆等新能源汽车领域, 商用车和其他产品需要改进; 在智能网络化汽车中, 需要研究车载通信和网络等技术, 研究车载控制器、传感器、执行器等技术问题。在计算机、通信和其他电子设备制造业中, 需要实施和建设机器人和智能设备项目, 解决机器人和智能设备、核心部件、关键共性技术等集成设备问题。在装备制造业的细分产业中, 航空装备、海上装

---

① 国家统计局: 《中国统计年鉴 2020》, http://www.stats.gov.cn/tjsj/ndsj/2020/indexch.htm。

② 《"工业长子"如何从黑笨粗转向高精尖》, https://baijiahao.baidu.com/s? id = 171584 1784122715063&wfr=spider&for=pc。

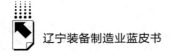

备和高技术船舶、节能汽车和新能源汽车、重大成套装备产业需重点改进和加强，高端数控机床、机器人和智能装备、先进轨道交通装备和集成电路装备产业需发展壮大。

（6）装备制造业新项目大项目少

辽宁省装备制造业固定资产投资不足，续建项目多，新开工项目少。填平补齐的技改项目多，有拉动作用的大项目少。项目投资领域相对单一，主要集中于高端装备制造、航空航天、汽车及零部件等领域。

**2. 装备制造业发展困境**

辽宁省装备制造业的发展困境可以分为两类。为了产业升级，使装备制造业融入全球制造产业链，由外部因素所导致的发展困境称为外生困境；而对应的，由产业内部因素所导致的发展困境称为内生困境。

（1）装备制造业外生困境

发达国家的市场力量压缩了装备制造业的升级空间。发达国家不仅控制着制造业的上游设计、技术等环节，而且下游产品营销网络也由发达国家掌握。受双向挤压，我国装备制造业很难取得突破，只能赚取很少的加工利润。对于辽宁装备制造业来说，其产业大多集中在产业链的低端，这与国内的整体情况基本一致。

技术锁定使辽宁本地企业难以形成协作和企业集群。辽宁省装备制造业是引进外资的主要投资方向。吸引外商投资的是装备制造业充足的人力资源和多年积累下来的产业基础，但外资企业进入辽宁后，其与国外原有的网络关系、合作关系、信任关系并没有中断，辽宁装备制造业企业与国外企业短期建立起来的联系无法与其原有合作企业的关系相竞争，合作机会有限，这使引入外资的辽宁装备制造业企业难以获得国外企业的先进技术，导致产业布局封闭。因此外商合资企业的集群产业链无法实现技术的有效输入和输出，产业发展不充分，逐渐空洞化，导致形成"空洞集群"。

（2）装备制造业内生困境

地方产业链内部缺乏有效沟通。地方产业的发展，特别是内生产业的发展，往往需要依托地方资源，注重产业内部的学习，进而构建起完整的地方产业链，建立地方产业链的竞争优势。在这一过程中，地方产业往往缺乏与外部产业组织的沟通和学习，无法获得外部技术和进行技术扩散。辽宁装备制造业在这方面尤为突出。由于历史原因，辽宁装备制造业遗留下大量国有及国有控股企业，早已确立了集群内人际交往的主要形式。在计划经济时代，降低集群内产业间的交易成本对一定时期内形成规模经济具有重要意义，但其产业开放度不足的缺点很突出，排他性明显，很难适应市场竞争，无法形成高效率的产业链生产。而且，这种较封闭的模式使企业的生产技术沟通仅限于企业内部，与行业内的其他企业无法形成有效的技术交流和提升。因此，辽宁装备制造业的产业组织模式与东部沿海省份有很大不同，其产业链也与通过市场竞争形成的产业链有明显差别。由于装备制造业企业间是非正式的关系契约，当市场环境发生激烈变化而产生竞争，那么这种非正规模式下企业间的联系使违约成本低，很容易导致企业的机会主义行为和道德风险行为，反而增加企业的交易成本。

装备技术含量低。辽宁装备制造业的整体技术水平不高，除沈阳机床、特变电工、北方重工等具有一定技术潜力的少数企业外，大部分装备制造业企业处于依靠低成本发展的态势，技术等级偏低，创新能力不足，许多装备制造业企业都没有研发中心。辽宁省装备制造产业附加值低，其中大多数仍为劳动密集型制造业，始终徘徊于制造产业链的低端层次。虽然辽宁装备制造业可以在低端制造业形成一定的比较优势，并在一定时期内使低端产品制造的优势得到加强，但其高端装备制造业不具备相当的规模经济和产业链的支撑，很难单独与国内和国外高端装备制造业竞争，因此对辽宁省建立并完善先进装备制造业基地，由低端装备制造业跃迁到高端装备制造业十分不利。

产业集群发展存在路径依赖。物理惯性使人类社会的制度演进和技术演进都存在路径依赖，一旦选择了某一条道路，无论这条道路是否正确，常常在发展的道路上会加强这一机制，很难另辟蹊径。辽宁装备制造业以往的发展是制度推动的产物，缺乏对外开放，省内装备制造业形成集团，与集团外的产业集群存在明显的沟通不足，技术路径依赖性很强，外部产业间的技术难以在集群内扩散和升级，导致辽宁装备制造业的技术升级只能依靠少数龙头企业，难以形成创新集群。

### （三）2019年辽宁装备制造业取得的成绩

虽然辽宁省装备制造业面临很多行业发展中的问题，但在省政府及各级部门的领导下，装备制造业也取得了一定的成绩。

**1.完善装备制造业政策体系**

2019年辽宁省制定出台了《辽宁省建设具有国际竞争力的先进装备制造业基地工程实施方案》和《辽宁省建设重大技术装备战略基地工程实施方案》。组织召开先进装备制造业基地推进工作会议，依托辽宁省先进装备基地8个子工程指挥中心，推进组建8个子工程建设指挥部，组建各子工程专家委员会。以各子工程指挥中心为核心成立8个调研组，在前期调研的基础上，围绕辽宁省装备制造业"十四五"发展规划前期工作，通过深入调研，摸清现状，提出相应的发展意见和建议。根据辽宁省的统一部署，梳理全省装备制造业的发展情况，形成自工业八大门类产业发展政策实施以来，装备制造业政策落实情况评估报告。落实《中共中央 国务院关于支持东北地区深化改革创新推动高质量发展的意见》精神，对辽宁省装备制造业工作负责部门承担的5项牵头重点工作，形成实施方案。

**2.加快推进装备制造新动能产业发展**

（1）推动氢能产业发展

根据辽宁省氢能产业发展研讨会会议精神，制定形成《关于大力发展辽宁省氢能产业的调研报告》，起草《辽宁省氢能产业发展规划（征求意见稿）》，支持抚顺市召开氢能与燃料电池产业推介会和氢燃料电池旅游观光车产品发布会，支持大连新源动力股份公司召开6款氢燃料电池新品发布会，支持鞍山市举办新能源汽车及零部件产业发展论坛，支持阜新市召开氢能产业发展研讨会。组织召开辽宁省氢能产业发展座谈会，摸底厘清了辽宁省建成的加氢站基础设施情况，推进全省氢能产业发展。

（2）推动航空产业发展

根据沈飞民机公司《关于支持沈飞民机与中国商飞深化合作的报告》，制定相关工作建议。围绕燃气轮机产业"一中心、两基地"建设，推动中航发燃机公司总部落户沈阳，将燃机公司重点工作、重点项目纳入辽宁省先进装备基地建设工作重点。在民用航空产品研制和交付方面，取得重大进展。在双座电动飞机、增程型双座电动飞机基础上，辽宁通航研究院自主研制的锐翔四座电动飞机的成功首飞进一步巩固了我国轻型电动飞机领域的全球领先地位。沈飞民机公司完成了波音787垂尾前缘第1000架份的成功交付。

（3）推进冰雪装备产业发展

根据中办、国办《关于以2022年北京冬奥会为契机大力发展冰雪运动的意见》（中办发〔2019〕19号），召开辽宁省冰雪装备产业发展座谈会，并发布《关于推进辽宁省冰雪经济发展的实施方案》。重点对辽宁省冰雪装备产业现状、重点企业和主要产品、存在的主要问题、推进产业发展的措施建议进行了认真梳理研究，形成了《辽宁省冰雪装备器材产业发展规划（初稿）》。

**3.加大装备制造业人才队伍建设**

（1）成功举办机器人技术应用技能大赛

辽宁省工信厅在沈阳机床小镇举办了第三届省工业机器人技术应用技能大赛，共有来自辽宁省的105名代表参加了大赛。通过选拔，8名优秀选手代表辽宁参加了在济南举办的全国大赛。经过激烈角逐，辽宁省选手获得3个二等奖、2个三等奖，同时辽宁省代表队获得大赛组委会颁发的"优秀组织奖"。

（2）完成机械工业先进集体和个人评选表彰工作

根据人力资源和社会保障部、全国机械工业联合会的统一部署，辽宁省成功推荐了沈鼓集团、大连冰山集团、瓦轴集团、辽宁忠旺等6个集体入选全国机械行业先进集体，以及三一重型装备公司运营经理任延举、大连光洋集团总工程师程虎等5位同志入选全国机械行业劳动模范，获评数量在全国29个参评的省区市中分别居第5位、第7位。

（3）建立装备制造业重点领域专家库

通过辽宁省工信系统、航空产业联盟、行业骨干企事业单位等渠道广泛

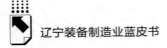
征集民用航空及燃气轮机领域行业专家，经遴选审核，形成了 26 个成员的民用航空专家库，10 个成员的"两机"（航空发动机及燃气轮机）领域专家库，同时，将上述专家推荐为工信部的行业专家，加强对发展航空产业的智力支撑。

**4. 推进装备制造业重点领域试点示范**

（1）推进高端医疗装备示范应用

2019 年辽宁省顺利完成东软医疗承担的工信部和国家卫健委组织的第一批试点工作。东软医疗股份有限公司申报并已在中国医科大学示范应用的 X 线正电子发射断层扫描仪设备（PET-CT）项目，被列入工信部和国家卫健委联合实施的高端医疗装备示范应用项目。这一项目有助于推动辽宁省医疗装备在省级的示范推广应用。

（2）开展装备制造相关产业标准体系建设工作

贯彻落实《国家标准化体系建设发展规划（2016～2020 年）》中关于机器人重点领域以标准助力创新发展的部署，在新松机器人开展标准体系建设调研工作，编制《辽宁省机器人标准体系建设指南》，检查推进辽宁福安重工等 7 个省级装备制造业标准化试点项目。

**5. 组织装备制造业发展情况调研**

（1）开展装备制造业重点地区的督导和调研

围绕工业稳增长专题，对沈阳、大连两市开展了装备制造业专题调研，召开了 24 户装备制造业重点企业座谈会，形成装备制造业专题调研报告。对抚顺市开展"小升规、保 8%、高质量项目"调研，对"稳工业确保半年红"工作调研督导，开展"民营经济 23 条"落实情况调研，对本溪、丹东就摸底当前工业发展情况开展调研活动。

（2）开展装备制造业重点领域调研

为做好机器人产业"十四五"规划的基础工作，对国家机器人创新中心、新松机器人股份公司、中科院沈阳自动化研究所等 3 家单位开展了现场调研。对沈阳高精数控、沈阳通用机器人、沈阳远大智能科技机器人、大连科德数控、大连四达高科技公司等 13 家规模以上机器人企业进行问卷调查。在农机装备等领域也集中开展了调研活动，并形成辽宁省农机产业发展调研报告。

（3）搭建装备制造业企业协作配套对接服务

宣传学习行业标杆企业"智造品质"经验和现代企业管理模式，组织辽宁省内汽车行业骨干车企到华晨大连专用车和东风日产大连分公司参观学习交流，东风朝柴、丹东黄海、航天凌河等 29 家单位 60 多名企业代表参加，与会人员提出了建立联合研发和技术攻关平台、增强辽宁省内专用车企业协作、联合金融机构进行战略合作等意见建议，现场达成了产品协同创新、人才协同培养、抱团"出海"等合作意向。

**6.积极争取国家政策支持装备制造业发展**

（1）强化政策宣贯培训

为充分发挥国家首台（套）重大技术装备保险补偿政策对辽宁省首台（套）重大技术装备创新应用工作的激励作用，组织召开辽宁省全省首台（套）重大技术装备保险补偿政策宣贯会和全国首台（套）重大技术装备保险补偿机制试点工作现场经验交流会，使辽宁省工信、财政、银保监部门，以及相关企事业单位进一步领会政策精神，提高企业申报积极性，进一步推动辽宁省首台（套）重大技术装备保险补偿机制试点工作的顺利开展。

（2）争取国家装备制造业发展的政策资金

辽宁省有关部门主动对接工信部首台（套）重大技术装备保险补偿、高档数控机床与基础制造装备科技重大专项、新能源汽车推广应用等各类专项，加大政策宣贯培训，积极组织企业申报，共上报申请各类专项资金 43820 万元。其中，申报的 70 个首台（套）重大技术装备保险补偿项目，获得国家保费补助 16235 万元，金额同比增长 41.6%；沈阳高精数控智能技术股份有限公司"基于国产 CPU 高档数控系统和关键部件在七轴车铣复合加工中心的示范应用"课题列入国家 04 专项计划。2019 年共获得充电基础设施建设奖补资金 6600 万元、新能源汽车推广应用补助及预拨资金 10797 万元、国家 04 专项资金 10188 万元。

（3）制定充电基础设施奖补政策

为加快推动新能源汽车充电基础设施建设，培育新能源汽车应用环境，促进新能源汽车推广应用，发布《辽宁省新能源汽车充电基础设施建设奖补资金管理办法》。根据办法规定，在统计调查全省加氢站建设信息的基础上，对已建成的 3 座加氢站建设运行单位给予每户 200 万元的财政资金补助。

### 7. 高质量完成装备制造业两会建议提案

2019 年辽宁省装备制造业有关部门共承办 19 件"两会"提案、建议，其中 13 件主办件，6 件协办件，办结满意率 100%。致公党省委关于"促进辽宁新能源汽车产业可持续发展的建议"被列为省政协常委重点督办提案，该提案涉及 9 个省直单位协同办理，经历两次专题汇报会，最终提案办理质量和进度获得致公党省委和省政协领导的高度评价。

# 三　2019～2020年辽宁省装备制造业发展形势及重点

## （一）2019～2020年辽宁省装备制造业发展形势分析

2020 年辽宁省装备制造业实现总产值 7800 亿元，增长 4.5% 左右；工业增加值同比增长 6% 左右[①]。从 2019 年开始，辽宁省装备制造业呈现前高后低的发展态势，在国际国内大环境背景下，2019～2020 年两年总体上延续缓慢增长的发展趋势。

### 1. 装备制造业发展定位分析

党的十六大把东北确立为全国乃至世界的装备制造业基地，提升了辽宁省装备制造业的竞争力。辽宁提出的"两大基地、三大产业和五点一线"建设，进一步明确了辽宁装备制造业发展的战略方向和措施。我国正处于制造强国发展战略的计划实施之中，辽宁省作为中国装备制造业的排头兵，应

---

① 辽宁省统计局：《二〇二〇年辽宁省国民经济和社会发展统计公报》，http://tjj.ln.gov.cn/tjsj/tjgb/ndtjgb/202103/t20210317_4100861.html。

该走在产业发展的前列。2019年1月，辽宁省结合实际，制定了《建设具有国际竞争力的先进装备制造业基地工程实施方案》，提出将以科技创新为核心，聚焦智能化、高端化、成套化，努力提升产业内部自主研发设计水平，推进先进装备制造业和系统集成，增强先进装备自主可控、智能制造和服务增值的能力，将辽宁打造为具有国际竞争力的先进装备制造业基地。

良好的组织形式和优秀的管理模式是装备制造业成功的前提。为适应市场经济发展，在国际装备制造业向我国转移、环渤海经济圈的积极建设、东北老工业基地重新振兴的大背景下，辽宁省装备制造业积极优化内部结构，大力进行现代企业制度改革。为改变传统国有单一的体制模式，装备制造业企业进行改制、重组、改造，确立股份制企业在装备制造业中的地位，并发展国有控股企业。国有企业内部也实施组织结构调整，引入现代企业管理制度和管理人才，推进公司治理结构改革。良好的人才是组织形式完善的条件，辽宁省高等教育的普及化和专业化为装备制造业持续提升奠定了基础。为扶持民营装备制造业，辽宁省不仅推出了相应的新政策，还投入资金设立了专项基金，保障了辽宁装备制造业的技术和行业规模的快速发展。

基于迈克尔·波特的理论，产业内竞争能够为企业进步和创新创造压力，使企业在相互竞争中降低生产成本、提高产品的质量和服务、开发新品种。同时，良好的行业竞争也可以节约土地和能源，保护环境资源，通过产品水平的提升培养高质量的客户，促进装备制造业的升级换代。辽宁省装备制造业中各地区产业发展有所侧重。从装备制造业项目情况看，辽宁省装备制造业主要分布在沈阳、大连两市。2019年1~9月两市装备制造业产值占全省的82%，2019年7月至2020年12月建成投产的亿元以上装备制造业项目103项，总投资289.1亿元，总体上项目数量较少，规模不大，实现增量有限。沈阳市投产项目99个，新建项目2个，总投资236.4亿元，其中2019年下半年投产项目35个，新建项目1个，总投资56.1亿元，2020年投产项目64个，新建项目1个，总投资180.3亿元。大连市投产项目4个，总投资52.7亿元，其中2019年下半年投产项目3个，总投资22.7亿元，

2020 年投产项目 1 个，总投资 30 亿元。[①] 因此辽宁省内工业底蕴最深厚的是沈阳和大连，其他各城市以沈阳和大连的主要装备制造产品为中心，形成沈大铁路和辽宁沿海两条装备制造业带。这种差异错位布局既可以使产业链变长，带动周边地区装备制造产品的发展，又可以发挥沈阳和大连装备制造龙头城市的作用，形成辽宁装备制造业专业化、区域化、配套化的产业格局，增加各城市以及辽宁省装备制造行业走向国际化的成功机会。辽宁省 14 个地级市的装备制造业发展定位各有差别，其中沈阳以汽车制造、电子及通信设备以及专用设备为主，大连以船舶制造、汽车及零配件配套、电子及通信设备、机床以及重型设备为主。

2. 装备制造业市场机会分析

中国经济步入新常态发展阶段，基于大量投资和人口红利的传统发展模式正在发生改变，经济增长高速时期告一段落。在此背景下，我国制造行业市场景气度一度下滑，但 2016 年下半年景气度开始回升，其后两年持续上扬，保持较好的发展势头。2019 年，由于房地产等行业的需求转弱，再加上中美两国贸易摩擦逐渐升级，装备制造业的净利润增速虽然能够保持在 15%~20%，但行业增速开始出现下降趋势，边际收入增长速度放缓。[②]

在供给侧改革的政策指引下，装备制造业完成了部分产能去化的改革任务，为了持续改善行业经营质量，迎合国际制造业发展潮流，以信息通信技术与制造业融合为核心的智能制造被确定为我国装备制造业的新增长点。智能制造是全球装备制造业产业升级的成功途径和制造业变革的前进方向，在生产方式和产业模式等多方面都对传统制造业进行了创新。自概念被提出后，智能制造已上升为我国的国家战略。在全球制造业格局面临重大调整的过程中，辽宁应该把智能制造作为装备制造业增长的新动力，提高行业生产效率和发展质量。通过转型升级，重塑辽宁装备制造业的竞争优势，为装备制造业提供高素质的人力资源和高技术水平的产品和服务。通过智能制造革

---

① 魏红江：《辽宁装备制造业的现状和分析报告》，沈阳工业大学管理学院，2020。
② 国家统计局：《中国统计年鉴 2020》，http://www.stats.gov.cn/tjsj/ndsj/2020/indexch.htm。

新产业链，实现生产、产品、管理、新业态新模式和服务的全方位智能化，使辽宁装备制造业站在智能制造发展的前列。

3. 装备制造业子行业发展分析

装备制造业涉及面广。交通运输业从 2012 年开始细化为铁路、船舶、航空航天和其他运输设备制造业与汽车制造业两大类，其利润额占比在辽宁装备制造业中逐年增加。在辽宁装备制造业发展中，航空航天制造业，船舶制造业，汽车制造业，电气机械和器材制造业，计算机、通信和其他电子设备制造业占有重要地位。

在航空航天制造业领域，发展航空装备子项目，提升产业创新能力。与传统制造业不同，航空航天产品具有结构复杂、精度高且材料特殊等特点，在制造过程中对环境清洁度要求高，而且很多航天产品尺寸较大，载荷大，制造过程需要设备具有专用性，这些条件对工业机器人的结构、性能、运动过程和可靠性都具有极大的挑战。由于航空航天产品不是大批量生产，对时间限制也比较严格，要求其生产企业能够形成操作灵活性和可扩展性相结合的场景，可以快速重构适应新环境、新任务的机器人系统。基于航空航天制造领域的传统优势，辽宁打造了两大特色航空产业园：浑南航空产业园和沈北航空产业园。其中浑南航空产业园以大飞机制造、公务机整机生产、大型零部件制造为主，沈北航空产业园以通用飞机整机研发制造、零部件的专业化生产为主。沈阳国家航空高技术产业基地是国内大规模航空产业基地之一。同时，辽宁省航空航天制造业也应发展喷气式通用飞机整机研发制造、零部件专业化生产，加快航空工业科技成果转化，弥补产业配套设施不足。

在船舶制造业领域，发展海上装备和高技术造船子项目，支持中小企业发展。船舶工业在辽宁有着悠久而辉煌的历史。我国首艘核潜艇和首艘 051 型导弹驱逐舰均在辽宁建造。1986 年，我国首台水下机器人"海人一号"由中国科学院沈阳自动化研究所研制成功。2002 年，我国首艘 VLCC "伊朗·德尔瓦"号由大连船舶重工集团有限公司交付。2012 年，我国首艘航空母舰——辽宁舰从大连船舶重工集团有限公司启航。2014 年，我国首艘 10000TEU 集装箱船"中海之春"号通过大连船舶重工集团有限公司自主研发、设计、建造并交付。2018 年，我国首艘国产航母由大连船舶重工集团有限公司建造并海试。这些中国第一彰显了辽宁船舶制造业的实力。但辽宁省船舶制造业市场仍然处于低位徘徊，同时面临两大集团重组整合、大船海工重组等影响，船舶及海洋工程装备产业将延续低位运行态势。辽宁船舶制造业在保持既有水平的同时，还应进行跨越式发展，支持有资质的装备公司参与船舶关键配套设备的研制，提高船舶配套能力，使更多的配套公司进入船舶和海上装备产业链。整合辽宁省优势资源，发挥燃机自主创新高地作用，努力成为国家级燃机制造创新中心。通过船舶制造业供给侧改革、中央企业混合所有制改革等措施，激发企业活力、调动中小型企业的积极性，不断优化升级，有效提高船舶制造业发展质量。

在汽车制造业领域，着重发展新能源型汽车。辽宁省汽车制造业中沈阳和大连实力很强，多家企业进驻两个城市。上海通用（沈阳）北盛汽车公司、华晨汽车集团、沈阳中顺汽车有限公司是沈阳汽车制造行业的主力。东风日产大连分公司、奇瑞汽车大连分公司、大连比亚迪汽车有限公司为大连汽车制造业发展发挥了重要作用。辽宁还有大量汽车零部件企业，如大众一汽发动机（大连）有限公司的涡轮增压汽油直喷发动机一直为一汽集团相关汽车型号配套。随着国民经济的发展和人均收入的提高，汽车消费在我国已进入普及期。面对新的发展环境，辽宁省汽车制造业生产将逐步进入新的扩张期。除了原有的柴汽油车之外，辽宁还应大力发展节能汽车和新能源汽车子项目，如大连比亚迪汽车有限公司是东北地区唯一的比亚迪电动大巴生产、出口基地，生产的纯电动汽车和大巴等已经服务于东北以及全国的城市交通。2020 年国六标准全面实行，企业成本提升，市场竞争加剧，自主品牌经营更加困难，但依托华晨宝马的 BMW 新 3 系、BMWX2、BMWX3 纯电动车型，行业平稳发展。只有不断增强辽宁汽车制造业的创新能力，才能扩大辽宁汽车产业在全国汽车业的市场占有率。

在电气机械和器材制造业领域，发展重大成套设备子项目，完善以企业为主体、科研院所与高校紧密协作的产学研合作体系。大型成套发电设备具有系统复杂、产品品种多、开发周期长、开发资金投入大、成套开发管理难度大等特点,从早期开发到大规模生产的产品通常需要产品开发、试验扩展、工程示范、定型和推广几个阶段。然而,辽宁省缺乏开发一整套设备的技术基础,并且还受到诸如用户指定项目、缺乏发展资金等因素的影响,总体需求下降,但石化、冶金成套装备,风电、核电、输变电成套装备等受国际油价和国内政策等影响,预计将呈现增长态势。因此,辽宁省市有关部门要通过政策调控,充分发挥设计院、高等院校的科研实力,并联合工业和信息化、金融、银行、保险监管等部门,形成规模化完整的发电设备研发机制,加强技术开发中心建设,提高研发创新能力和水平,形成完善的保障措施,推动重大技术装备在国家和省重点工程中示范应用和产业化。

在计算机、通信和其他电子设备制造业领域,发展产业的集成化和跨部门化,不断完善产业创新体系。基于电子设备制造业技术先进性和复杂性的特点,通过交叉融合实现集成创新越来越成为产业提升的主要方向。大数据、虚拟现实、人工智能等热门技术领域的出现和深入,已经不是依赖于单点技术、单产品或单环节的创新突破,而是多方位计算、通信、网络、感知、显示和其他技术创新的全面结合。计算机、通信和其他电子设备制造业应在重大标志性产品上取得突破,面向国民经济重点制造领域和其他重点产业的需求,将数字、网络和智能化融入生产制造,大力支持企业发展多种类型工业机器人及智能制造装备,并促进辽宁省的工业机器人向行业高端发展。同时,计算机、通信和其他电子设备制造业应推进先进产品的示范应用。在制造业重点领域,在高需求、高环境要求、高劳动强度的相关工业产业领域和救灾工作、康复医疗等领域中,研究推进一批效果显著、带动性强、关联性强的典型产业应用示范项目,有针对性、有步骤地逐步应用和推广。同时,以穿透辐射为特征的跨部门创新日益突出,信息技术与制造业、材料、能源等技术的交叉渗透不断加深。这种跨部门化不仅促使传统产业变革提升,更在渗透中产生了一批新兴产业模式和业态,以智能机器人为典型代表。辽宁计算机、通信和其他电子设备制造业应利用现有的技术优势,健全机器人创新平台,重点研究前沿技术和共性关键技术,进行国家机器人创新中心建设,建立检测认证机构,通过法律建立健全国家机器人检测评价中心和国家机器人质量监督检测中心，利用机器人检测工作对机器人关键功能部件进行认证，推动第三方认证体系对机器人的检测。

## （二）2020年辽宁省装备制造业发展重点及举措

2020年，辽宁省装备制造业以推进"先进装备制造业基地"建设为核心，以高质量发展为引导，以高端化、智能化、成套化为主攻方向，重点开展以下几项工作。

**1. 积极发展装备制造业新动能产业**

积极谋划产业发展，整合各类优势资源，大力发展通用航空产业、自主燃气轮机、氢能装备、冰雪装备等新动能产业。

**2. 加快推进装备制造业成套配套**

大小成套一起抓，整机、配套结合抓，工程中心、产业联盟、行业协会共同发力，推进产需对接、配套对接、技术对接，大力推广重点工业产品。

**3. 发展装备制造业重大成套装备**

支持企业加快研制一批支撑国家战略的首台（套）重大技术装备以及市场急需的成套装备，实现传统成套装备的提档升级、新兴产业成套装备的突破创新，建成产业链完整、技术实力雄厚的重大成套装备生产基地。重点发展智能输变电成套装备、新能源成套装备、石化和冶金装备、重型矿山和工程机械、节能环保装备等高端成套产品，不断提高高端装备占比。

**4. 推进装备制造业重大项目建设**

选择一批装备制造业高质量发展重点项目，建立项目联系人制度，定期开展项目调度，及时解决和反映项目建设过程中遇到的困难和问题，确保项目按时投产达产。

**5. 争取国家政策扶持辽宁装备制造业**

结合国家首台（套）重大技术装备保险补偿、民机科研专项等现有政策资源，按照在建、新开、谋划分类建立重点项目库，条件成熟的项目积极争取国家政策支持。

6.加大帮扶装备制造业企业力度

对重点纳税企业，有针对性开展帮扶工作，切实解决企业发展中遇到的资金、技术、市场、政策难题。对重点民营企业开展帮扶试点，落实帮扶责任人制度。

# 四 辽宁省装备制造业发展对策建议

辽宁装备制造业发展要具有全方位的战略思维，遵循"新旧结合、远近结合、虚实结合、点线结合、内外结合、产城结合、产融结合、海陆结合、央地结合"的原则，以"历史、地理、增长、未来、联动、新技术、国际、空间"等多维视角，着力推进"质量发展、特色发展、集群发展、融合发展、智慧发展、创新发展、绿色发展"。立足辽宁的实际情况，探索出一条顺应时代发展、提升自身能力的新路，使辽宁成为东北振兴的先锋。

## （一）制定装备制造业高质量发展政策措施

建议恢复辽宁省首台（套）重大技术装备及其关键零部件补助政策，支持企业首台（套）重大技术装备的研制和推广应用。加大辽宁省装备制造业重大技术装备推广应用力度。探索政府首购首台（套）重大技术装备政策。组织重点装备企业和国内重大工程项目单位的市场和技术对接服务。对辽宁省参与共建"一带一路"国家投资建设的工程项目给予资金支持，鼓励装备产品、技术、管理、服务"走出去"。

## （二）实施差异化产业集群发展战略

### 1.依托优势形成特色产业集群

以典型带动整体，以强带弱发展，这是装备制造业发展成为产业集群的重要模式。典型优势企业是产业集群化发展的核心和凝聚力。从区域来看，产业集聚在装备制造业升级中具有明显的区域不平衡性，这种差异与我国经济发展水平的区域差异相似。在产业分工市场方面，产业集群的建设需要优势区域的带动，实施区域产业集群发展战略。为防止区域产业集聚和重建，辽宁可以利用不同地区的资源和产业基础，制定合理的产业集群政策，找出各地区的优势，尽其所能发挥最大效用。辽宁应加强沈阳经济区和沿海经济带对装备制造业的带动作用，以沈阳和大连两大核心城市为重点，促进区域城市深度合作，联动辽西北地区特色装备有步骤提升，以此构建双核带动、陆海配合、多产业集群繁荣的产业格局。实现以点带面，跨地区、跨行业的价值链协同，锁定价值链的中高端，掌握技术创新主动权，增强装备制造业的国际竞争力。

依托沿海地区区位优势，形成地域特色产业群。辽宁装备制造业产业分布地域集中、专业性强、环境创新氛围浓厚、企业间形成合作竞争。这种集群可以提升整个区域竞争力，实现区域经济长期增长。区域产业竞争力最终取决于竞争性产业集群的形成。利用快速增加的进口资源和市场国际化的优势，推动配套园区和基地的发展，如大连湾临海装备制造业集中区、大连松木岛化工区等港口产业集群产业带，以及营口经济技术开发区、盘锦石油装备制造业基地。以大连、旅顺等造船基地为基础，促进船舶制造产业集群发展，提高船舶制造产业和海洋工程装备制造业竞争力，加快相关产业结构调整和企业改制重组。船舶制造业重点发展节能环保型燃气船，大型集装箱船，超大型原油船，北冰洋航线运输船，高技术、高附加值的高端游艇等船舶。海洋工程装备制造业重点发展大型深水钻井平台、海上生产储油卸油装置、海上安装作业平台等装备。

借助技术优势，形成专业产业群。充分发挥高新技术对产业发展的支撑和带动作用，利用东北大学、大连理工大学、中科院沈阳自动化研究所、中科院大连物理化学研究所等地区著名高校和研究院所，研究开发中高端装备制造，如数控机床、柔性制造系统、自动化成套设备等，将高端装备制造领域的关键产品和核心零部件国产化、产业化，建设国内重点数控机床产业集群。发展战略性新兴产业群，建设以新能源、新材料、信息产品为核心的制造产业集群。除中高端产业群外，还应重视基础装备制造、重大成套装备和运输设备的生产，形成基础配套装备制造产业集群，提升装备制造业产品的整体制造水平。大力推进产学研一体化融合，逐步将生产型制造转化为服务型制造，发展生产性服务产业群，将辽宁装备制造业打造成为世界一流、多产业并举的先进装备制造产业集群。

依靠现有的产业链或产业基地，完善传统产业群。借助原有形成的以冶金、机械、石化、建材等支柱产业为主体的国家重要重化工业基地，培育重点工程。推动装备制造业以智能和绿色环保为核心，打造服务化和品牌化制造，着力产品类型创新和技术创新，扩展产业价值链，提升装备制造产品的加工深度，在传统产业基地中创造新的竞争优势。如在旅顺轨道交通产业园等重点园区，加快高速、重载、节能、环保等各类机车车辆的研发制造，加大现代轨道交通装备核心系统和部件的研发力度，完善产业链，打造世界一流的轨道交通研发制造集群。

以政策为指引，打造重点项目产业群。辽宁应制定有利于装备制造业集群发展的政策，为增强装备制造业竞争力提供保障。为实现东北振兴，国家已经制定了许多发展老工业基地的政策，为促进重点产业集群建设发挥了关键作用。在新一轮振兴政策下，辽宁必须坚定不移地大力落实国家给予的扶持政策，在制度和政策下释放红利，做好助推工作，并保障地方监管、税收和政府服务等制度的制定和实施。转变对装备制造业的传统社会观念和产业文化，注入新兴科技和服务的制造新理念，加大产权和法人治理结构建设，保障装备制造业法制建设，推进辽宁装备制造业的制度和观念升级。借助国家东北振兴的优惠政策，实施国家的重大产业集群项目，推动装备制造产业向基地化、规模化、一体化方向发展，如中石油长兴岛炼化一体化项目、中石油辽阳石化项目、中国兵器辽宁华金石化项目等。

2. 促进生产性服务业的集群发展

服务业的发展是国家或地区经济繁荣的重要支撑。辽宁装备制造业在推进产业结构升级过程中，应该将发展生产性服务业作为重点工作，充分调动沈阳和大连核心城市的支撑作用和辐射带动能力。以产业政策和区域政策为导向，鼓励有能力的装备制造业企业向服务业扩展，扩大生产性服务业的规模，提高生产性服务业的水平，促进沈阳和大连的相关生产性服务企业专业化分工，为辽宁重装备、石化装备、造船、汽车制造、电子通信装备等产业的发展提供协助。

提高相关服务行业对装备制造业的辅助效益。将信息技术产业、金融业、保险业、物流业等现代生产性服务业与装备制造业进行融合，加大对制造业前期设计、中期以及后期销售等服务的投入。加快工业软件产业发展，推动装备制造业的大数据、云计算、物联网的发展，并重点建设云计算公共服务平台等项目。推动发展研发设计、知识产权、科技成果转化、人力资源服务等各项装备制造科技服务业。建立健全金融机构和相关企业的风险防范体系，加强金融领域对装备制造业的支持服务，创新发展产业金融、科技金融、航运金融、绿色金融等金融业态，加快发展装备制造产业的相关保险。建立装备制造业技术和知识产权交易平台，推进装备制造会展服务品牌化、规模化、专业化，举办装备制造业相关论坛和知名品牌展会，提升辽宁装备制造业的会展服务国际化水平。

### 3. 实现产业链上的分解式集聚

装备制造业企业之间的关联度很高，因此企业间合作和竞争不仅体现在最终产品上，还体现在零部件和专业加工服务上。为了使产业在竞争中生存，可以适量降低生产要素成本，刺激创新，提高效率，集中在某些特定区域，以优势产业链为龙头，形成有机的产业集群。在空间关系上，可以利用资源条件，通过资源要素集聚，形成特色产业或环节，也可以利用扩散效应，使关联度高的主导产业带动其他产业提升。通过产业集群扩大价值链效应，在产业发展的同时实现增值，构建区域制造的生态系统。如以沈阳和大连为核心，构建周边城市合作的产业链，如金属冶炼和压延加工与电器机械和器材制造、汽车零部件、总成及模块和整车产业链等。这种产业潜力较高的地区和产业潜力较低的地区会形成层次明显的产业链纵向联合。

### （三）聚焦优势行业打造行业独角兽

加强工业互联网与装备制造业的融合创新，构建具有辽宁特色的装备制造业平台。研究制定跨行业融合的政策指导和支持政策，使装备制造业与互联网融合发展，推进工业互联网与制造业、智能制造、电子商务等有机融合。鼓励装备制造业企业与互联网企业对接，加强合作。政府必须积极搭建供需桥梁，解决合作企业之间的沟通问题，着力提升面向应用的系统集成和综合服务能力，培育一批与工业互联网相关的系统解决方案提供商和应用服务提供商。推动技术研发和成果转化，加强工业互联网技术与制造业产业链各环节的渗透和融合，打造新型工业制造和服务体系。建设"大而全"的工业互联网平台需要长期的技术积累和实力支撑。辽宁省现有建设潜力的企业并不多。因此，要从重点建设产业级平台入手，利用辽宁在智能装备领域的优势，打造辽宁特色制造互联网产业平台，促进区域平台与地方产业龙头企业的合作，构建专用产业云平台，与南方省份形成错位发展。

建设区域特色工业互联网产业示范基地。辽宁省应加快互联网在制造业的创新开发和应用推广。加大宣传推广力度，组织发布会和现场会，选择一些企业分享成功经验和模式。这些企业应具有创新方面的代表性、典型性和突出性。在合格的装备制造业企业中开发智能制造应用演示。应围绕网络、标识、平台、安全等开展共性技术研究、产品开发、测试验证和示范应用。辽宁装备制造业门类比较齐全，应推进资源集聚和开放共享，加快工业互联网应用创新发展和应用示范行动。探索建立以机器人与智能装备、数控机床、航天装备、重大成套装备为代表的高端装备工业互联网产业示范基地，建设工业互联网标杆工厂和功能平台。由于航空航天、造船、大型成套设备等制造业产品在结构上较复杂、价值高、生命周期长，应注重这些产业的协同设计制造、质量优化、高效供应链管理、远程设备运维等方面，从应用入手，逐步培育产业应用创新生态。

加大重点领域研发投入。辽宁省应出台政策鼓励高等院校、科研院所、大型科技企业加大研究投入，集中资源重点支持核心电子器件、发动机等领域的技术突破，健全科技人才创新、创业机制。辽宁省高等院校和科研院所创新能力强、科技成果多，2017~2020年共获得国家科技奖84项。辽宁省应推动建设科技转移机构，制定和建立辽宁省的"拜杜法案""弗劳恩霍夫研究所"，提高科技转化效率。扶持独角兽企业需要资本市场的投入和推动，辽宁省应利用资本市场进行股权融资，同时吸纳资本和资源，积极促进金融市场服务装备制造重点工程，培育壮大独角兽企业。

### （四）完善装备制造业技术创新机制

辽宁省装备制造业要继续强化技术创新。围绕国家和辽宁省面临的"卡脖子"短板领域，发挥省内科研技术力量的作用，开展关键技术的自主创新，打破地区、地域界限，以装备主机生产企业为龙头，建立跨学科、跨所有制、政产学研用为一体的协同创新平台，组织联合攻关，努力实现高端装备的进口替代。

促进体制机制改革。辽宁装备制造业转型升级面临的主要障碍之一是体制机制问题。辽宁是老工业基地，装备制造业企业大多是新中国成立初期至70年代国家宏观战略指导下的重点投资企业，这些公司历史发展悠久，很多已成长为行业的骨干企业。但经过长时间的发展，在计划经济体制下遗留问题较多，彻底改变还需很长时间。体制机制改革就是要变革这些老的硬骨头。传统装备制造业企业虽然存在问题，但其也积累了深厚的管理经验与技术资源，可以起到一定的带头作用，其他企业可以汲取这些经验和技术，为以后的发展奠定良好的基础。对于技术创新，必须建立市场机制，政府必须从根本上放松对企业的管制，树立服务意识，把企业完全置于市场经济之中。只有面对激烈的市场竞争，政府才能迫使企业面对生死存亡的压力，才能有创新和突破的意识。辽宁省大中型工业企业中有超过1/3的企业开展了科技活动，说明已有很多企业深知创新对于企业发展的重要性。同时，辽宁要加强与发达地区如北京、广东、天津等地区的技术合作，增进交流，提高科研产出率，促进创新资源的流动与共享。

建立适应市场需求的技术创新机制。研发项目的设立应该以市场需求为基础，符合产业链的发展方向。加强装备制造业企业与科研机构的合作，根据需求引导外部科研力量为企业服务，并将其转化为企业内部资源。辽宁作为东北老工业基地的重要省份，拥有高质量大学和科研院所，也拥有很多科技机构，产生大量的科研项目和学术成果，其中不少具有实用价值。然而，要把理论成果转化为实践成果，最重要的是建立科研机构与企业良性互动的平台。在这个平台上，企业可以参与科研成果的建立和应用，从而有效促进科研成果的产出。平台的设立既可以采取科研机构技术持股、企业资本持股、联合组建财团等形式，也可以由政府推动，企业与科研机构共同开展科研。为促进科研成果转化，科研机构可以与企业建立长期的战略合作关系，为企业提供培训和咨询服务。同时，为提高科研成果的质量和转化率，企业在相互竞争中，还要增强交流与合作，建立良性互动机制。例如，企业通过技术合作协议进行技术转让和交流，合作开发急需的产品和技术。辽宁省装备制造业企业拥有技术研发部门的企业所占比例较小，研发部门缺乏市场竞争激励，缺乏创新动力，研发能力较弱，自主创新能力不强。因此，促进装备制造业转型升级，必须加强企业技术研发部门建设，最有效的措施是将研发服务外包或独立进行，在市场上形成独立的部门，在竞争中站稳脚跟。

激发企业家创业精神。创新是创业的灵魂。经济学家约瑟夫·熊彼特认为，企业家是创造性破坏者，这个观点突出了企业家的本质和特征。创新的本质是"做不同的事，而不是多做一点更好"。因此，激发创业精神是推动企业创新、促进产业转型升级的关键。企业家精神在于经营者，但这种精神和人才是一定制度和社会环境的产物。也就是说，只有市场经济发展到一定水平，社会环境适宜，才能激发创业精神。因此应该从制度和社会环境上激发企业家精神。辽宁省首先应完善产权保护制度，严格依法保护产权，这是为了确保企业家对未来有良好稳定的心理预期。其次，应尊重和保障企业家自主经营的权利。辽宁的装备制造业企业多为国有大中型企业，以前由于政府对企业控制较多，企业家不能充分发挥自己的才能。辽宁省政府需逐步转变，把自己限制在服务提供者的角色上，让企业家们充分发挥自己的才能，大胆创新。最后，要创造营商环境和氛围激励创新。政府必须建立"亲"和"清"的政企模式，即诚实、开放和宽容的新型政商关系。建立纠错机制，只要不触犯法律法规，允许企业家在创新过程中积累经验，坚持对企业家理解和宽容，更好地激发和保护创业精神。

健全人才引进和内部培养机制。辽宁省装备制造业高端人才短缺，人才流失严重。如何完善人才内部培养和引进机制，留住和引进人才，是当前装备制造业企业亟须解决的难题。对于装备制造业企业来说，除了高级研发人员，技术工人的创造力和创新能力也是企业发展的重要源泉。很多基层员工虽然学历不高，但实践经验丰富，创造力强。在实际工作中，很多企业在选拔人才时过于注重学历，而不重视员工的创造力。这种做法体现了对人才狭义的定义。辽宁装备制造业企业在招聘人才时，要注意不要过分追求高学历，而应重视创造力。引进国际化人才固然很重要，但也不能忽视对内部员工的培育。行业顶尖人才、技术研发带头人、基层技术人员都是装备制造业企业需要的人才。在稳定现有人才培养方面，装备制造业企业要根据实际情况制定适合技能型人才发展的规划，形成自上而下的技能型人才发展规划体系。在评价人才时，要突破年龄、学历、地位、比例等限制，建立健全以能力和绩效为核心的高技能人才评价体系。

### （五）积极推动校企联合和军民共建

推动企业由"单一产品"向"成套产品"转变。辽宁省应充分利用科研机构资质能力，鼓励科研院所和企业联合开展成套、总承包、总设计服务。政府提供政策支持，建立中央企业与地方政府的经济合作机制。鼓励中央企业和地方政府共建工业园区，延伸和补充产业链。制定军民融合发展重点领域配套政策，实施军民融合发展，加强统筹协调，协调推进以沈飞、黎明、大船为核心企业的装备支撑体系，打造特色产业集群。加快制定《辽宁省军民融合发展战略实施意见》，推动相关措施在航空企业落地。积极促进企业建设重点实验室、企业技术中心研发平台，建设航空工程研究中心，提高原始创新、集成创新和消化吸收再创新引进技术的能力，推进军民深度融合。

### （六）支持装备制造业中小企业发展

辽宁省应加大政策支持力度，做好顶层设计，继续支持中小企业在航空制造、汽车制造、海洋工业、智能高端装备制造业的发展，实行分类政策，着力突破"卡脖子"问题，补短板。通过《辽宁省加快"两新一重"建设　推动基础设施高质量发展三年行动首批项目方案》的顺利实施，参与国内循环建设。借助新的基础设施机遇，辽宁省装备制造业可以在国内经济发展周期中抢占有利地位，实现跨越式发展。推进装备制造业创新公共服务平台的技术供给建设，支持中小企业创新发展，开展基础关键技术研发，出口共性技术，为中小型装备制造业企业提供重要技术支持。

### （七）推动装备制造业向低碳化发展

《辽宁省国民经济和社会发展第十四个五年规划和 2035 年远景目标纲要》明确提出，促进先进制造业向绿色化发展，坚决遏制高耗能产业项目上马。辽宁省装备制造业本身消耗的能源和资源的比例并不是很高，但其所生产的各种产品及配套设施占据且消耗着极大的能源。要从根本上解决耗能高的问题，装备制造业需要优化产业结构，开发太阳能、风能和新电池等新能源，努力实现产品和生产环节的低碳化。

综上所述，装备制造业发展需要多样化的促进，这是由装备制造业生产的特点决定的，也是现代经济发展的必然要求。辽宁装备制造业发展优势明显。在未来的提升和进步中，需要加强多元化的制度建设。在创新过程中，装备制造业需要适应环境，更重要的是要在观念和战略上有所创新，才能更好地适应产业的升级发展。此外，辽宁省要在原有良好基础上运用现代思维，不断拓展产业链升级，实现装备制造业集群化发展。

**参考文献**

鲍振东、李向平、王宝民等：《辽宁工业经济史》，社会科学文献出版社，2014。

陈加新：《辽宁装备制造产业升级研究》，沈阳师范大学硕士学位论文，2013。

陈艳芳：《辽宁省制造业竞争力评价与影响因素分析》，东北财经大学硕士学位论文，2012。

初铭畅、罗松林、何欣：《辽宁省装备制造业与高技术产业协同发展研究》，《辽

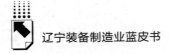

工业大学学报》（社会科学版）2018 年第 5 期。

杜娟：《装备制造企业创新人才孵化能力评价研究》，武汉理工大学硕士学位论文，2013。

郭嘉敏：《扩大辽宁省装备制造业出口对策研究》，《北方经贸》2017 年第 12 期。

何佳怡：《"互联网+"背景下辽宁省装备制造业发展的对策建议》，《现代经济信息》2018 年第 15 期。

刘丹：《辽宁装备制造业及其技术政策分析》，东北大学博士学位论文，2005。

李淼、梁爽：《辽宁装备制造业高质量发展对策研究》，《对外经贸》2020 年第 10 期。

李崇峰：《辽中南城市群城市功能定位研究》，中共中央党校博士学位论文，2016。

刘佳：《基于"四个驱动"的辽宁老工业基地装备制造业发展战略研究》，《科教导刊》2017 年第 30 期。

龙多、刘文昌：《辽宁省装备制造业智能发展水平提升的路径研究》，《现代管理》2020 年第 1 期。

仇荀：《东北地区装备制造业发展历程及未来展望》，《商业经济》2017 年第 11 期。

任骁、荆鑫、孙莉莉：《"一带一路"倡议下辽宁装备制造业竞争力分析》，《环渤海经济瞭望》2020 年第 6 期。

满史会：《满洲开发四十年史》，东北师范大学出版社，1988。

史丹、赵剑波、邓洲：《推动高质量发展的变革机制与政策措施》，《财经问题研究》2018 年第 9 期。

史长俊：《辽宁沿海经济带与沈阳经济区协同发展研究》，吉林大学博士学位论文，2012。

孙佟：《新冠疫情对辽宁装备制造业的影响分析》，《辽宁经济》2020 年第 10 期。

于兆吉、单诗惠：《辽宁省装备制造业智能化现状、问题与对策》，《沈阳工业大学学报》（社会科学版）2020 年第 1 期。

原毅军、柏丹、兆文军、董琨：《辽宁省产业结构的演变与调整》，《大连理工大学学报》（社会科学版）2004 年第 2 期。

王层层、李晓梅：《基于三次指数平滑的辽宁装备制造业营业收入预测分析》，《辽宁工业大学学报》（社会科学版）2020 年第 4 期。

王层层、施炎、李晓梅、尹子民：《辽宁装备制造业发展现状分析与产业转化升级研究》，《辽宁工业大学学报》（社会科学版）2020 年第 3 期。

王福君：《比较优势演化与装备制造业升级研究》，东北师范大学博士学位论文，2009。

王福君：《区域比较优势与辽宁装备制造业升级研究》，中国经济出版社，2010。

魏亚男、王风：《辽宁制造业实现创新驱动的问题与对策》，《党政干部学刊》2020 年第 4 期。

温晓丽、张万强：《工业互联网赋能辽宁制造业转型升级研究》，《党政干部学刊》2020 年第 10 期。

温馨、扈钰鑫、殷艳娜：《供给侧改革下辽宁装备制造业竞争优势培育对策研究》，《理论界》2019 年第 2 期。

魏红江：《辽宁装备制造业的现状和分析报告》，沈阳工业大学，2020。

赵�ూ：《中国制造业发展现状及问题研究》，《现代交际》2018 年第 14 期。

张万强、李世杰：《打造世界级装备制造业基地战略定位与发展路径》，中国经济出版社，2011。

钟云：《基于竞合的高端装备制造业市场成长路径研究》，哈尔滨理工大学硕士学位论文，2014。

徐东华：《中国装备制造业发展报告》，社会科学文献出版社，2020。

辽宁省人民政府办公厅：《辽宁省建设具有国际竞争力的先进装备制造业基地工程实施方案的通知》，2019 年 1 月 10 日。

辽宁省人民政府办公厅：《辽宁省装备制造业发展"十三五"规划》，2016 年 6 月 26 日。

辽宁省统计局：《二○一一年辽宁省国民经济和社会发展统计公报》，http：//tjj. ln. gov. cn/tjsj/tjgb/ndtjgb/201501/t20150105_ 1521477. html。

辽宁省统计局：《二○一九年辽宁省国民经济和社会发展统计公报》，http：//tjj. ln. gov. cn/tjsj/tjgb/ndtjgb/202002/t20200226_ 3751883. html。

辽宁省统计局：《二○二○年辽宁省国民经济和社会发展统计公报》，http：//tjj. ln. gov. cn/tjsj/tjgb/ndtjgb/202103/t20210317_ 4100861. html。

《装备制造业首次成为辽宁第一支柱产业》，http：//news. cctv. com/xwlb/20070203/101861. shtml。

李天舒、曹晓峰、梁启东：《辽宁装备制造业发展特点和趋势》，http：//blog. sina. com. cn/s/blog_ 8225bd540102wcdq. html？tj＝fina。

张健：《辽宁省人民政府新闻发布会》，http：//www. ln. gov. cn/spzb/xwfbh1_ 120088/wuranfont/index. html。

国务院发展研究中心东北调研组：《新时期辽宁装备制造业升级的思路》，https：//www. sohu. com/a/221343292_ 115495。

魏际刚：《探索装备制造业升级的现实路径》，http：//ex. cssn. cn/glx/glx_ xzlt/201802/t20180208_ 3844522_ 2. shtml。

《辽宁省装备制造业累计工业增加值连续 11 个月实现两位数增长》，http：//www. gov. cn/xinwen/2019-01/13/content_ 5357432. htm。

《新一轮辽宁制造业高质量发展正当》，http：//liaoning. news. 163. com/19/1216/14/F0H9JH9U04229BRM. html。

李冬铃：《辽宁明确装备制造发展路线》，http：//www. ccin. com. cn/detail/5ce351d4

5d2e53393ae98a9f43ae9335。

《辽宁为全面振兴全方位振兴注入新活力》，http：//www. ln. gov. cn/qmzx/zsgqzxzls/gzdt/201909/t20190920_ 3601148. html。

李琴：《辽宁船舶工业 70 年：不可磨灭的烙印》，https：//www. sohu. com/a/3457 39014_ 120044723。

《辽宁强化知识产权保护作出系统谋划和整体部署》，http：//liaoning. news. 163. com/20/1028/17/FQ1RU9MM04229BRM. html。

# 行业篇
## Industry Reports

**B.2**

# 辽宁省机器人及智能设备业研究报告

韩 谦　丁文平　马燕婷　侯 强*

**摘　要：** 辽宁装备制造业从粗放式向自动化、智能化和集成化方向发展，工业机器人等智能设备的市场份额不断提升。本文以辽宁装备制造业转型升级为基石，对自动化设备的需求、机器人及智能设备业的发展进行了研究。通过分析机器人及智能设备业的行业背景、发展规模、产业地位及发展特点，从控制器、伺服系统和减速器三个方面剖析了机器人及智能设备业现存的问题，并提出了对应的发展对策。

**关键词：** 机器人　智能设备业　控制器　伺服系统　减速器

---

\* 韩谦，沈阳工业大学管理学院学生；丁文平，沈阳工业大学管理学院学生；马燕婷，沈阳工业大学管理学院学生；侯强，沈阳工业大学管理学院教授，博士生导师，主要研究方向为产业组织与战略。

# 一 辽宁省机器人及智能设备业发展现状

## （一）行业背景

现阶段辽宁省的经济增长速度已经从高速发展期逐渐趋向于发展瓶颈期，工业的发展阶段也从化工发展转向集中化和高加工化发展。随着辽宁工业对 GDP 增长的贡献率持续保持平稳，经济进入了高质量发展阶段。2019年，辽宁省的 GDP 增长速度为 5.5%。① 随着社会矛盾的转变，人们对产品质量的要求逐渐提高，辽宁省未来经济发展将逐渐步入高质量发展阶段，辽宁制造业正从粗放式发展模式向自动化、智能化和集成化方向发展，制造业转型升级将是行业发展的直接驱动力。

智能机器人是智能设备的一部分，也是工业生产自动化系统的一个重要组成部分。工业自动化是历史的选择，1970 年，日立公司开发了智能机器人和视觉动态系统。此后我国工业机器人等智能设备发展逐渐进入智能时代，2010 年需求量激增，智能设备销量居全球首位，2013 年超过日本，2014 年超过欧洲，2019 年工业机器人等智能设备年销量 15.6 万台，占全球总销量的 30%。2016~2019 年成为工业机器人等智能设备的全球最大消费市场。② 2019 年，中国工业机器人等智能设备销量增长 26.9%，而全球工业机器人等智能设备销量增长 15.9%。③

虽然从全球市场份额来看，中国工业机器人等智能设备的市场份额不断提升，但中国工业机器人等智能设备的保有量和密度仍低于其他主要市场。根据 IFR（国际机器人联合会）发布的数据，2017 年中国工业机器人等智

---

① 辽宁省统计局：《二〇一九年辽宁省国民经济和社会发展统计公报》，http://tjj.ln.gov.cn/tjsj/tjgb/ndtjgb/202002/t20200226_3751883.html。
② 《机构预测 2019 中国工业机器人市场销量将增长 5% 左右》，https://baijiahao.baidu.com/s?id=1644993911513131634&wfr=spider&for=pc。
③ 《国际工业机器人发展现状是怎样的？》，https://cloud.tencent.com/developer/news/449910。

能设备数量为 18.9 万台，占全球工业机器人等智能设备的 13%。2018 年，工业机器人等智能设备保有量 26.3 万台，同比增长 38%。[1] 根据机器人制造等智能设备的密度指数，2019 年中国工业机器人等智能设备的密度为 68 台/万人，低于 74 台/万人的全球平均水平。与日本的 303 台/万人、德国的 309 台/万人仍有较大差距。[2] 以上数据表明中国制造业自动化程度还十分薄弱。此外，未来工业机器人等智能设备的密度将进一步提升，工业机器人等智能设备需求增加的可能性也将提高。

我国服务机器人等智能设备的销售量逐年增加，申请的专利数在世界范围内位居前列。2016 年，中国的服务机器人等智能设备的销售额增加到 16.6 亿美元，占服务机器人等智能设备的世界销售额的 22.3%。2017 年，中国服务机器人等智能设备的销售额达到 20.6 亿美元，达到全球销售额的 24.2%。[3]

随着人工费的缓慢增加和自动化水平的提高，工业机器人的应用范围正逐渐从汽车延伸到电子电器、冶金、化工、食品行业和饮料行业。2013 年以后，电子产业中工业机器人等智能设备的销售额大幅增加。根据 FIF 的数据，2019 年电子产业中工业机器人等智能设备的销售额增加 41%，达到 91300 台，占 2019 年电子产业总销售额的 31%。2011～2019 年的平均年增长率为 19%，使用芯片和机器人等智能设备的行业成比例增加。考虑到工业用途的可能性，智能设备也将被广泛、深入地应用于汽车产业、通信电子设备、金属制品、化学塑料、家电产业等领域。辽宁省其他产业的仓库保管、物流、石油化学、饮食业等多个下游领域对机器人的需求正在逐步形成并持续增长。

## （二）发展规模

辽宁省研发和人才环境处于全国平均水平，与长三角、京津冀等地区还

---

① 《北海智能机器人项目投资分析报告》，https：//www.docin.com/p-2381006431.html。

② 杜晶晶：《美的集团并购库卡的动因与绩效研究》，北京交通大学硕士学位论文，2018。

③ 《大庆关于成立智能制造公司可行性报告》，https：//wenku.baidu.com/view/14ba5c2f346baf1ffc4ffe4733687e21af45ffdf.html。

有一定的差距。14 所高校与辽宁省智能设备相关联的科研机构、国家主要科研机构、智能家电系统、智能装备工业互联网联合创新中心，都具有创新科研成果的强大能力。辽宁省机器人产业附加值的比例在全国范围内排在中间位置，工业投资和融资落后于珠三角、长三角、京津冀地区。

辽宁省机器人和其他智能设备的研发及生产企业比例在全国具有相对优势，但高端产品的收入比例处于中等水平，核心组件占比低于长三角和珠三角。辽宁省在机器人等智能设备的技术储备方面具有很强的竞争力，掌握了多个核心技术和独立的知识产权，其主要特征在于拥有重要的独立技术且拥有相对完善的产品系统和广泛的应用领域。但是配套的中小企业的发展水平相对较低，与长三角、珠三角等地区还有一定的差距。

辽宁省机器人等智能设备产业的技术创新高度集中，但平均研发投入和高新技术企业数量并没有在全国范围内占据领先地位。辽宁在机器人等智能设备方面具有一定的领先地位和影响力，特别是领头企业在铰接式工业机器人等智能设备、特种机器人等智能设备、自动化设备等领域具有较强的研发能力。

辽宁省拥有机器人等智能设备产业的集聚区。沈阳和抚顺在机器人产业等智能设备的开发方面有一定的基础，重点研究与开发了国防和民用领域的服务机器人、远程操作机器人等智能设备。

辽宁省机器人等智能设备相关企业数量远远落后于长三角和珠三角。辽宁省的企业主要致力于开发焊接机器人、移动机器人、釉药喷雾机器人等智能设备以及服务机器人等其他智能设备。同时，不断加快主要基本零部件和一般零部件的生产，逐步形成机械制造、零部件生产、精密机械加工、产业创新中心机器人等智能设备的产业链。

## （三）产业地位

辽宁省机器人等智能设备企业在国内同类企业中处于领先地位，有强大的研发基础，基本零件国产化率相对较高，但独立品牌企业所占比例不高，在当地的应用能力有限。智能设备企业应用市场依然集中在长三角、珠三角等东南沿海地区。

在从事智能设备业务的 133 家上市公司中，新松机器人于 2017 年创下最高纯利润，达到 4.4 亿元。[①] 在坚固的产业基础上，沈阳致力于打造出世界级机器人等智能设备的产业集群。2017 年 10 月开业的新松智能工业园区成为辽宁省机器人等智能设备最大的产业基地，建筑面积 34 万平方米。2018 年 6 月，沈阳的国家机器人工程和其他智能设备创新中心建立，作为辽宁省唯一的机器人工程和其他智能设备的联合创新基地，该中心是科技开发、成果变革、产业服务的重点区域。另外，正在建设中的中国科学院大学机器人工程和智能制造研究所，每年培训 600 多名高水平的专家，为沈阳、辽宁乃至全国的产业开发提供智力支持。同时，沈阳正在推进机器人等智能设备领域的多个大型产业项目。

2017 年，新松为促进工业机器人及其他智能设备、移动机器人及其他智能设备、洁净机器人及其他智能设备、服务机器人及其他智能设备的发展扩大了包括特殊机器人及数字化学工厂在内的业务范围。另外，新松在半导体和集成电路领域以 6.4 亿元的价格收购了韩国的新星。新松拥有完全独立知识产权的工业机器人、移动机器人、特殊机器人及其他智能设备，并成功开发了面向服务机器人及其他智能设备的相关智能产品。智能物流、智能工厂、智能业务将形成 8 个产业布局。其中，移动机器人及其他智能设备具有领先世界的竞争力，清洁（真空）机器人等智能设备打破了外国技术的封锁，填补了辽宁省与其他地区的差距。高端领域的工业机器人及其他智能设备的批处理得到良好的应用。服务型机器人也在国内外销售。新松机器人等智能设备的主要业务已经涵盖了核心零部件、机器人等智能设备系列产品（工业、移动、洁净、服务和特殊机器人等智能设备五大类）、自动化系统解决方案等板块，覆盖机器人等智能设备完整产业链。新松作为行业龙头，有望充分享受工业机器人等智能设备爆发带来的产业红利，借助品牌效应和科研水平，率先实现国产替代。

---

① 《新松机器人去年净利润 4.4 亿元》，https：//baijiahao.baidu.com/s？id＝15956411380595206 55&wfr＝spider&for＝pc。

## （四）发展特点

辽宁省机器人等智能设备产业在工业4.0以及中国实施制造强国的第一个十年的行动纲领指导下蓬勃发展，整体市场规模进一步扩大。根据CRIA（中国机器人及其他智能设备产业联盟）及IFF（国际机器人联盟）的统计，2019年，机器人及其他设备产业的世界规模与2018年相比增长了1200亿元，增长25.4%，增长率世界第一，辽宁在其中的贡献功不可没。

辽宁省处于机械化、电气化、自动化、数字化蓬勃发展阶段。加速制造业的现代化，放弃低端生产方式是不可逆转的趋势。但是，这意味着技术的开发和升级不仅是阶段性过程，还是积累过程。这一过程强调发展设备、智能制造产品和智能制造过程三个主要领域。智能制造设备不仅是"三个基础"，也是"三个实现终端"。智能制造设备产业包括高品质的CNC机床、工业机器人及其他智能设备、自动完全生产线、精密仪器、智能传感器、汽车自动焊接线、灵活的自动生产线、智能农业机械、3D打印机及其他领域。智能制造设备的关键是工业机器人和其他智能设备。工业互联网是通过端到端数据传输、大数据分析、云计算处理等智能决策过程的整体，以端到端数据传输为基础。工业互联网的终端包括机器人、其他智能设备、传感器等所有离线连接端口。因此，工业机器人等智能设备的开发是实现工业互联网的基础。

### 1. 机器人等智能设备规模增长快、国产品牌市场份额低

2019年，中国销售15.6万台工业机器人和其他智能设备，创造了增长率的纪录，并且年销售量在2014~2019年持续位居世界前列。其中，自主品牌工业机器人销售近4.5万台，同比微增0.8%。与2018年相比，自主品牌工业机器人销售增速虽有放缓，但依然保持增长；外资品牌工业机器人销量持续下降且降幅加深。自主品牌工业机器人在市场总销量中的比重为30.9%，比上年提高2.9个百分点。[①]

---

① 《统计数据：2019年中国市场工业机器人年销量连续第七年位居世界首位》，https：//baijiahao. baidu. com/s？id＝1684138852410924708&wfr＝spider&for＝pc。

### 2. 自动化发展程度全球增速快、密度低

智能设备特别是机器人的密度是衡量国家制造自动化发展程度的标准之一。根据 IFR 的统计，2020 年世界制造业中机器人的使用密度达到了 126 台/万人。德国机器人的平均密度为 371 台/万人，北美洲为 255 台/万人，韩国为 932 台/万人。自动化开发度最高的 4 个国家是韩国、新加坡、日本和德国。中国是使用机器人等智能设备密度增速较快的国家。从 2016 年到 2020 年，中国是全球机器人密度增长的主要驱动市场，居世界第 9 位。2020 年，使用密度达到 246 台/万人，超过世界平均水平。[①] 但与先进制造业的国家和地区相比，中国工业机器人等智能设备的使用密度依然存在较大差距，工业机器人等智能设备产业具有较大的成长空间。

### 3. 机器人等智能设备产业的地方产能目标远超国家规划

为了促进机器人等智能设备产业的健康发展，工业和信息化部与其他部门联合制定了一系列的发展措施，以促进产业发展，特别是包括北京、天津、辽宁、上海、浙江等在内的 10 个省份，发布了机器人等智能设备相关的产业计划。另外，16 个省份在"智能制造"计划中，将"智能机器人"等智能设备列为特别项目。

根据工信部、国家发改委、财政部三部门联合发布的《机器人产业发展规划（2016~2020 年）》，我国工业机器人产业规模在 2020 年持续增长，自主品牌工业机器人年产量达到 10 万台，六轴及以上工业机器人年产量达到 5 万台以上。依据辽宁省的相关规划，辽宁省机器人等智能设备产业集群产值在"十三五"末突破 1000 亿元，环渤海、长三角、珠三角和中西部智能产业区（广州、深圳、上海、南京、天津、重庆）智能设备产业的规划产值均在千亿元以上，考虑到其他区域的产业规划，我国机器人等智能设备的总产值超过万亿元。

---

① 《全球工业机器人密度排名：中国位居第九，5 年上升 15 位》，http：//www.mei.net.cn/jqr/202112/1640145769.html。

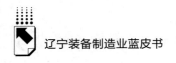
# 二 辽宁省机器人及智能设备业存在的问题

## （一）控制器硬件门槛不高

控制器的技术难度低，硬件偏差小。控制器依赖数据处理器，其动作主要由智能设备执行，如控制运动轨道、操作顺序和时间的检测信息控制机器人。随着半导体技术的成熟，半导体芯片的效率越来越高，而控制器的硬件门槛不高。在机器人等智能设备的基本组件中，控制器的硬件要求最低。国内企业开发的控制器产品已经可以满足大部分功能要求。

控制器的核心是算法必须与机器人等智能设备的启动一致，成熟的制造商通常会独立开发控制器。因此，国内公司没有展现出竞争优势。根据机器人在线网站的市场动态分析，法纳克、安川、ABB 占据了国内控制器市场的 53%，爱普生、OTC 等第二生产线企业占了 23%。国内外的控制器在算法和兼容性上几乎没有区别。

## （二）伺服系统高端技术水平不足

国内伺服系统公司在中低端市场具有一定的市场份额。不同电机产生不同扭矩用于训练机器人进行各种动作，它通常由伺服电机和其他小电机组成，最重要的产品是伺服电机。行业信息网数据显示，辽宁省伺服电机市场因工业机器人等智能设备的发展而不断扩大，主要供应商有松下、安川、三菱、伦茨、博世力士乐。国产品牌以中低端为主，由于生产能力和高端技术水平不足，高端产品主要依赖进口。根据工业机器人等智能设备行业竞争情报分析文件中公布的数据，伺服电机被日、欧、美品牌控制，自有品牌占比仅为 15%。但汇川科技、埃斯顿等国内企业也占有一定的市场份额，期待未来能够替代进口伺服电机。

## （三）减速器质量仍有差距

减速器有较高的技术壁垒。根据构造来分析，减速器可以分为谐波齿轮、自行车针脚齿轮、RV、预制塑料材料、滤波器负载器 5 种。其中，RV 稳压器作为最普通的稳压器，有逐渐取代进口稳压器的倾向，整体而言该领域市场空间广阔，国内企业在积极发展，有望突破。海外减速器的成本为 2 万~5 万元，而国内的进口成本则高达 7 万~12 万元。根据 OFFweek 的数据，世界精密齿轮箱市场被两个日本企业垄断，其中纳博特斯克制造了占 60% 的 RV 齿轮箱，哈默纳科制造了占 15% 的谐波齿轮箱。通常，一般机器人或其他智能设备需要 4~6 套减速器。在工业机器人等现有智能设备的情况下，齿轮箱自身的寿命很短，需要定期更换，同时，齿轮箱的磨损与传输和载波组件的磨损一样是不可避免的。减速器是降低国产工业机器人等智能设备成本的最重要因素。国内工业机器人等智能设备的齿轮箱研发存在诸多难点。虽然国内产品与日本产品有一定差距，但整体产品质量正在缓慢提升。国内的上市企业正积极开展精密齿轮箱事业，主要上市公司有双环驱动、秦川机床、上海机电和巨轮股份，主要研发领域集中于齿轮、数控机床等精密机器领域。

# 三　辽宁省机器人及智能设备业发展对策

## （一）进一步规范扶持政策促进行业良性稳健发展

在规范扶持政策的过程中，要有针对性地扶持，要结合该产业的关键技术和重点领域来优化政府的扶持体系，同时对市场竞争秩序加以维护，助力辽宁省机器人及智能设备产业走向中端甚至高端领域。首先，对于核心零部件的研发机构，财政部门应加以补贴，对于下游的集成应用企业也应针对性地给予补贴，从而推进国产机器人及智能设备产业的发展。其次，对于机器人及智能设备产业的补贴管理需要不断加强和完善，企业的研发投入与补助等项目应严格审核，不同的项目要依据项目的性质和特点采取分级管理的方法，同时还要考虑补助、融资等项目的信息公开性，避免存在补贴过度的情况。产业相关的财政税收也是机器人产业的一大投入，在极其重视重大技术装备产业化以及应用推广的当下，政府更应该采取财政资金支持以及推行税收优惠政策来扶持企业。最后，拓展融资渠道，政府利用其公信力号召民间资本进行融资，除此之外还要鼓励金融资本和风险投资对于机器人及智能设备产业的支持，允许企业参与海内外资本市场的直接融资和并购。

## （二）加速攻克核心零部件技术强化产业创新能力

缺乏核心技术是机器人产业中现阶段面临的首要问题，因此要加快对核心技术的攻克，早日取得自主研发成果。研发过程的重点就是产业链中的核心零部件关键技术，只有突破这个难关，机器人及智能设备产业的自主创新能力和技术水平才会大大提高，从而更具备竞争力。核心技术的突破不是一朝一夕就能够完成的，政府对核心技术开发的重视程度至关重要。应大力加强国家重点研发计划，为研发贡献更多精英人才的思路与见解，同时对于自然科学基金等与机器人相关的项目加大投入。从市场需求的角度看，应紧跟主流市场的新技术，以保证企业的竞争力，同时还要考虑到系统的可靠性和机器人的制造工艺，这两个方面对于关键零部件的国产化至关重要，产品可靠才会吸引更多的资本投入，从而更好地提高产品竞争力。要充分利用现有的科技资源和科技人才，将研发的力量最大化，推进产业创新平台的建设，将创新与科技相结合，更好地顺应机器人及智能设备产业发展趋势，提前对仿生技术、智能材料等研究方向做好布局，打好基础。

## （三）发挥资本杠杆效应研究建立国家级产业引导基金

机器人及智能设备产业发展需要大量的资金投入，资金的保障尤为重要，因此要将财政资金的使用发挥到极致，政府应加快设立国家级产业引导基金来保障资金来源。在中国向制造强国不断推进的时代大背景下，产业引导基金的设立是国家层面的补助，一方面国家引导基金会对其资金配置方向有所要求，另一方面还可以避免政府对市场的干预。市场在资源配置过程中始终起到决定性作用，因此要重视企业的主体地位，利用市场手段引导民间资本对该产业的投入，通过多种投资和融资方式使资金源源不断地流向机器人及智能设备产业，从而保障企业的活力与创造力，帮助企业克服资金困难，助力产业升级。与此同时，各级政府可以以鼓励金的方式引导地方设立专项基金，将企业、政府和园区结合起来，整合协调、共同合作，将支持重点放在关键零部件的产业化和推广应用之中，推动辽宁省机器人及智能设备产业实现多元化跨越式发展。

### （四）加强标准制定和知识产权布局

基于辽宁省机器人及智能设备的发展现状，要逐步完善行业进入标准，加强自主知识产权整体布局，逐步完善设备检测认证平台。协调好省内各行业资源和发展情况，深入分析各行业发展大方向和标准化处理全流程的需求，统筹各行业需求目标，尽可能制定行业内的发展标准，积极响应国际标准，加快促进自主技术成果的转化，为行业标准的制定起到积极作用。推进辽宁省省内整体机器人及智能设备的行业布局和知识产权布局，提高自主知识产权专利保护意识，不断跟进市场需求变动和技术更替，完善自身行业标准和设备检测认证平台，不断覆盖新兴领域，逐步实现机器人及智能设备的产品资质认证，为辽宁省内整体的产业设备检测提供质量保障，提高省内设备产品质量和检测平台服务水平，为辽宁省机器人及智能设备的产业化发展奠定基础。

### （五）促进国际交流合作打造开放式资源整合平台

最大限度地利用行业团体、企业、行业同盟等第三方机构的组织化和调整作用，通过多渠道实现技术、标准、产品、人力资本的国际交流与合作，构建开放的国际平台整合机器人及智能设备产业领域的资源和项目。积极推进辽宁省机器人及智能设备产业的技术革新与产业开发，聚焦机器人及智能设备产业的研究与应用的主要领域，在技术革新、人才培训方面，引导国内企业与机器人及智能设备产业优秀的国际企业、相关的研究机构紧密合作。交换学者、标准研究等要充分利用国际创新资源，鼓励与有竞争优势的机器人及智能设备产业品牌联合开发，帮助国内企业参与机器人及智能设备市场

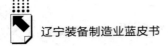 

的全球竞争，使辽宁省标准领先于全球的机器人及智能设备产业，促进独立技术的发展。

### （六）着力推进机器人及智能设备产业应用示范

加强机器人与智能设备的技术支持，积极培训相关技术领域人才，拓宽在传统制造业以及新兴产业领域的技能应用与实践，积累经验逐步促进产业转型，提高自主知识产权及市场份额占有率。围绕相关智能设备领域，积极进行市场细分，不断开拓新领域产品突破，结合智能工厂、智能家居、智能生活等各种新兴技术，打造适应不同场景的智能设备，以此形成生产系统，完善产品生产体系，构建机器人及智能设备的商业运行模式。从政府角度出发，颁布相关政策支持企业发展，引导龙头企业在智能制造业领域发挥好引领性作用，大力培育发展有自主知识产权的智能设备，不仅要培养小而精的中小企业，也要大规模发展强势的大型企业，在社会经济发展中形成大中小企业优势互补、协调发展新局面，积极推进辽宁省机器人及智能设备的产业化发展新模式。

### （七）加强技能人才队伍建设

加强人才队伍建设，落实人才培养计划，建立新型人才培养机制，不断完善智能设备产业所需的多功能型高端人才培养系统，积极推进企业—社会—学校一体化人才培养模式，积极建立校企联合的培养机制，鼓励依托各级政府项目，培养多层次、全方位的技能人才。促进与国家重点科研单位进行项目合作，培育从研发、生产到检测各个领域的专业型人才。建立完善的职业培训体系，推进各行各业专项工程师的培养项目，逐渐覆盖电气、自控、化工、交通运输、消防等各个与人们生活息息相关的行业，逐步对接好人才与企业的输送问题。鼓励社会上的行业龙头企业表现出引领性作用，围绕机器人及人工智能产品展开产学研研究，满足市场发展需求，积极引进国外知名专家进行课题研讨、咨询交流和技术指导等，拓展人才引进渠道，不断壮大辽宁省机器人及智能设备产业专业领军人才队伍。

# 参考文献

张祎萌、白璐璐：《机器人技术在物流业中的应用》，《纳税》2019 年第 11 期。

宋兹鹏：《搭乘人工智能快车新兴产业成市场"大蛋糕"》，《中国商界》2018 年第 12 期。

张凌燕：《中国工业机器人产业发展回顾与展望》，《智慧中国》2016 年第 8 期。

谭建国：《专利视角下中国工业机器人发展的技术机会分析》，大连理工大学硕士学位论文，2018。

李华、马进：《新常态下我国跨越中等收入陷阱的挑战及对策》，《技术经济与管理研究》2018 年第 8 期。

《中国工业机器人行业市场需求现状分析》，《电器工业》2021 年第 6 期。

刘媛、姚缘、钱琳：《工业机器人产业竞争情报分析》，《中国科技资源导刊》2017 年第 6 期。

李少波：《有效提升经济社会发展智能化水平》，《当代贵州》2019 年第 Z1 期。

赫荣亮：《投资过剩的机器人产业》，《商业观察》2017 年第 Z1 期。

牟强：《工业机器人的发展现状与未来趋势分析》，《南方农机》2020 年第 14 期。

夏希品：《〈2017～2018 中国机器人产业发展年度报告〉发布》，《今日制造与升级》2018 年第 11 期。

方晓霞：《中国机器人产业：现状、问题与对策》，《发展研究》2018 年第 10 期。

吕玮：《工业机器人专业可行性分析报告》，《海峡科技与产业》2017 年第 7 期。

扈永顺：《机器人产业发展需提质"降温"》，《瞭望》2018 年第 34 期。

吴越、罗运超、唐思琪：《重庆市机器人及人工智能产业发展研究》，《中国商论》2019 年第 10 期。

# B.3
# 辽宁省集成电路业研究报告

丁文平　马燕婷　韩　谦　侯　强*

**摘　要：** 集成电路为我国经济发展提供基础性、关键性和战略性的作用，决定着经济整体发展的强弱，也是现代信息技术产业的核心。本文分析了辽宁省集成电路业的行业背景、发展规模及发展特点，发现集成电路业存在行业基础薄弱和人才缺乏等问题，并从资金、人才、政策三个方面提出了解决对策。

**关键词：** 集成电路业　大连IC基地　运营壁垒　运营主体

## 一　国内及辽宁省集成电路业发展现状

### （一）国内集成电路产业发展现状

#### 1.总体发展现状

中国集成电路设备市场规模变动情况随着全球集成电路设备市场规模变动而变动，进口量巨大，国内生产市场较小。亚洲、美洲和欧洲是半导体重要的销售市场，中国是世界上半导体需求量最大的国家。CSIA调查表明，2017年，中国半导体营业总额为1315亿美元，占世界市场总额的31.9%，其中集成电路产业占世界市场总额的23.5%，其营业总额为5411.3亿元，

---

\* 丁文平，沈阳工业大学管理学院学生；马燕婷，沈阳工业大学管理学院学生；韩谦，沈阳工业大学管理学院学生；侯强，沈阳工业大学管理学院教授，博士生导师，主要研究方向为产业组织与战略。

中国已成为世界上半导体需求量最大的国家。中国作为全球最大的电子产品消费国、生产国和出口国，对于半导体的需求量也在逐年攀升，半导体产品的销售额在全球市场中的比重逐年增加，这对我国半导体产品国产化提出了要求，半导体国产化程度的高低关系到整个行业的安全问题，也关系到行业发展的空间和自主性。我国虽然在硅片领域仍然存在发展劣势，但是基于国家政策和资金的扶持，国产半导体大硅片已经在发展的道路上逐步有了起色，国内多家企业落实研发产业线，随着产能逐步落地，国内半导体大硅片自主研发成果将在一定程度上保障半导体产业的安全，并能降低对进口硅片的依赖。

### 2. 效益情况

国内集成电路产业发展迅速。2011 年以来，我国集成电路产业增速仍高于世界市场，发展态势十分可观。2018 年全球半导体市场规模达到 4688 亿美元，同比增长 13.7%[1]，2018 年中国集成电路产业销售额 6532 亿元，同比增长 20.7%[2]。中国半导体产业的投资速度不断加快，产业转移态势不断增强，集成电路产业融资规模持续扩大，主要用于加大设计业的投资力度。在国家战略的背景下，我国加大对于新兴产业的投资，如人工智能、物联网、5G 等，提高对于装备制造业的支持力度，完善行业发展模式。我国集成电路产业主要集中在京津冀地区、长三角地区、珠三角地区、西部地区（陕西省、甘肃省等）。

### 3. 产业地位

集成电路的应用领域包括计算机、移动通信设备、数码电子产品、电力及自动化、交通、通信等，被称为"工业粮食"，是信息产业发展的基础，占全球半导体产品销售额的 80%。集成电路的发展与应用是未来社会发展中必不可少的组成部分，如 5G、人工智能、物联网等都需要在

---

[1] 《全球半导体市场规模达 4688 亿美元 中国保持快速发展势头》，https：//baijiahao. baidu. com/s？id=1634488861750480993&wfr=spider&for=pc。

[2] 《2018 年中国集成电路产业运行情况：销售收入规模 6532 亿同比增长 20.7%》，https：//baijiahao. baidu. com/s？id=1629124204782380398&wfr=spider&for=pc。

集成电路的基础上才能快速发展起来。综上可知，集成电路为经济发展提供基础性、关键性和战略性的作用，集成电路产业具有不可替代的产业地位。

随着经济社会的发展，集成电路产业的强弱关系到国家综合实力强大与否，我国政府也逐渐认识到了集成电路产业的关键作用，也在逐渐改变我国集成电路产业落后的地位，逐步提高国家的信息安全。集成电路产业作为信息技术产业的核心，支撑整个社会经济的发展，同时也保障了国家安全，具有战略性、基础性和先导性等特点。国家战略发展规划中纳入集成电路产业，可以促进相关新兴产业的发展，也可以有效助力可持续发展、加快转变经济发展方式、构建国际发展新模式、推进产业结构升级和掌握信息产业发展主动权等。我国政府大力支持集成电路产业的快速发展，并颁布了一系列相关政策，自 2000 年以来主要有以下相关战略性政策。

2000 年 6 月，国务院发布了《鼓励软件产业和集成电路产业发展的若干政策》，2000 年 9 月，财政部、国家税务总局、海关总署发布了《关于鼓励软件产业和集成电路产业发展有关税收政策问题的通知》，鼓励发展集成电路产业，为我国最初十年的集成电路产业发展打好基础，对于将来产业化发展具有重大的影响。

2001 年 3 月，国务院通过《集成电路布图设计保护条例》，并公布了《集成电路布图设计保护条例实施细则》。该条例在当年 10 月正式生效，旨在保护集成电路知识产权，保护集成电路设计专有权，鼓励技术创新，为推进社会技术发展起到至关重要的作用。

2002 年 3 月，根据《鼓励软件产业和集成电路产业发展的若干政策》，信息产业部和国家税务总局制定了《集成电路设计企业及产品认定管理办法》，该政策的颁布加快了集成电路产业的发展，为产业化生产奠定基础。

2005 年 3 月，财政部、信息产业部、国家发改委印发《集成电路产业研究与开发专项资金管理暂行办法》，该办法的颁布在很大程度上鼓励了集成电路的研发和技术创新。

2006 年 3 月，国务院发布《国民经济和社会发展第十一个五年规划纲要》，提出集成电路产业具有至关重要的地位，是我国提升高新技术产业核心竞争力的关键。集成电路及微电子产业成为"十一五"期间的重点发展对象和积极发展的基础性核心产业。

2008年1月，信息产业部在《集成电路产业"十一五"专项规划》中对集成电路设计业作出明确要求，并为"十一五"规划制定发展目标和思路。支持设计业积极发展，加强与其他产业之间的合作，加快新型设计的开发，培育一批具有自主创新能力的职业人才，加快量产集成电路设计的研发，保证国家安全。扶持相关优质企业，逐步加快自主知识产权的产品研发。

2011年1月，国务院颁布了《关于印发进一步鼓励软件产业和集成电路产业发展若干政策的通知》，同年12月，工业和信息化部制定了《集成电路产业"十二五"发展规划》。以上政策的落实，优化了集成电路产业的生产发展环境，为提高产品质量和性能水平提供了环境条件，为发展行业领先龙头企业奠定了基础，同时也为集成电路的全面升级和转型提出了方针策略和战略发展思路。

2012年4月，财政部、国家税务总局发布了《关于进一步鼓励软件产业和集成电路产业发展企业所得税政策的通知》。该通知进一步鼓励了集成电路产业的发展，使该产业的企业拥有税收优惠政策，进一步推动产业化升级和技术产业化发展。

2014年6月，国务院印发《国家集成电路产业发展推进纲要》。该纲要颁布的时间正处于我国集成电路产业发展的黄金期，作为我国集成电路产业发展的引领性文件，为我国集成电路发展注入了强大动力。同年，国家集成电路产业投资基金股份有限公司正式成立，这是除国家政策扶持之外的又一项举措，旨在促进集成电路产业的发展，重点突破芯片制造业，同时也推动芯片设计、封装测试等产业发展。

2015年3月，国务院印发部署全面推进实施制造强国的战略文件，该文件进一步落实了集成电路的核心地位，鼓励将该产业列于聚焦发展的十大领域榜首，未来几年的发展计划中也会逐步加大对于集成电路产业的投资力度。

2017 年 3 月，AI 首次进入政府工作报告，在此次报告中，AI 的表述进行了变更，从"加快技术研发和转化"变更到"加强研发应用"。集成电路产业的工作重心已经发生了改变，从侧重研发，逐步转变为应用的落实，结合中国实际情况，发展自身优势，逐渐突破 AI 制高点。

2018 年 3 月，国家逐渐加强新一代人工智能的应用，在此基础上继续发展核心技术，组建核心技术产业链，做大做强产业集群，加快融入大数据和"互联网+"领域的应用，逐渐推广至医疗、教育、文化、体育等涉及民生的各个领域，在发展智能产业的同时实现智能生活化。加快制造强国建设，推动集成电路、第五代移动通信产业的发展，加快创建中国实施制造强国的首个示范区。

2020 年 8 月 4 日，国务院出台若干促进新时代集成电路产业和软件产业高质量发展的政策，涵盖国际合作等 8 个领域 37 项政策措施，这一系列政策极大地支持了集成电路产业的高质量发展，也彰显了国家支持集成电路产业发展决心，为突破集成电路未来发展方向中的重大技术壁垒奠定了基础。

### （二）辽宁省集成电路产业发展现状

#### 1. 行业背景

集成电路产业是现代信息技术产业的核心，辽宁省集成电路装备以沈阳国家集成电路装备制造产业基地建设为依托，以大连特色产品发展为支撑，已初步形成了集成电路设计、制造和封测、设备和材料、公共技术服务、设备租赁服务、物流服务等相对完整的产业链体系。

辽宁省有集成电路装备制造龙头企业 19 家，其中包括拓荆、芯源、科仪等整机企业 7 家，仪表院、沈阳富创等配套及零部件企业 12 家；拥有国家级工程（技术）研究中心、工程实验室 5 个，省级工程（技术）研究中心、重点实验室 7 个，发明专利 1000 多项。辽宁与北京、上海构成国内集成电路装备产业三大重点地区。①

　　辽宁省在制定信息产业"十三五"发展规划、工业八大门类产业发展政策、电子信息产业发展实施方案等政策时，都将发展集成电路产业列为重中之重。沈阳市2017年出台了《沈阳市人民政府关于加快推进IC装备及相关产业发展的实施意见》，将培育发展集成电路产业作为重点。大连市2015年出台了《大连市人民政府关于促进集成电路产业发展的实施意见》，2017年印发了《大连市促进集成电路产业发展专项资金管理办法》，从产业重点到资金保障等多方位给予支持。

　　2. 发展规模

　　辽宁省集成电路产业的重要载体是"大连IC基地"，其全称是辽宁省集成电路设计产业化基地，于2005年4月在大连市高新技术产业园成立，由大连集成电路设计产业基地管理股份有限公司负责运营和管理。自2007年10月12日正式投产以来，先后成立了投资促进部、项目部、培训部、整合部、金融部、房地产工程部和运营管理部7个部。2012年被吸纳为国家科技企业孵化器，负责产品开发、产业建设和人员培训任务。该基地由管理公司负责平台的建设和运营，政府通过政策、项目和少量资金注入进行引导，吸引企业、资本以及人才技术以"民办官助"形式运营。大连IC基地作为集成电路设计企业的产业化基地，推动了大连及周边城市的企业创新和产业发展。该基地主要提供集成电路的设计、芯片测试、知识产权、资源共享、信息交流、技术培训及技术开发等综合服务项目，主要聚焦公共技术平台，遵守行业要求并结合行业与公司发展的多层次需求，强调打造专业孵化项目，以金融资本为后盾发展产业和培养人才。大连IC基地坚持营造良好的产业环境，不断集中优势资源，为人才培养、技术培训和企业发展奠定基础；坚持以集成电路设计为重点发展方向，以集成电路教育业为辅助，逐步带动集成电路产业向纵深发展，在提高人才素质的基础上大力发展产业集

---

① 辽宁省工业和信息化委员会：《对省十三届人大一次会议〈关于依托沈阳、大连基础优势、统筹协同、做大做强辽宁省集成电路产业的建议〉（第1656号）的答复》，http：//gxt. ln. gov. cn/zfxxgk_ 145234/fdzdgknr/jyta/srddbjy/srdssjychy/202011/t20201112_ 4010057. html。

群，建立人才培育高地，不断培育产业的新增长点，为辽宁省集成电路产业注入新动能，助力辽宁省集成电路产业打造成东北地区最大的工业基地。该基地以集成电路设计为主，以世界知名设计公司和具有自主知识产权的高端产品研发企业为支撑，产品质量和性能得到保证，并对整个辽宁省乃至全国的集成电路发展具有很大的影响力和辐射力，极大地促进了国内集成电路产业的全面交流和发展。

该基地是东北及周边地区集成电路产业发展中心。该基地集创新创业发展、技术创新、产业培训、人才培养、国际合作、知识产权交易于一体，不断为辽宁省培养高级设计人才，不断提高东北地区集成电路产业的整体实力。

该基地是东北微电子产业基地。该基地为辽宁省集成电路产业提供全方位技术支持、培训服务，不断开拓市场并与国际接轨，逐步研发出具有国际领先水平的集成电路设计和性能测试工具。

大连 IC 基地的服务主要集中在以下领域。

（1）企业孵化功能

基地负责周边地区的企业孵化和人才培养，不断为行业内输送优质技术人才，落实企业发展。基地投资 2.7 亿元建设孵化基地，总面积约为 8 万平方米，包括 7 万平方米的研发服务区和配套服务区。研发服务区设施齐全，功能种类分区合理，为入驻企业提供良好的配套设施和办公、学习交流环境，包括办公区、商务服务区、会议室、休闲咖啡厅等各种所需。为促进企业在基地的学习和生产发展，园区政府积极出台各项政策和制度保障措施，在企业入驻期间进行租金减免，减轻企业的资金压力，更好地进行产业化培训交流。同时，帮助优质项目积极落实，提供投资融资方案和专家顾问，积极组织、推荐申报各级政府的扶持项目，不断为行业提供技术更先进、员工素质更高的新生力量。截至 2017 年底，入驻的企业已有 30 余家，年产值在 1 亿元左右。基于孵化基地的公共技术平台，基地也可以为企业定向培养专业人才，每年都会举办培训 20 余次，参与培训人员每年均超过 300 人，为辽宁省集成电路产业提供了优质人才保障。孵化基地从企业和人才等多个方面为辽宁省集成电路产业提供发展动力。

（2）公共技术服务功能

在公共技术服务方面，基地基础设施完备，主要包括 EDA、FPGA、知识产权应用和 SOC 开发平台。除了技术平台、验证和测试平台、应用和解决方案平台以及集成电路设计的通用 EDA 外，还包括 FPGA 验证平台和其他与集成电路相关的服务平台。其中，EDA 平台涉及硬件、软件、网络、信息安全保障等多个系统，在为基地服务提供运行安全保障的同时保证平台各项应用通信流畅，主要提供 Cadence、Mentor 等多个工具软件，为入驻企业提供数字、模拟、数模混合和射频集成电路设计的工作环境。基地与全球最大的可编程逻辑解决方案提供商 Xilinx 合作，开发 FPGA 平台，提供先进的技术开发环境。Xilinx 曾捐赠了价值 200 万美元的软件和开发板。通过引进国际外包公司和风险投资基金注入，不断拓展新的发展机遇。IPIC 和 SOC 开发应用平台主要包括板载处理器、接口和外围电路、数字音视频、信息安全、管理和通信、能源控制，为企业提供基础知识产权信息以及其他开发资源和射频电路的资源库。集成电路检测测试平台的主要功能是进行自动分拣和芯片测试服务，可以对测试芯片进行基本的封装和测试，可以在初期芯片测试中发挥重要作用。同时为后续的批量生产节省了性能测试的时间和成本。集成电路应用解决方案平台主要提供嵌入式系统开发机器和完整的机械解决方案。

3. 发展特点

（1）辽宁省集成电路产业发展本身的需求性

促进产业规模的扩大和提升核心竞争力对行业发展有着至关重要的作用。这就需要集群中龙头企业充分发挥带头作用来保障集成电路产业发展的高速、高效。与此同时要将已经建成的公共服务平台优化，对平台中缺少的服务功能进行补充，使平台能够更加高效、便捷地服务产业公共需求，满足企业长期发展的迫切需要。产业在发展过程中必然会面临各种各样的难题，一个平台能否为社会提供充足有效的公共服务、能否成为企业之间互相联系的纽带，对于增强企业创新动力与能力、降低企业生产以及运营成本、提高

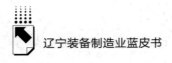

集群的整体效率尤为重要。

（2）带动相关产业发展

沈阳和大连两个基地的发展有助于扩大东北地区集成电路的市场规模，提高行业竞争力。要发挥龙头企业的引领性作用，有效促进行业发展，满足行业发展需求。不断完善的服务平台和服务功能，尤其是公共交流平台和平台的公共服务能力的提升有利于解决在产业发展中遇到的难题，提升各企业间的交流学习能力，降低企业生产成本，提高企业整体效率。以大连市为例，大连市四大支柱产业中电子信息产业仅占工业年总产值的5%，是其中规模最小的支柱产业，成长空间巨大，作为电子信息产业的基础产业，集成电路产业的发展可为电子信息产业的发展打下坚实基础，电子信息产业的发展也可以为集成电路产业开拓市场空间，二者相辅相成、互相促进。

（3）辐射东北产业腹地

辽宁沈阳集成电路设施、吉林和黑龙江集成电路元器件及材料产业在我国占据重要地位，但相对于长三角和珠三角的发展还存在差距。差距主要体现在产业规模小、基地建设难度较大且具有南北差异，所以沈阳和大连两个基地的集成电路产业公共服务平台的转型就显得尤为重要，对整个东北地区的产业发展具有重要意义。平台转型发展后的经济效益将辐射整个东北地区，带动整个东北地区集成电路产业的发展，为东北振兴战略提供强有力保障。综上所述，沈阳和大连拥有独特的地理优势和得天独厚的物流条件，沈大双轮处于整个东北亚经济圈的中心地带，其地理位置和经济发展态势为东北振兴提供天然优势，借助以上优势，带动东北地区发展势在必行。

# 二　辽宁省集成电路业存在的问题

集成电路业是资金、技术、人才密集型产业，前期投入需求大，投资回收期长，有较高的风险，所以该产业的快速发展需要完善的公共服务以及巨大的社会资源。西方先进国家投入巨额资金建设集成电路产业的公共服务体系，由政府及各行业、各产业、各组织与各机构组成的公共服务体系已经形成，服务领域包括集成电路标准制定与关键共性技术研发、集成电路基础设施建设、知识产权、人才培训等方面，并朝着领域更加全面、技术更加专业的方向迅速发展。我国北上广深等集成电路产业相对发达的城市，也已建立了十分完备的集成电路产业公共服务平台，包括投资服务、融资服务、共性技术、人才培养服务等多种功能。

集成电路设计行业起步时的融资和人才培养等问题亟待解决，为了高效地为集成电路设计企业提供完善的服务，尽可能地满足其合理需求，还要从行业大环境、社会背景以及其他相关限制条件出发。2005 年，辽宁省开始在省集成电路设计产业基地——大连高新区建设集成电路设计专项公共服务平台，2012 年 1 月，该平台入选国家科技企业孵化器，是东北三省唯一的集成电路设计行业的专属平台。

## （一）主要问题

### 1.集成电路设计行业基础仍较为薄弱

中国集成电路设计行业的发展势头迅猛，无论是从专业技术方面还是行业总体规模来看都比较明显，但还需要夯实基础，以追上西方等先进国家的发展步伐。首先，国内集成电路产业起步比较晚，各方面条件还有欠缺，部分关键性技术依赖于别的国家。其次，国内集成电路企业规模比较小，资金储备较少，投入在技术和产品研发上的资金更是少之又少。最后，我国集成电路产业供求关系不匹配，低端产品产能过剩，先进产品供应十分缺乏，导致供需关系的紊乱。集成电路产业的关键技术只掌握在一些先进国家手里，其他国家起步艰难，我国的社会生产所需要的先进产品只能向其他国家购买。此外，我国集成电路企业的专业技术落后于世界先进水平很多，比如光刻机等先进设备，我国无法自主研发制造，只能从其他国家进口。其他相关行业发展也比较缓慢，许多的器材、材料也只能依赖于其他国家。在先进集成电路产品（如处理器和内存产品）方面，我国的技术发展更是滞后很多。虽然我国的制造业得到了充分的发展，集成电路产业发展速度随之提升，但其相关行业（包括半导体材料、芯片封装制造等）发展空间还比较大。集成电路产业相关器材、用料以及辅助产品依然依赖于国外进口，国内企业发展速度缓慢。由此可见，中国集成电路产业链还有非常大的发展空间。

### 2. 集成电路产业人才较为缺乏

集成电路设计涉及硬件、软件、电路、工艺等诸多领域，对相关学科的专业性有较高要求，因此需要专业型人才。随着国内集成电路设计相关行业的蓬勃发展，我国对于集成电路的设计已经有了初步成效，但就未来发展趋势而言，我国集成电路设计仍缺乏专业性高端人才。由于从事集成电路产业的智力标准高、技术难度大，科研人员在技术创新活动中提供的充足的基础性创新，是集成电路产业发展的关键力量；集成电路产业中关于设计、工业技术开发、市场开拓和高级管理人员也不可或缺，推动着整个集成电路产业的发展与进步；集成电路产业还需要大量高级职业技术人员在生产线上从事产品的生产、加工、运输等工作。国内集成电路设计企业逐渐明确了集成电路产业的中流砥柱是人才，并且在招聘与人才培养等方面加大了投入的力度，从而使人才缺乏的现象有所缓解。在我国的集成电路产业链中，前端薄弱、高端短缺、人才匮乏这三个特征愈发明显。作为集成电路的第一个关卡，设计位于整个产业链的金字塔顶端，属于以科研人员为主的智力密集型行业；而集成电路的塔身则是芯片的制造加工，属于技术、资金密集型行业，高投入、高利润的同时也伴随着高风险；设计与芯片的制造加工之间还存在封装测试这一环节。随着集成电路产业的不断发展，其方向与趋势逐渐明确，大量的集成电路设计公司在市场中出现，从而使设计在集成电路产业链中的比重越来越大，成为重要增长要素，而芯片的加工制造由于成本等相关问题不断向经济较为落后的国家转移。随着竞争愈演愈烈、市场规模的急剧扩大和技术含量要求的逐步提高，我国集成电路产业与先进国家相比而言较为落后，生产规模、产品档次、开发能力、专业人才、环境配套能力都不能与该产业发展速度相匹配，我国集成电路产业的发展处于竞争的弱势地位。形成完整的集成电路产业链和完善的配套环境成为我国在世界集成电路市场中脱颖而出的必要条件。

（二）原因分析

1. 内部原因

（1）运营模式缺乏可持续性

辽宁省集成电路设计产业基地是迄今为止辽宁省内唯一的集成电路产业公共服务平台，其运营模式为"民办官助"，"民办"即利用社会资本出资建设集成电路产业公共服务平台，"官助"即市级与区级政府基于建设和运营补贴来帮助服务平台的正常运营。集成电路设计产业基地自建设以来，在服务平台建设和运营过程中仅收到20%的资金用于购买实验开发设备以及2项软件投资补助。由于相关器件价格高昂，器件更新赶不上集成电路的更新速度，这严重影响了普通器件的性能。

在辽宁省的多个软件、云计算等公共服务平台中，"民办官助"的模式取得了不错的反响，但集成电路产业公共服务平台的效果却不尽如人意，在"民办官助"这样的运营模式之中，盈利是一切活动的前提。在辽宁省集成电路产业公共服务平台的运营过程中，其规模和活跃程度都远远不如其他相关产业，因此公共服务平台无法得到预期的利润，此运营模式很难奏效。

补贴的资金与完善平台功能、维持平台有效运转的资金差距显著。在政府没有补贴的前提下，社会资本缺乏投资动力，无法取得预期的收益，从而导致无法购买设备和软件的情况。集成电路产业依赖于公共服务，在服务功能没有完善的情况下，地方政府的招商引资也存在巨大的障碍，导致项目在无法引进的同时平台更难获取收益，良性的循环很难产生。

（2）运营能力欠缺和管理制度滞后

调查显示，集成电路产业公共服务平台对于专业服务的运营管理能力较差，其将更多的运营重点放在招商和物业管理之中。而公共服务平台建立使用台账、发展服务功能和提升适用频率等都是运营管理的重点内容，这些内容是一个平台对企业需求反馈的重中之重。平台的建设和管理尚需建立严格并且规范的服务制度，对于平台监管的主体、建设主体和运营主体的职责权利等方面要做出适应产业发展的规定，使平台具备有效的监管和考核机制，

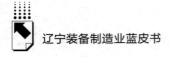

提高平台转型升级的积极性。

（3）缺乏稳定的盈利来源

以大连 IC 基地为例，公共服务平台在完全免费的公共技术服务方面为企业"开了绿灯"，以获得社会资本投资。租金方面推行前两年租金全免，后三年租金减半的政策。被免掉和减掉的租金全部由大连市高新园区政府来承担。与其他行业相比，平台的租金定价较低，租户数量有限，导致平台缺乏稳定的盈利来源。

2. 外部原因

（1）缺乏产业顶层设计

集成电路产业的设计与芯片的制造加工这两个方面在公共服务的需求中有着较大的差异，作为"金字塔顶"的集成电路设计行业有较大的 EDA 工具的需求，而集成电路制造企业需要更多的资金来维持和运转。在招商过程中产业链存在分散的问题，其原因正是缺乏产业顶层设计，从而使企业盲目招商，没有明确的目标。因此，为了满足企业的需求，需要兼顾不同产业链的需求，否则构建实用平台的时间和资金成本也会增加。

集成电路产业专业分工明确。随着技术升级和行业发展趋势的扩大，行业分工越来越细化，每一个细化的分工都有发展空间。并且，集成电路产业是一个国际化分工的产业，芯片的设计与加工制造一般不在同一国家或地区进行。因此，集成电路产业的发展可以不追求全产业链共同发展，但产业的发展方向是不容忽视的，只有确定了产业的发展方向，才能降低平台前期的支出成本。

（2）金融业不活跃

集成电路是需要集中资本的高科技产业。辽宁相关企业面临的财务问题主要体现在：一是对技术的评估不够准确，存在虚高的情况，不接受社会资本的融资；二是辽宁金融业发展与南方相比活跃度不够。政府只能提供对平台的支持和补贴，但不能包办一切，在大多数情况下，需要民间资本的融资。所以，辽宁省的集成电路产业发展水平与融资能力和产业的活跃程度存在密不可分的关系。硅谷与华尔街的频繁互动正揭示了科技与金融的关系日益密切。

我国金融业最为发达的三座城市京、沪、深也正是集成电路这样的高新技术产业最为发达的地区。根据最新的中国金融中心指数排名，辽宁省唯一的集成电路设计基地大连在中国排第 12 位，与南京、武汉等二线城市相差甚远。辽宁省在金融业的劣势使集成电路创新发展能力不足。

（3）政府财力不足

辽宁是一个传统的工业大省，同时，也受到产能过剩、老龄化、落后的传统观念的影响。面对复杂的国内和国际环境，辽宁省经济面临巨大压力。虽然沈阳和大连超过了辽宁省平均水平，但在这样的大环境下，情况并不乐观，相比民生问题，产业发展（也包括集成电路产业）虽然重要，但也不能全力进行产业支持。辽宁正面临经济下行的巨大压力，政府此时更关注GDP 迅速增长的产业，与电子终端产业和应用软件产业相比，集成电路产业的 GDP 增长较为缓慢。同时，集成电路产业公共服务平台前期投资较大而产出相比于其他产业较低，使平台的建设迫切需要政府重视与支持。

京、沪、深三个地区是国内集成电路产业公共服务平台建设比较好的地区，沈阳、大连与其仍有较大的差距，并且这个差距在短期内不可能缩小。除此之外，一些省会城市（如武汉、南京等）的公共服务平台建设也比较完善。这些跟随京、沪、深加入产业链的地区相比于沈阳、大连更容易发展的原因，正是其政府对于集成电路产业的支持，全省为省会城市的资金支持开绿灯。辽宁省对于沈阳、大连集成电路产业的建设并无同等力度的支持，这也就是辽宁集成电路产业发展相对滞后的原因。

（4）未形成较强的产业聚集效应

辽宁集成电路产业的特征是企业数量少和规模小，缺乏年营收额超过5000 万美元的企业。这样的特征就导致辽宁集成电路产业没有领头人和中流砥柱，对于品牌效应的形成和聚集、就业岗位的提供和就业人员数量的保障都很不利。

辽宁省的人才流失较大，这就导致集成电路产业很难招聘到合适并且优秀的专业型人才。而本地培养出的很多优秀人才由于对发展机会与发展空间

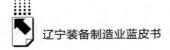

的担忧，更愿意去京、沪、深等产业更为发达的地区，导致辽宁省的集成电路产业缺乏竞争力。

### （三）行业壁垒

集成电路设计行业具有较高的技术要求，是具有代表性的技术密集型行业，与研发过程中的资金投入息息相关。因此存在一定的进入壁垒。

#### 1. 技术实力壁垒

作为技术密集型行业的集成电路设计，企业在行业中立足不仅需要深厚的技术底蕴、强大的创新能力，还要在建设与运营中积累丰富的经验和知识产权。更需要注意的是，新型的集成电路技术和产品不断更新迭代，倘若企业不具备强有力的持续创新能力，不能及时优化更新产品来满足市场需求的多变性，那么企业终究会落伍甚至被淘汰。由此可见，行业内的后来者需要长时间的摸索和积累，总结前人的经验和教训，才会在业内脱颖而出，与已经占据市场和技术优势的先行者们抗衡。

#### 2. 从业人员壁垒

当前企业等对集成电路设计和物联网技术与管理的认识还不完善，这些领域的人才不足。优秀的专家往往需要集成电源管理、MCU、电容接触、射频和传感模块等管理能力。为保证企业的技术领先和高效应用管理，需要招聘和培养具有技术创新能力的技术人才和经验丰富的管理人员。与此同时，随着行业的飞速发展，相关人员需要在企业中经过长期的经验积累和丰富的实践活动逐步学习和成长，成为业内的高端人才。由此可见，该行业具有较高的从业人员壁垒。

#### 3. 资金实力壁垒

资金密集型是集成电路设计行业的重要特征之一，无论是前期对于技术研发和产品开发的大量资金投入还是行业内研发人员较高的薪资标准，对于人力资本的投入都比较大。随着主流工艺的不断更新，芯片的设计、制版等投入也不断增长，这也成为阻碍行业新进入者的高墙，成为进入行业的壁垒之一。

### 4. 产业结构壁垒

集成电路产业链的分工非常明确，从事设计的企业只负责芯片的设计与开发，无须兼顾芯片的生产制造，但是一款产品要获得市场的认同，仅仅靠产业链中设计一环是远远不够的，只有产业链中所有环节高度协同辅以企业自身的良好运营，才能使芯片产品被市场认可。因此，产品市场定位、成功量产、外包加工、技术可行性、下游客户开发、客户支持以及独立业务的优秀战略和保障，都需要强大的产业链整合能力。对于新进入的企业来说，获得上述广泛的经验通常需要很长时间。

### 5. 客户维护壁垒

在家电行业，电源管理、射频、MCU、车载 MCU 等下游应用中，芯片是家电产品的核心部件。由于芯片的使用和性能起着重要的作用，选择芯片厂商的客户通常会做一些测试和测试一段时间，所以厂商只是改变，这不会增加客户的成本和质量风险。与此同时，不同公司的 MCU、内嵌 MCU 的 SOC 等产品都需要特定的开发工具对其进行二次开发，其独特性存在于内核及指令集上，客户可以在集成电路厂商提供的丰富多样的产品中根据自己的需求进行选择，一旦客户选择了自己需要的产品，就要对所选产品的功能、相关指令、可靠性、特性及开发工具了解和熟悉，这增加了客户的转移成本和客户黏性，对新进入者是一个不小的阻碍。

# 三 辽宁省集成电路业发展对策

## （一）组织与管理保障

### 1. 加强平台建设的顶层设计

对于沈阳和大连的两个基地，顶层设计是平台建设中必须重视的一个环节，需要从资金、人员、信息资源等方面来提供保障，首先，应从平台中抽调与平台建设有关的人员、服务和管理职能来建立一个临时专职机构对平台的建设进行运营；其次，应将计划实质化，将平台的建设推进计划落到实

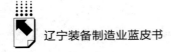

处，按照计划要求对平台的各项功能进行建设和完善；最后，好的平台应具备严格的管理制度来维护和运营，制定平台的运营管理制度成为不可或缺的环节，同时要明确主管部门。

### 2. 明确平台建设和运营主体

相比于"民办官助"的传统模式，集成电路产业公共服务平台由政府牵头，可根据产业园区特点采取联合建设模式，政府在平台建设中处于优先地位。为了保证平台的运行效率，平台应该采取政府购买服务的方式或合作开发的方式让专业的机构来运营。

由于平台的国有性质，在实际运营过程中，这些平台很容易被各级政府过度干预。平台在服务过程中需要政府适当地干预才能保证平台的公益性，但过犹不及，政府干预过多会影响平台的常规运营，从而影响平台的服务效果。

因此，在平台建设前期，平台与运营机构、平台与政府、运营机构与政府应该以文件或者协议的形式来捋清三者的责任和义务，明晰平台的监管、建设和运营由哪方负责。政府不宜过度干预平台的运营，而是以适当的形式来保障平台的顺利运营。

### 3. 建立完善的绩效考核制度

平台建设首要考虑的并不是盈利，而是拉动全省产业的发展，提高产业的供给能力和效率。因此，建立合适、合理、合法的绩效考核制度非常关键，有效的考核制度有利于平台对自身的评价，并及时做出反馈。

平台运营效果的绩效考核应包括三个方面：自我评价、监管部门评价以及企业评价。只有将这三个方面综合考虑、协调处理才能使平台运营机构的运营能力得到提高。在评价过程中，不能只考虑过程或只考虑结果，应将过程导向与结果导向结合起来分析，将考核的指标细分，考核的方法逐步完善，在考核过程中从严管控，这样才能提高平台的运营效率和服务能力。

## （二）资金与政策保障

### 1. 加强资金保障

集成电路产业发展的前期建设投入资金较大，而投入产出比低，在这样的情况下，需要从政府和社会资本两个方面来解决资金问题。首先，政府应该为平台初期的大量投入设立专项资金，但由于平台的特殊属性，在运营一段时间后，收益并不稳定。因此政府应多方面考虑平台的资金问题，为平台申请税收补贴，利用专项资金来减少运营初期的投入。

当平台运营稳定并可获取稳定收益时，政府可以停止对于税收的补贴而将专项资金用于设备的升级以及技术的更新，及时提高平台的服务水平与完善硬件设施，以保证平台的竞争力，使平台可以长期地发展下去。与此同时，政府可以积极引导民间资本的投资，为平台注入新鲜血液。

2. 加强政策保障

由于集成电路产业公共服务平台是多元化的、综合性的服务平台，因此其对于整合各类产业公共服务有着积极的作用。由于平台功能的多样性，它需要很多专业机构各司其职，并将它们整合来保证自己服务的顺利进行。建立协同服务的机制有利于专业机构间的沟通交流，为省内发展做出贡献，延伸出更多服务链条，从而为集成电路企业提供更加高效、精准的服务。市场导向是协同服务机制的风向标，认清市场导向，则可以在合作交流的过程中规避政府的过度干预，从而探索更加适用的结合方法，力图达到共赢的局面，从而将市场中各机构的积极性和创造性调动起来，将平台的公益性与市场化有机地结合起来。

在建立协同服务机制的同时，加大平台的宣传力度。对于企业和客户，大连 IC 基地这样的综合性平台并不常见。与其他专业性较强、服务功能单一的平台相比，大连市集成电路产业公共服务平台出现的时间较短，影响力较小，对平台功能的实现不利。因此，如何将平台宣传推广、扩大影响力，得到广大企业的认可，尽早发挥平台的各项功能尤为重要。

各级政府应该采取措施来提高平台的知名度与影响力。例如，借助政府的影响力与公信力向国有企业与民营企业推广平台的服务内容；定期举办宣讲会让企业了解平台的服务性质与功能；利用财政部门的专项资金项目引导企业参与体验；在政府的官方媒体上加大对经典服务案例的宣传等。

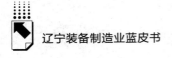
### （三）人才保障

**1. 加强人才培养**

两个基地应与省内的各大高校合作，联合培养专业人才；积极建设面向全国的集成电路技术人才培养基地；加强与国内先进研究所以及科研机构的合作；形成有利于人才脱颖而出的市场机制，营造人才友好的市场环境；与实际相结合，制定吸引人才的奖励和激励政策，为做出杰出贡献及行业杰出人才提供待遇和补偿。用人创新，"保政策、保环境、保事业、保待遇、保感情、保制度"，"不为人人，只为用人"。集成电路产业公共服务平台通过合作、交流和实践，提供服务，鼓励国内外优秀人才加入人才库。

**2. 加强人才引进**

在集成电路产业发达的国家或地区采取人才引进策略，鼓励引进高端人才；按照相关人才政策，对住房等社会福利提供支持，建立国际学校，为高端人才的子女、伴侣等提供入学指标与就业机会，为引进人才简化办事流程，开放"绿色通道"，提高办事效率。向一线城市的办事流程学习，做到一次办、不多跑的办事标准，更有助于为平台输入高端人才，减少人才流失，留下来的人才更活跃。

**参考文献**

周泽龙：《投影光刻物镜偏振像差研究》，中国科学院大学博士学位论文，2018。

刘其玮：《二极管增强的 ZnCoO 器件中的巨大磁电阻效应研究》，山东大学硕士学位论文，2018。

傅志刚：《大连装备制造业科技发展规划研究》，大连理工大学硕士学位论文，2009。

张思琳：《电子产品消费者押金返还系统：闭环下的决策》，重庆邮电大学硕士学位论文，2018。

许兴军、王璐、余高：《半导体国产替代序幕起，迎来最佳投资机会》，《变频器世界》2019 年第 2 期。

郭志强：《A 股 IPO 受挫威胜信息想上科创板，三个问题仍未解决》，《中国经济周刊》2019 年第 12 期。

张贺：《做不好估值管理一切免谈，新三板企业"进击"科创板最大难关》，《董事会》2019 年第 4 期。

郭峰：《非对称经济学》，《工会博览》2019 年第 25 期。

郭鑫山：《大连市集成电路产业公共服务平台转型升级研究》，大连理工大学硕士学位论文，2018。

贾英姿、张雪、赵佳：《辽宁省 IC 装备制造产业发展对策研究》，《节能》2019 年第 11 期。

王莹：《遵循集成电路的产业规律，用创新去追赶超越——访中国半导体行业协会集成电路设计分会理事长魏少军》，《电子产品世界》2020 年第 10 期。

薛健：《国内半导体产业迎来黄金发展期》，《中国战略新兴产业》2018 年第 10 期。

冯庆汇：《巨无霸大基金成立，半导体再掀波澜》，《理财周刊》2019 年第 41 期。

周子学：《中国集成电路产业投融资研究》，电子工业出版社，2015。

《工信部：中国电子信息制造业综合发展指数研究报告（2018 年第 2 届）》，http：//www.clii.com.cn/lhrh/hyxx/201812/t20181203_ 3925114.html。

# B.4
# 辽宁省高档数控机床业研究报告

马燕婷　韩　谦　丁文平　侯　强*

**摘　要:** 我国高档数控机床业的快速发展,对传统机床行业的技术储备提出了较高的要求。本文从宏观和微观两方面分析了辽宁高档数控机床业存在的过分依赖进口、相对缺乏技术研发和创新能力、机床精度保持性和可靠性相关技术积累不足等问题,并提出相应的解决对策,通过互补优势形成深入整合的健康产业生态。

**关键词:** 高档数控机床业　复合磨削技术　整机集成设计技术　智能生产线

## 一　辽宁省高档数控机床业发展现状

### （一）国内发展现状

随着智能制造和精密加工等产业的快速发展,传统机械制造业对制造工艺的要求逐步提高。大型、精密、多轴、高效数控机床需求不断提升,且不同行业对机床的要求不尽相同。因此,对机床行业的技术储备提出了较高的要求。中国机床行业的现状是高端机床仍然依赖进口,高端数控系统等主要组件也需要从国外购买。中国中高端数控机床年消费量5万~6万台,消费

* 马燕婷,沈阳工业大学管理学院学生;韩谦,沈阳工业大学管理学院学生;丁文平,沈阳工业大学管理学院学生;侯强,沈阳工业大学管理学院教授,博士生导师,主要研究方向为产业组织与战略。

额约 60 亿元，其中进口量约为总量的 85%。中国的高端数控机床 90% 是从国外进口的[①]。未来中国的数控机床行业有很大的发展空间，进口替代的余地很大。中国的数控机床，特别是高端的数控机床需要在政府支持和引导下发展，以逐步缩小与日本和德国的技术差距。

机床是先进制造技术的基本载体，机床行业的总体发展水平直接决定了国家机器制造业的技术水平，也影响着该国的整体行业竞争力和综合国力。中国的机床行业主要由 8 个子行业构成。其中，金属切削机床行业是中国机床行业的重要组成部分。随着综合技术的持续开发，金属切削机床也正在向数字控制方向发展。

鉴于机床行业在国民经济中的重要性，世界各国纷纷提出各种政策和对策，重视和支持机床行业的发展。为促进机床行业的发展，为产业发展提供强大动力，我国政府出台了一系列促进产业长期、健康、快速发展的政策。各国在机床行业的产业政策主要体现在以下两点。一是在国家战略层面上推动机床行业发展，指出产业发展方向。二是政府制定产业规划和规章制度，在金融、财政等领域出台了一系列扶持政策。我国机床行业当前的主要目标是实现高品质数控机床和技术装备规模化自主设计制造，改变对进口的依赖，发展高质量数控机床和主要产品的核心制造单元，服务于航空航天、建筑设备、汽车和发电等行业。

## （二）省内发展现状

在 1949 年之前，辽宁省的机床行业基础非常薄弱。经过 70 多年的建设和发展，特别是改革开放以来的 40 多年，辽宁省机床行业从一般的产品制造到大规模的精密数控机床制造，从测绘仿制到制造的过程，都经历过从研发到引进技术、消化、吸收和再创新的自主创新过程；从仅仅面向国内市场到向国际市场的发展，从产品的出口到与外国的经济、技术合作再到对技术先进的外国企业的收购，都随着业务的一系列变化而实现，当前智能化、自

---

① 《先进制造 | 机床行研报告》，https://xueqiu.com/5466955806/179356298。

动化等高技术水平的机床制造系统研发持续进行。得益于整个制造业注重机床的基础地位，辽宁省机床行业取得了巨大进步。辽宁省机床行业的发展依然保持增长趋势，特别是在一系列政策的促进和带动下，辽宁省机床行业在2015年和2016年获得快速发展。中国在机床的消费和生产市场上形成了巨大的需求，在世界机床市场上占有重要地位，但高端数控机床在中国机床行业中仍旧处于弱势。为摆脱对进口高端机床的依赖，辽宁省相关机床企业开发了5轴数控机床、高速进给机床等其他高端产品。当前国内高端数控机床供不应求，对高端机床的需求逐渐从数量向质量转移，这也对辽宁省机床行业发展提出了新要求。未来，辽宁省机床行业尤其是高端数控机床行业将凭借规划的要求和政策的支持，在产业结构升级的宏观背景下迎来更大的发展空间。

辽宁省金属切削机床行业经过2015～2019年的快速发展，现已进入行业调整时期，金属切削机床行业正朝着"高速化、高精度化、功能复合化、控制智能化、体系开放化、信息交互网络化"方向转型。尽管2015～2019年金属切削机床行业总产量出现下降，但每年总产量环比下降幅度呈逐年递减趋势，数控金属切削机床2019年总产量增长率首次出现拐点，2019年产量略高于2018年，金属切削机床行业将快速发展。根据国家统计局数据，我国2019年新生产金属切削机床的数控化率仅为38%。同时根据普华有策微信公众号消息，日本、德国和美国机床数控化率分别超过90%、75%，和80%，我国的机床数控化率尚有较大的提升空间。随着产品完善和生产能力的提高，金属切削机床的需求结构将进一步优化，数控机床将逐渐取代普通机床，占据主导地位。通过优化供应结构，数控金属切削机床将有更大的市场需求。

工业4.0是德国提出来的制造发展新阶段，对中国来说也是一个新的市场和技术机会。中国制造和德国制造之间存在差距，但中国的机械制造业也正迎头赶上。2018年，德国的机械出口为全球市场占有率第一，中国的市场份额位居世界第三。机床行业应持续关注产业链的整体发展，从机械设备到物联网技术，以信息技术与技术制造、数字化和智能制造的细化融合为目标。数控机床是制造技术与信息技术的最高结合。辽宁省机床工业企业的数控机床、普通车床、普通钻床等，共有 300 多个品种和 1000 多个产品规格，市场覆盖全国和其他 80 多个国家。其中，中高端数控机床已进入汽车、国防及军事、航空航天、铁路运输等主要行业。根据 2019 年的年度报告，沈阳机床股份有限公司的产品销售额为 70.59 亿元，其中数控机床为 51.59 亿元、普通机床为 6.60 亿元、普通钻床为 3.33 亿元、普通镗床为 1.49 亿元。产品毛利率分别为数控机床 13.85%、普通机床 1.11%、普通钻床 0.76%、普通镗床 0.26%。数控机床是工业 4.0 的主要方向①。历经多年发展，中国已是机床生产大国，辽宁省已是机床生产强省，但对于高级数控机床，中国仍面临技术障碍，并不具备技术优势，也未成为生产主力。随着引进美国、日本、德国以及其他发达国家的技术和独立研发，中国的数控机床比例有所增加，辽宁省机床行业中的自动控制机床的开发仍然具有巨大的潜力，因为数控机床在核电站、大型化学器械、大型铁路建设、国防、军事产业、航空航天、造船、汽车等领域都是必需品。

沈阳机床股份有限公司的核心产品是 i5 数字控制系统，将来有进行 OEM 的可能。作为国内机床行业的领头羊，其产量每年都居世界前 20 位。主要产品系列为数控机床、通用金属切削机床、数控车床、数控铣床、立式加工中心、数控钻床、激光切割机等。i5CNC 系统是我国典型的机床技术。i5 数字控制系统以物联网为载体，将人、机、物有效互联，打破了国外数控系统的技术垄断，自主开发了智能编程、智能诊断等技术，可以实时收集设备生产状态、资源存量、加工数量等信息并提供及时维护。"工业 4.0"是实现智能机械设备互联的网络基础，核心技术是实现智能补偿、智能诊断、智能管理。

## （三）发展特点

### 1. 柔性化和集成化

柔性自动化系统数控机床的发展趋势是从点、线到面再到机身，同时注

---

① 《沈阳机床股份有限公司 2019 年年度报告》，https：//pdf.dfcfw.com/pdf/H2_AN2020 04301379077619_1.pdf。

重应用和经济性。灵活的自动化技术是制造业适应动态市场需求和快速增加产品销售额的主要手段，是各个国家制造开发的主导倾向和高端制造领域的核心技术。更为重要的是柔性自动化技术的采用提高了系统的可靠性和实用性，促进了数控机床的网络化和功能集成化。数控单机是面向高精度、高速、优秀的柔性而开发的，数控机床及其灵活的制造系统可简单连接到CAD、CAM、CAPP、MT，并朝着信息整合的方向发展。网络系统正朝着开放、整合、智能的方向进化。

2. 开放化

为了满足数控、网络、通用定制、多功能、小批量、灵活的发展要求，辽宁省机床制造企业正逐步注意架构和设计的开放性，创建开放数控系统。经过70余年的发展，我国数控金属切削机床行业已经成为一个完全竞争的行业。随着国民经济的快速发展，辽宁省数控金属切削机床行业的产业规模和企业数量都获得了显著增长。但是，辽宁省数控金属切削机床企业的特点是数量多、规模小、大企业少、产业集中度低，数控金属切削机床行业的竞争能力相对薄弱。各种规模的企业在市场上的定位是不同的，跨国公司和外资企业以强大的技术力量占据着高端市场，拥有特定基础技术和规模的国有企业和民营企业在中端市场和高端市场竞争，小型民营企业在低端市场竞争。市场定位不同的企业之间没有直接的竞争关系。其次，数控金属切削机床被广泛使用，几乎在所有领域都使用，机床性能要求因行业而异。由此，机床产品的规模、技术、设计条件产生了很大的差异。几乎所有的机床制造公司只专注于制造多个行业或多个零部件所需的机床。数控金属切削机床制造公司分布在各个不同的领域中，因此不会形成直接的竞争关系。

# 二 辽宁省高档数控机床业存在的问题

高端数控机床是支持航空航天、造船、汽车、发电设备等制造领域开发的基本设备。经过几十年的发展后，辽宁省的数控机床行业取得了良好的成果，其已经初步掌握了数控系统、伺服电机、主机的开发等基本技术，其中一些已经得到了工业化的开发。中国逐步成为世界最大的机床消费国，国内机床的比例逐年增加，辽宁省的数字控制技术人才队伍也在增加。但是，不能否认国内数控机床的相关技术还有很多问题。例如，国产的数控机床，外观与进口机床非常相似，功能基本相似，结构相似，但性能大不相同。目前国产机床的动态刚度、动态精度及保持性能都与进口机床有很大差异，"形"相似，而"神"不同。

### （一）过分依赖进口且关键技术难引进

由于高端机床发展困难，加上机床性能不具优势的巨大压力，国内机床制造商正逐渐成为真正的"机床装配厂"。部分辽宁机床公司只生产大型结构件，如床身、立柱和配件，数控系统、伺服电机、摆动头、无线电摆动、高速电主轴等基本功能零部件均采用进口优质元器件，轴承、螺母、导轨等基本传动元件也依赖进口，机床公司只组装这些零件。机床的调试、销售和制造也成为"积木"，完全锚定在产业价值链"笑脸曲线"的下端。更严重的是，外国机床厂商有将数控系统、伺服电机、主轴打包销售的倾向。且特定的高精度产品对中国的出口被严格禁止，进口产品的现场试车过程也是机密信息，国内技术人员被拒绝参加，使辽宁机床发展情况恶化。西门子、海登海恩数字伺服控制系统、ibag 电机主轴、NSK 轴承等多家机床公司和用户构建的加工车间模式不断扩张，这种国内机床组装的商业模式，在短期内可能给企业带来一定的经济利益，但不能忽视其对相关产业的不利影响，这会导致国内资金的大幅损失。在国内企业中，虽然也有和海外的先进机床企业与零部件供应商合作、引进相关的高端技术来提高研究开发能力的企业，但是必须深刻认识到技术是企业生存的基础。真正的技术不可能依靠购买和引进获得，只能依靠自主研发。

### （二）缺乏核心技术研发和创新能力

外国的系统几乎是机床"黑匣子"，只具有几个功能和设置。在机床的制造阶段，由于没有主动的设计手段，所以在组装过程中需要反复调试和修正，保证机床的几何精度。此外，辽宁省对机床装配工程没有量化指导，无法保证量产机床的精度和一致性，其动力学特性差异很大，无法精确预测。对于伺服控制系统，国内企业只能参考国外提供的测试手册，对机床本身的作用机理并不清楚。一些高级通用模块不知如何二次开发，使企业仍然处于被动位置。在使用机床的阶段，数控机床的用户只关注加工和生产，至于加工工艺的制定和参数的选择，主要取决于项目经理，缺乏习惯、经验、理论和定量指导，使加工效率大大降低，并浪费了人力和物力资源。

国产的数控机床与用户的加工技术缺乏深入的联系，就会陷入无法顺利使用好的机床、无法制作好的机床的窘境和"技术牵引技术和设备"的非良性循环，相关支持技术和生态无法形成。辽宁省机床制造企业长期处于被动状态，原因是没有掌握机床的设计、制造、使用的核心技术，缺乏研发技术和创新能力。区别于国际企业主要从事技术研究、产品开发和市场销售，最终确立了国际品牌的路径，我国则非常重视市场角度的客户关系维系。辽宁省机床制造企业在政策效率和性能上始终强调创新，但政策和环境支持上尚有空间，在人才培养和技术重要环节上缺乏可持续性。大部分工厂用于一次制造和组装，几乎没有用于设计和研究开发的研究所和研究开发室。高端人才严重不足，技术人员忙于处理项目报告和项目开发，技术性研发少；部分企业几乎没有专注于研发和产品测试制作的技术人员。在一些企业和科研院所，机床的设计和分析依赖于进口的商业软件，软件的操作易于掌握，但是软件背后的基础理论知识，如力学、电磁学、控制理论等，还缺乏深入研究，导致数控机床软件的主动权丧失。技术革新不是一朝一夕就能完成的，特别是数控机床等技术密集型产品，是知识和技术长期积累的必然结果。辽宁省机床企业拥有的知识、人才库、技术研发能力相对缺乏，加之知识的积累相对不足，因此技术创新和产品更新相对较慢。机床行业正处于全国实施战略布局的前沿，科学研究机构需要提升基础研究能力，尽快突破主要基础技术，与企业紧密合作，积极推进高端数控机床使用相关基础技术的设计、制造、研究、开发，实现国内机床"弯道超车"的愿景。

## （三）机床精度保持性和可靠性相关技术积累不足

由于国内大型项目的科技进步，辽宁省机床企业的精度保持和可靠性相关技术有所进步，但与国外先进水平仍存在较大的差距。机床的精度保持因设计、制造、使用三个阶段的机床种类、结构形态、性能要求以及工作条件的不同而不同。辽宁省机床存在精密性不够、精度保证不一致、精度不稳定等问题。辽宁省相对缺乏精度保持的研究系统，在机床的组装工序中，经过一段时间的切削和精密磨削后，或有少部分铸件变形，这样会导致机床的精度和性能发生变化。根据技术研究，数控机床的 MTBF 可靠性指数从 200 小时提高到 1000 小时，但国内数控机床的故障率依然很高。由于缺乏对机床可靠性的详细研究，缺乏技术积累以及相关数据参考资料，辽宁省机床制造企业在机械加工过程中没有明确的数据库，缺乏对机床加工效率产生严重影响的因素的分析。若机床在使用过程中频繁发生故障，无法及时处理，其使用价值就无法得到保障，最终导致用户对国内机床缺乏信心。

## （四）产业链有待进一步完善

辽宁省数控机床行业支持结构还不完善，产业链明显缺失，几乎没有拥有原材料和功能零部件的全链条企业。由于成本和技术因素的影响，产业链中的高端锻造、伺服电机、油压气压部件、机械主轴以及原材料和数控机床均存在一定的短板，生产所需的零部件和高端材料主要是从海外进口，运营成本大幅上升。

# 三 辽宁省高档数控机床业发展对策

## （一）产学研用深度融合

作为制造业的基本设备，高品质数控机床的设计、制造、使用过程包含了多个跨学科和多领域的基本理论和主要技术。为了自主掌握高品质数控机床的技术基础，整个产业链和产品生命周期需要科学研究机构、机床制造企业、功能零部件制造商、基本用户的共同参与和分工合作。高质量的数控机床技术需求来自制造企业，技术应用在制造企业，但是相应的基础研究在大学和科学研究机构。因此，大学和研究所需要面对企业和用户的需求，运用与基础理论研究相关的知识，对设计、制造、生产急需的几个主要基础技术进行培训。通过产学研合作支持设计、制造、应用的工具软件和过程规范，有助于企业开发新产品，也有助于技术的变革和升级。辽宁省机床制造企业需要放弃机床的传统组装观念，实施全面可持续的长期规划和布局，深入整合科研机构。国内机床用户应充分利用自己的优势，熟悉工艺，积极关注最前沿的需求和信息，明确整体开发的技术要求。辽宁省机床行业的发展，必须建立有效机制，促进、突破、评估、发展主要技术；需要科学研究机构、制造企业、用户相互依存，实现对整个产业链的合作与整合，避免重复研究；需要促进辽宁省数控机床的高端开发，创新核心与共通技术以及通过优势互补形成深度整合的健康产业生态。

## （二）关注数控机床整机集成设计技术

随着制造业的不断发展，人们对数控机床的使用要求越来越高，其工作条件是复杂多变的。每个组件链接的属性和性能是不同的，若对数控、伺服、机械链接、机床和工艺的传统设计等缺乏全面考虑，将会直接影响最终部件的处理效率和品质，难以满足用户的高标准和高要求。因此，要实现数控机床的完整设计，首先要对加工工艺进行研究，达到高精度、高效率加工的目标。在多轴联动、高速、超速、超高速度条件下，注重机床物理特性的变化和演变，特别是机械系统、伺服电机系统和数控系统的变化。要实现机械系统动态特性的主动设计、伺服控制系统的高控制和校正、机电耦合系统的高精度联动控制、机床加工刀具的高效规划和高精度，在使用阶段就必须考虑处理系统的特性，以获得机床加工系统与机床使用的最佳一致性。

## （三）加快技术突破与适度自主创新

自主创新是数控机床发展不断进步的源泉，是推动高端发展的重要保障。但是，技术革新和创新必须遵循其发展的必然规律，从量变到质变的过程中需要长期积累的基础才有可能实现。数控机床必须融入生产、研究等各个应用领域，包括跨学科知识，实现真正的创新需要多领域的融合。立足辽宁省数控机床单元技术和整机技术的现状，以及辽宁省机床基础研究和产业的积累情况，辽宁省在加快科技创新和自主创新的同时，还应注意以下三个方面。第一，要特别注意快速进步和技术革新。考虑到辽宁省机床技术的现状，辽宁省机床技术的迭代与技术的全面革新应该很难实现，但一些独特的技术有望占据领先地位。第二，为了提高机床的性能和扩展其功能，要注重与新技术的结合。例如，借助互联网平台，对设备进行远程诊断和远程维护。第三，要重视基于用户特定需求的技术研究，注重机床特殊功能的增加，在此基础上探索新的技术创新和突破空间。

## （四）瞄准机床智能化发展趋势

智能化是数控机床发展的主要趋势。在加快数控机床基础技术研究的同时，要把握数控机床的发展方向，提高数控机床的综合性能，对于促进辽宁省高端制造业的发展具有十分重要的意义。重点领域之一是单个数控机床的智能化，如机械加工前单个机械的智能预测、机械加工过程的优化以及辅助过程时间的缩短。重点领域之二是实时监控、感知、智能诊断和治疗过程中单个机器的工作状态的调整、过程自我学习、逻辑推论、优化决策以及复杂工作条件下的功能适应控制。典型的如机械加工后智能机械检测和在线评估，以单机学习智能技术为基础，发展智能生产线和智能工厂。挖掘企业大数据中过程信息和知识等的潜在价值，通过有机地组合生产线运行数据和最新的技术，能够提高机床制造公司和用户的智能制造水平，实现大数据、互联网、云计算等真正的"智造"。

## 参考文献

沈玉梅：《关于大连市装备制造业发展瓶颈问题与对策的思考》，《中国科技信息》2011 年第 15 期。

马晓蕾：《东北老工业基地制造业效率评价与提升路径研究》，中国科学院大学硕士学位论文，2016。

白雪：《供给侧改革下辽宁省装备制造业转型升级能力评价研究》，大连交通大学硕士学位论文，2019。

李纪明：《国产数控机床的技术现状与对策》，《科学技术创新》2018 年第 16 期。

郑国伟：《机床工具行业辉煌发展 60 年》，《设备管理与维修》2009 年第 10 期。

任晓燕、杨水利：《技术创新、产业结构升级与经济高质量发展——基于独立效应和协同效应的测度分析》，《华东经济管理》2020 年第 11 期。

李潘玉：《辽宁省装备制造业转型升级的影响因素研究》，沈阳理工大学硕士学位论文，2019。

付家平：《辽宁省装备制造业企业转型升级影响因素研究》，东北财经大学硕士学位论文，2017。

张新喜、李伟波、李宁：《浅谈数控机床发展趋势》，《农机使用与维修》2008 年第 6 期。

柴彩彩：《我国数控技术的发展现状及发展趋势》，《内燃机与配件》2019 年第 6 期。

逢红梅：《我国装备制造业技术效率实证研究》，辽宁大学博士学位论文，2014。

周雪：《我国装备制造业上市公司融资效率评价与提升策略研究》，沈阳工业大学硕士学位论文，2017。

肖田、于立：《制造业生产效率的影响因素及评估》，《科技与管理》2008 年第 1 期。

徐位孟：《轴承行业磨加工生产自动化及发展趋势》，《工厂建设与设计》1997 年第 14 期。

刘宇畅：《中国机床制造业外部技术整合风险防范研究——以北一机床厂与科堡并购整合案为例》，上海应用技术大学硕士学位论文，2018。

# 辽宁省先进轨道交通装备制造业研究报告

丁文平　马燕婷　韩　谦　侯　强*

**摘　要：** 轨道交通设备的发展已经上升到国家战略，辽宁省先进轨道交通制造等行业是经济转型升级的重要担当。本文分析了辽宁省先进轨道交通装备制造业存在的自主创新能力弱、技术装备水平低、产业集群缺乏规模效应、缺少核心产品等问题，从战略规划、技术水平、商业模式、创新安全等方面对行业发展提出建议，以提高城市轨道交通装备制造行业的整体发展水平。

**关键词：** 先进轨道交通装备制造业　产业链　自主创新　两化融合

## 一　辽宁省先进轨道交通装备制造业发展现状

### （一）行业背景

轨道交通从最古老的蒸汽时代，历经百年到今天的电气和数字化时代，轨道交通已经成为人们日常生活中不可或缺的关键交通工具之一，也是经济发展不能离开的重要基础设施之一。从国家和区域间的沟通到人们生活的日常，轨道交通深深地嵌入其中，不断增长的需求也使轨道交通的技术有了日新月异的发展。我国轨道交通业的技术水平处于世界领先地位，行业发展已

---

\* 丁文平，沈阳工业大学管理学院学生；马燕婷，沈阳工业大学管理学院学生；韩谦，沈阳工业大学管理学院学生；侯强，沈阳工业大学管理学院教授，博士生导师，主要研究方向为产业组织与战略。

经上升到国家战略。在我国实施的"一带一路"倡议、京津冀协同发展、长江经济带和推进制造强国等重大计划中，轨道交通产业都扮演着重要的角色。

从行业划分的角度来看，轨道交通划分为城市轨道交通与铁路两个行业，铁路运输设备是铁路运输和城市铁路运输两个领域所需要的各种技术设备的合集。铁路运输设备是铁路运输行业的中心。从产业相关角度来看，铁路运输设备属于高端设备制造业，高端设备制造业是我国战略性新兴产业。轨道交通装备在各类规划中被界定为高端装备制造业的五大领域之一，是我国装备制造业走出国门的重要产业，更是辽宁经济转型升级的重要担当，也是辽宁装备制造业升级的重要牵引和载体。

随着工业化进程的推进和我国粗放式增长向集约化增长转变，这一过程要求降低能耗和减少排放，并且我国在《巴黎协定》中对世界的减排承诺，使作为绿色交通的轨道交通产业迎来了飞速发展的时机，同时国家为打造先进且完备的轨道交通产业体系和提升产业的国际竞争力出台了配套的支撑政策和相关优惠政策，需求拉动、技术推进和战略布局共同推动了先进轨道交通技术的发展和持续创新，中国先进轨道交通装备制造业进入快速发展的轨道，保持了持续健康的发展态势，国际竞争力不断提升。面向国内外不同层次的需求，在国内外经济、政治和社会环境发生重大变化的特殊时期，轨道交通产业抓住了持续突破的机遇，不断扩大领先优势，大力发展了安全可靠、技术先进、节能环保和经济实用的技术，不断提升科研能力，突破关键技术，保持技术优势。持续健全和完善产业体系，注重面向产业图谱的产业链研发，形成产业优势。不断开拓市场和技术应用领域，实现国内外双循环，形成市场优势。以上环境条件共进，推动了轨道交通装备制造业更好更快的发展。

随着绿色环保低碳的需求不断加强、城市建设进程的推进以及生活质量的提升，轨道交通中的高铁、轻轨和地铁等的需求也日益扩大。特别是城市圈的发展、城市规模的扩大、人口密度的增加、交通拥堵问题的日益严重，导致对轨道交通装备的需求越来越大，带动了轨道交通产业的持续发展，这个产业发展既是需求的结果，也是建立资源节约型和环境友好型经济发展模式的必然选择。在社会需求发展促进产业发展的同时，国家也对这个产业作出重大战略性部署以促进产业的发展。

## （二）产业链分析

轨道交通装备制造业在我国已经初步形成了完整的产业链，主要集中在江苏、北京、山东和辽宁等地区。行业上游主要是设计和原材料，具体涵盖原材料、研发设计、基础施工等行业；行业中游为装备制造，主要涵盖机械零部件、机电设备及其系统和整车装配行业；行业下游为运营维护，主要由轨道交通装备设备维护、安全检修检测、列车运营等行业组成。

### 1. 上游行业

基于产业图谱分析发现，上游行业主要包括各种原材料，主要涉及的领域包括钢板、铝材、橡胶等基础原材料行业。原材料行业基本布局在国内，产业链相对安全。同时这几类原材料行业总体上技术和工艺均已经成熟，中国的技术和产能在国际市场中均具有较强的市场竞争力。产业体系完备，社会资源储备充足，供应的横向选择空间和纵向产品差异化均有较大潜力。产业链上游企业是轨道交通装备制造业发展的支撑，不会形成制约。

### 2. 下游行业

下游行业主要是设备的使用（列车运营）和维护两个领域，即狭义的轨道交通行业。前者主要包括综合联调及试运营、行车管理培训、车辆调度系统、导航系统和指挥系统等行业。后者包括安全检测、维修管理、应急管理、零部件更换、装备维护和设备诊断等行业。连接经济圈与城际的高铁和城市内部地铁都将飞速发展，这种持续的需求对先进轨道交通装备制造业将有巨大推动力。一方面存量中的调度系统升级、设备的维修和零部件的更换能够促进行业的发展，另一方面增量的需求也会推进行业的技术进步，扩大市场规模。下游市场的双维度市场空间将使先进轨道交通装备制造业保持较好的发展态势。

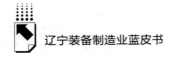

### （三）发展规模

从国家宏观战略的角度，在经济发展方面，国家将交通运输业作为制造业降本增效的重要支撑进行大力发展，同时将高速铁路和城市轨道交通等轨道交通产业的投资和发展作为经济增长的重要引擎；在产业功能方面，轨道交通产业是服务于国家与国家、城市与城市间合作的基础，更是我国"一带一路"倡议、"长江经济带"、"京津冀协同发展"三大战略的重要支撑。而作为轨道交通产业核心的先进轨道交通装备制造业也将成为发展之重。

从区域布局的角度，中国的先进轨道交通装备制造业主要布局在江苏、北京、山东和辽宁。作为供给方，辽宁省在原材料供应、设备维修、零部件供应、机电设备及其系统等领域的多项关键指标已处于世界领先水平，特别是高速动车组牵引控制系统、制动系统、永磁电传动系统等系列核心技术已取得实质性突破。作为需求方，辽宁省城市轨道交通运营里程、城际高铁运营里程和在建城市轨道交通里程均位居前列。

从产业发展的角度，轨道交通产业有着明显的发展差异性，需要根据城市的规模、轨道交通功能目标、产业布局等进行发展和布局。辽宁省轨道交通产业亦遵循差异化的发展路径，通过各类规划有序推进轻轨、地铁、有轨电车等城市轨道交通网络建设，形成了以城际的高铁网络、大城市的轨道交通网络和中等城市的轨道交通网络为骨架的轨道交通体系，从存量到增量都对先进轨道交通装备制造业有着持续较高的需求。

从产业发展规模角度，中铁工业公司 2017 年累计新签合同额 250.4 亿元，相较于 2016 年增长了 23.7%。[①] 依据地铁实际规划数据，"十三五"的后三年，新开工里程和通车里程年均超过 1000 公里。可见城市轨道交通建设的投资将在一定时期内持续增长，整个先进轨道交通装备制造业将能获取较大的发展空间且持续受益。

---

① 《中铁工业：2017 年累计新签合同额 250.4 亿元》，https：//baijiahao. baidu. com/s？id = 1589203379812816595&wfr = spider&for = 。

## （四）投资情况

2018 年以来，受铁路建设周期和轨道交通建设周期双回暖因素的影响，整个轨道交通装备制造业固定资产投资实现较大的增速，受行业周期影响，先进轨道交通装备制造业完成固定资产投资额同比增速由 9.38% 提高到 14.67%。其中增幅最为显著的两个行业是窄轨机车车辆制造业和铁路机车车辆及动车组制造业，投资增幅分别达到了 43.42% 和 48.95%，双双超过 40%。[①] 由于城际高铁和沈大地铁的双擎推动，辽宁省轨道交通建设实现了快速增长，对城轨装备的需求大幅增加，2018 年中国城市轨道交通装备制造业完成的固定资产投资实现了 25.62% 的增长，快于全国的增长速度，投资额达到了 312.76 亿元。[②]

从规划目标的角度，作为"十三五"期间轨道交通核心领域之一的铁路，其固定资产投资维持在 8000 亿元/年，高铁里程规划 2020 年达 3 万公里以上，2025 年达到 3.8 万公里。因此轨道交通装备制造业也会随着轨道交通规划目标的实现而保持较高景气度。

从投资发展的角度，铁路新增线路在经历了 2016 年和 2017 年的低点后，在 2018~2020 年实现大幅度提升，铁路规划投产水平年均 8000 公里，城市轨道交通年均 770 公里。[③]

先进轨道交通装备的发展与通车里程的存量和增量息息相关，城际高铁和城内轨道交通呈现的较好增长趋势，必将带来装备制造业的需求，进而引至对该产业的投资。

---

① 华经艾凯（北京）企业咨询有限公司：《2019 年中国轨道交通装备制造业运行报告，行业市场需求巨大》，https://baijiahao.baidu.com/s？id=1657757439056885028&wfr=spider&for=pc。

② 华经艾凯（北京）企业咨询有限公司：《2019 年中国轨道交通装备制造业运行报告，行业市场需求巨大》，https://baijiahao.baidu.com/s？id=1657757439056885028&wfr=spider&for=pc。

③ 李玲玲：《2018 年中国轨道交通行业发展前景分析》，https://www.chyxx.com/industry/201802/613590.html。

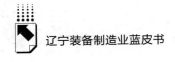

## （五）产业地位

辽宁省是我国的装备制造业基地，制造业门类齐全，具备较为完整的产业体系。先进轨道交通装备制造业也不例外，经过多年发展形成了较为完整的涵盖研发、制造、服务、运维等全流程的产业体系。研发实力显著提升，基本形成涵盖上下游的研发体系和较为完善的技术创新体系。产业规模持续扩大，是我国先进轨道交通装备制造业的重要支撑之一，与江苏、北京和山东共同构成中国先进轨道交通装备制造业的第一梯队。

产业链国产化水平不断提升。由中车大连电力牵引研发中心自主研制的轨道交通控制芯片，通过测试，实现了产业化，使我国高铁列车摆脱了对国外芯片的依赖，并已经应用于"和谐号"和"复兴号"高铁列车。同时高速车轮、动车转向器、连接器、刹车闸片等国产化水平也已逐渐提升，一批关键零部件制造技术和工艺水平不断提高。

初具产业创新体系。面向信息化和数字化发展趋势，辽宁省建设了数字化和信息化技术平台，以新材料、新技术和新模式为支撑，建立了较为成熟且安全可靠的绿色智能谱系化的产品体系；面向制造服务化转型，拓展了基于信息技术和专业技术相结合即"制造+服务"的服务化转型商业模式，开拓了全球市场，利用了全球研发资源，形成了世界领先的轨道交通装备产业创新体系。

企业盈利能力不断提升。该行业在辽宁最为典型的是大连市的先进轨道交通装备制造业，其2018年利润增长速度较快，增速和利润额都位于全国前列。辽宁省将先进轨道交通装备列为发展重点行业，也为企业的盈利和成长提供了稳定的政策基础。

企业发展态势良好。辽宁省已经初步拥有了代表国内先进轨道交通装备制造等行业先进水平的大集团、大企业，发展前景良好，具有更多可提升空间。

## （六）发展特点

### 1. 产业基础好

从主体功能区的角度，辽宁是我国的装备制造业和新材料基地，辽宁之所以被称作老工业基地，源自其悠久的工业历史，更是源自其雄厚的产业基础和完整的产业体系。轨道交通装备制造业已经成为辽宁省工业支柱产业，具有较强的品牌效应，具备种类齐全、配套能力强和技术装备水平高等优势。

沈阳和大连两地机车产业都具备了较好的产业基础，以大连市为例，辽宁省大连市轨道交通装备制造业工业总产值逐年攀升，资本规模存量持续扩大，资产总额不断突破，营业总额持续攀升。大连机车车辆有限公司在电力机车和城市轨道车辆等产品的研发设计技术方面逐渐确立了国内的领先地位；大连机车旅顺基地生产能力不断提升，初步建成了国际轨道交通装备基地和通用动力机械研发制造基地，部分产品具备国际领先水平，远销海内外，海外规模占整体销售额的30%以上；在国内市场中，中车（大连）交通轨道设备有限公司在铁路机车领域市场占有率超过了1/4，在铁路货车设计制造方面是国内的领头羊，一直引领我国铁路货车发展方向；中车大连机车研究所具备了多项国内领先技术和基础雄厚的技术，其中最为典型的是高速动车组牵引变压器冷却装置。辽宁轨道交通装备制造业发展基础较好，且呈现持续提升的良好态势。

2. 技术创新能力显著提升

辽宁轨道交通装备制造业多年来以项目为牵引，注重基础研究，取得了丰硕的成果和突破性的进展，已经实现了从技术引进消化吸收再创新向自主创新的转变，同时具备了较为完备的自主配套能力和一定的新产品研发能力，轨道交通装备制造业的总体技术能力持续提升，属于国内的第一梯队。这其中最为典型的是大连机车，其整体研发能力、产品设计能力、技术创新能力和工艺改进能力不断提升，且掌握了中国、阿根廷、乌兹别克斯坦等国各类型机车的产品制造技术；中车（大连）交通轨道设备有限公司的设计能力、极限设计和制造能力不断提升，面向工程领域的轨道交通设备技术研发达到世界领先水平；中车大连机车研究所在电力机车牵引和辅助交流功率模块水冷基板的研制和各类型机车牵引与网络控制领域形成了研发、技术和产业应用优势。

### 3. 政府推动创造良好发展环境

轨道交通装备制造业受政府政策影响较大，相对稳定的发展环境和持续的政策支持是保持行业竞争力不断提升的重要外部因素。辽宁省制定了一系列政策支持装备制造业发展，这一系列政策均与轨道交通装备制造业相关。辽宁省先后颁布了《关于发展工业八大门类产业发展政策》和《辽宁省工业八大门类产业科技攻关重点方向》等政策，明确了轨道交通装备制造业发展的总体目标和思路、重点发展领域和重点技术需求，同时依据政策设立了产业发展推进机构，组织建立了轨道交通装备产业园，搭建了产学研政平台和市场发展平台，形成了政府推动建立的良好发展环境。

政府在提供政策环境的同时，不断促进行业发展，搭建行业服务平台，制定轨道交通装备制造业产业政策和行业标准。跟踪行业发展，定期发布市场波动信息，进行行业发展与产业链风险评估，建立产业链预警体系。由于轨道交通装备采购多是央企、国企和地方政府，省市各级政府积极与需求方沟通，协助企业开拓市场范围，为企业发展提供外部环境支持。

## 二　辽宁省先进轨道交通装备制造业存在的问题

### （一）自主创新能力弱及技术创新体系不完善

辽宁省大部分大企业没有设立强大的技术中心，独立开发和创新能力不强，部分核心技术依然依赖国外和先进地区，核心技术和主要组件由他国管理，特别是大型的技术设备主要依赖于进口。另外，大部分企业从海外引进高级技术和设备时，经常会出现"重视引进，无视创新"的问题，引进技术的利用效率大幅下降。同时，不完善的推进机制和相对独立的创新激励机制影响了技术革新的热情。不完善的资金筹措系统和较少的资金筹措导致缺乏稳定的投资来源，大大减缓企业的研发进程。

## （二）技术装备水平低

辽宁省轨道交通装备制造业开始成形，但规模相对较小，技术引进状况不容乐观，对技术开发的投资很少，研究开发资金的投资规模明显不足，其结果是研究开发能力弱、产品的技术内容少、高附加值产品少。半成品和产品的低附加值导致低经济利益。部分企业对技术上的变革重视不充分，行业设备老化，设备的新颖性系数降低。

辽宁省轨道交通装备制造企业大部分是传统企业，技术设备整体水平较低，一些先进技术正在缓慢推进。部分企业历史负荷大，整体经济效益低，技术研发投资少，技术设备水平低，设备老化，设备新颖性系数低。大连轨道交通装备制造业部分铁路运输设备制造公司通过引进、消化、吸收、再创新基本上掌握了一些主要技术和支持技术，能够满足基本的生产需求，但主要零部件自主化依然是大连轨道交通装备制造企业发展的瓶颈。

## （三）产业集群缺乏规模效应

从整体来看，辽宁省轨道交通装备制造业产业集群规模效应不足。以大连为例，虽然产业集群的规模开始成形，但是缺乏规模效应，在信息交换、资源共享、合作方面，相关公司之间的协同效应和专业支援合作不足。这些企业只是产业的集合体，是"聚类"而不是实际的集群。

辽宁省有一些非常有竞争力的大型轨道交通装备制造企业，但相关的支持组件和产业基础薄弱，中央设备全套系统支持能力较差。集群内的产业链连接相对较弱，产业链不够强大，没有形成与中央设备制造企业相关的支援产业。随着配套产业的发展，不完整的产业链将进一步限制大连轨道交通装备制造业的发展。虽然有很多具有特色的设备制造集群，但是具有竞争力的集群和集群带相对发展不足，集约度高和产品关联性高的轨道交通装备制造能力严重不足。总体上体现为集群内的合作度不高，整体规模、经济优势、市场竞争力的提升艰难。

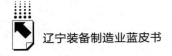
### （四）缺少核心产品

辽宁省的轨道交通装备制造业由于信息开发水平低，产业信息的整体水平整体较低，信息技术和基本产业技术的整合不足，产业链的企业都在从事产品的设计、制造。在采购、销售、其他合作中，缺乏有效的联系。企业无法建立信息传递和共享的标准与平台，无法及时收集和处理所需的市场信息，从而降低对市场的应对能力，企业在市场竞争中无法获得足够的竞争优势，核心竞争力也会下降。以大连为例，大连轨道交通装备制造业的产品类型较全，有柴油机车、电力机车、柴油发动机、城市高速铁路车辆、吊车、平板车、矿石车等，但高铁产品是短板。

## 三　辽宁省先进轨道交通装备制造业发展对策

为进一步提高辽宁省轨道交通装备制造企业的竞争力，促进整个行业的发展，减少与发达国家的差距，针对上述问题提出以下建议，有助于提高行业和城市轨道交通装备制造业发展的总体水平。

### （一）促进信息化与城市轨道交通装备制造业融合

通过应用数字信息技术和自动控制，加快城市轨道交通装备制造业"两化整合"水平的提升和城市铁路运输设备的制造。提高产品的功能和性能，提供网络支持服务，扩大价值链，提高产品的附加价值，促进设备制造服务的信息化。根据城市铁路运输行业的产业链、产品特性以及工业信息化的一般需求，构建产业信息技术应用和推广平台，建立信息、技术、培训、计划、建设和提供监督咨询服务的一体化网络。面向城市铁路运输行业及相关行业，充分挖掘信息资源，做好产业前瞻和产业预测，制定战略开发计划，促进智能工具、信息技术和装备制造业的全面整合。

## （二）提高技术水平，推动产业升级

变革传统设备，抓住薄弱环节，聚焦战略优先事项，把主要技术设备的市场占有率提升视为企业获取优势的新突破点，根据行业技术升级的需要，加快面向市场需求开发先进技术和设备，同时注重引进更多的先进技术和设备，并加以消化吸收实现二次创新。增加对技术革新和研究开发的投资，优化融资结构，降低行业融资风险，以保证持续提升装备制造业的生产水平和产品质量。

## （三）设定明确的战略发展目标，深化商业模式层次

随着经济一体化的发展，中国轨道交通装备制造业急需改变以往低价竞争模式，创新商业模式获取新的竞争优势，积极扩大海外高端市场。例如，由于"中车制造"的品牌效应，中车逐渐占领了东欧、中亚等市场，成为各个国家铁路车辆的主要供应商。因此，城市轨道交通装备制造企业要借助成熟的产品和技术，根据需求方的需求特点，创新商业模式，改变服务方式，将产品、技术和服务进行输出，同时根据特定需求进行产品的更新和升级。随着竞争的加剧和新商业模式的不断出现，轨道交通装备制造业需要逐步发展国际商业模式，提升商业模式的水平，在具备可靠的产品质量和完整的产品品种的同时，满足不同类型客户的不同需求，开拓国际市场，提高各国对中国轨道交通装备制造业的认知度。在企业内部，加强基础技术的研究开发和创新，以最尖端的技术研究开发作为科学技术战略的核心，逐步促进成熟的技术和储备能力的达成。

## （四）建立安全技术体系，完善技术创新的动力机制

轨道交通装备制造企业将根据国际机器产品认证系统的要求，积极参与各种技术、产品和企业认证。短期目标是从权威的国际认证机构中取得认证，将技术标准化，提升产品的配套性和模块化水平。为适应市场需求和提高运输设备的产品质量，企业需要提升商业过程的自主技术力量，减轻国际

贸易的摩擦。为提高产品的安全可靠性，企业必须根据现有的安全性评价标准，研制先进的设备，开发紧急技术和灾害检测系统等核心技术。考虑到独立设备革新能力的不足，有必要积极提升企业的技术开发能力和设备革新能力，改变"聚焦引进，无视创新"的旧价值观，强调"自主引进，重视创新"的价值取向，在引进技术的同时，提高技术的消化和二次创新能力。企业应进一步增加技术革新的动力，加快创新进程，建立全面的创新激励机制，改进技术研发激励机制。考虑到没有稳定的商业创新投资来源，应建立与政府补贴配套的高新技术研发优惠政策的机制，加强政府保障，有效改善企业的独立研发和创新能力，减少企业依赖性。

### （五）信息技术与企业管理、科技研发一体化

装备制造业在实际发展中要充分认识到信息化的优势。在网络技术和信息技术的帮助下，装备制造业可以有效提高技术的附加值，实现配套的网络服务与产品价值链的延伸和增值，加快产业转型升级，实现传统产品的创新功能和性能，通过自动化和控制技术，实现产品价值链的延伸和增值网络支持服务，构建信息交换平台，为装备制造企业提供信息、技术、培训、建设、监督等咨询服务，鼓励企业发展。因此，在信息导入过程中，自动化和生产全过程的监测设备的关键零部件制造要避免核心技术外流，装备制造业的实际生产技术水平应该改进，进而突破市场交易技术的壁垒。

**参考文献**

余悦：《轨交行业已兴起奏响"中国制造"最强音》，《今日制造与升级》2018年第1期。

朱虹：《我国轨道交通装备行业的国际竞争力及其影响因素分析》，对外经济贸易大学硕士学位论文，2018。

李德超：《〈轨道交通蓝皮书（2017）〉发布会在北京召开》，《智慧中国》2017年第12期。

苏玲：《上海高端装备制造产业发展的创新生态研究》，上海工程技术大学硕士学位论文，2015。

祝宪民：《"智能制造"和"数控一代"纺织机械发展探讨》，《纺织机械》2011年第5期。

屈小章：《轨道列车风机系统轻量化及气动性能优化设计》，湖南大学博士学位论文，2016。

蔡忠香：《大连轨道交通装备制造业竞争力提升战略研究》，大连交通大学硕士学位论文，2015。

田丽：《我国城市轨道交通装备制造业的产业发展路径研究》，上海工程技术大学硕士学位论文，2015。

王光波：《城市轨道交通与社会经济发展耦合协调度分析》，重庆大学硕士学位论文，2018。

代兵：《城市轨道交通及其装备制造业发展研究》，《产业与科技论坛》2020年第1期。

蔡忠香、门贵斌、刘一秀：《我国城市轨道交通装备制造业发展对策研究》，《中小企业管理与科技》（上旬刊）2013年第10期。

沈玉梅：《关于大连市装备制造业发展瓶颈问题与对策的思考》，《中国科技信息》2011年第15期。

王永明：《中国装备制造业国际竞争力的分析与对策研究》，吉林大学硕士学位论文，2004。

钦焕波、高宇涵：《浅议电力装备制造业的自主创新与发展策略》，《管理观察》2014年第4期。

乔墩：《加快发展新型轨道交通和市郊铁路支撑和服务五大功能区域建设的建议》，《重庆行政（公共论坛）》2015年第2期。

# B.6
# 辽宁省航空装备业研究报告

刘雷　王欣　杨丽丽　赵娜　张诚*

**摘　要：** 辽宁省航空装备业位居国家前列，拥有良好的政策环境和广阔的发展前景。本文通过对国内外航空装备业的了解，对政府相关规划的分析，对行业重点企业的调研，完成了辽宁航空装备业发展现状研究，并指出存在民用航空工业规模较小、在产业价值链中不突出等不足。对辽宁航空装备业的发展，提出了大力提高干线和支线飞机的创新、研发、制造水平，通用飞机的生产研发应加快脚步，加大力度研发生产航空发动机、燃气轮机等发展重点和任务。

**关键词：** 航空装备业　战略性新兴产业　通用航空　航空零部件

## 一　辽宁省航空装备业发展现状

作为战略性新兴产业之一，航空装备业是国家的重要发展项目，是推动国家科技进步、经济发展的主力军。在航空装备业中，辽宁省处于我国的前列，拥有充足的政策支持，发展空间广阔。

根据不完全统计数据，综合考量我国各省份的航空装备业发展情况，辽宁省排名前五。在我国，珠三角、东北、陕西三个地区是该产业主要聚集

---

* 刘雷，沈阳工业大学管理学院副教授，硕士生导师，主要研究方向为科技与创新管理；王欣，沈阳工业大学管理学院硕士研究生；杨丽丽，沈阳工业大学管理学院硕士研究生；赵娜，沈阳工业大学管理学院硕士研究生；张诚，沈阳工业大学管理学院硕士研究生。

地，哈尔滨、沈阳等都是航空工业强市。辽宁省所特有的地域、资源、经济等优势最大限度地满足了产业发展的需要，是我国航空装备业重要的研发、生产制造基地。从产业发展状况来看，重点核心区域为航高基地和通航园，其将工作重心放在零部件制造及航空器组装上，以飞机维修、航空物流、航空运营等为主要经营内容，促进辽宁航空装备业发展取得长足进步。

截至 2015 年，辽宁省拥有研发生产航空器及零部件单位 70 余家，其中科研院所和高等院校共 9 家，省级及以上的技术中心共计 13 家，规模以上工业企业近 30 家。[①] 科研设计的骨干单位包括中航三所、辽宁通用航空研究院等单位。航空器及配套件生产研发制造的主要企业包括以翼肋、垂尾和机翼的前缘制造、客改货结构组件为主要产品的黎明、中航沈飞、国泰航空等企业；主要产品有空客 A320 应急舱门、翼肋、机翼前缘制造，波音飞机尾段、垂尾前缘、客改货结构组件，庞巴迪 Q400 全机机身及结构组件、C系列的前机身桶段、中机身、尾锥和舱门工作包；研制任务包括后机身部段、吊挂部段等位置；研制生产工作主要包括电源中心、发动机吊挂、全机电缆等。通用航空方面主要集中在生产塞斯纳 LSA162 等机型的沈阳中体轻型飞机有限公司、辽宁锐翔通用飞机制造有限公司等公司，以海洋石油服务、农林作业飞行、监察检测海洋、教育以及培训等方面的应用最为广泛。并且，辽宁省加快发展一体化产业体系，已经形成协作产业链条完整的产业体系。在发展过程中以航空产业国家十大园区之一的沈阳航空产业园为代表，形成多个产业发展基地。辽宁省的航空企业重视国际化发展，以在国外开展转包生产为途径，与波音、空客等龙头企业进行国际化交流合作，在我国航空航天零部件制造领域取得快速发展。

### 专栏　航空重点产品

*服务外包及大部件产品。主要包括：波音、空客、C919 等大型客机的*

---

① 辽宁省工业和信息化委员会：《辽宁省航空装备制造业发展路线图》，http：//gxt. ln. gov. cn/zmhd/bmhy_ 123659/201709/t20170930_ 3068128. html。

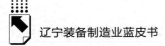

舱门、机身尾端、垂尾前缘、FTB 吊挂试验件等，庞巴迪 C 系列飞机前机身、中机身、后机身尾锥和舱门，ARJ21-700 飞机吊挂、尾段、电源中心、全机身电缆、单（多）金属膜盘联轴器、飞机座舱电子综合显示仪表、飞机传感器等。

通用航空飞行器。通用航空器机型有塞斯纳、轻型电动飞机、HE 系列大载荷全智能无人机、增程电动双座轻型飞机锐翔、蓝精灵植保无人机等。

航空发动机及零部件产品。包括叶盘等零部件，研制微、重、轻型燃气轮机成套设备，航空发动机短轴批量生产等，以机匣组件、轴类、环形、槽形零部件、钣金件整流罩、静子壳体等为主要产品。

航空材料及机载设备。着重发展航空线缆、紧固件、钛合金材料、配线材料等产品，航空数字化制孔压铆系统、AGV 智能输送系统、柔性装配系统、飞机数字化装配生产线、液压控制系统、模具等。

从园区的发展建设方面来看，已经逐步形成了浑南产业基地，形成了朝阳通航、法库和大连通航、无人机等产业园集聚区。在发展过程中，以沈阳航空产业园为代表，该园区是国家级产业园。

据行业统计，2015 年，全省实现产业销售收入 305 亿元，排名全国第五位（见表 1）。

**表 1　2015 年全国航空装备业规模排名前五位的地区发展情况**

单位：亿元

| 地区 | 主营收入 | 主导产品 | 核心企业 |
| --- | --- | --- | --- |
| 陕西 | 630 | "新舟"系列飞机，水陆两栖飞机，小鹰 700 通用飞机，航空起落架，刹车系统设备，发动机燃油控制系统及零部件、钛材、碳纤维、复合材料等航空新材料 | 中航西飞、陕西宏远航空公司、通航国际西安公司、西安航空制动科技公司、陕西航空电气公司 |
| 上海 | 411 | S-300 系列直升机，飞机机载设备，合金材料、复合材料、航空维修服务保障设备等 | 中国商飞、东方航空技术有限公司、上海飞机设计研究所、上海飞机制造、中航通用电气 |

续表

| 地区 | 主营收入 | 主导产品 | 核心企业 |
|------|---------|---------|---------|
| 江苏 | 326 | 航空动力总成、航电系统、航空材料、航空保障设备等 | 中航南京机电研究所、航天海鹰、江苏美龙、江苏金航程、江苏恒神纤维、无锡透平叶片、无锡航亚 |
| 天津 | 310 | 空客320飞机、彩虹系列无人机、航空航电系统、控制系统、航空维修、保障设备、AC311系列直升机等 | 空客天津总装公司、中航直升机公司、航天神舟飞行器有限公司、西飞国际天津公司、天津航空机电公司 |
| 辽宁 | 305 | 波音、空客、庞巴迪飞机大型结构件工作包,航空零部件、合金材料和复合材料等 | 沈飞、黎明、沈飞民机、兴华航空电器、沈飞国际、锐翔航空、忠旺铝业 |

资料来源:辽宁省工业和信息化委员会,《辽宁省航空装备制造业发展路线图》,http://gxt. ln. gov. cn/zmhd/bmhy_ 123659/201709/t20170930_ 3068128. html。

技术知识密集型的航空装备业,对调整升级产业结构具有重要的带动作用。中国航空装备业市场空间广阔,是国家重点扶持发展的新兴高科技产业。辽宁省应发挥自身优势,抓住国家民用航空产业布局的有利时机,把航空装备业列为重大装备制造专项工程,系统谋划航空产业,提升产业基础能力和产业链水平,形成航空装备产业区域经济优势和区域战略布局。综合来看,辽宁航空装备业具备以下优势。

### (一)产业基础雄厚

辽宁省汇聚了众多航空工业科研生产制造的重要企业和单位,以"三厂三所"为典型,牵动产业发展,在科研、人才队伍建设、基础设施等方面拥有明显优势。

### (二)航空零部件产业体系完善

辽宁省航空企业以国外转包生产为主要途径,与波音、庞巴迪、空客等享誉国际的航空公司研发合作,在国际航空产业链中扮演重要角色,同时积

129

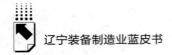
极参与大飞机及支线飞机的研发制造，在国内飞机零部件制造行业中拥有突出优势。辽宁省在各种材料的制作协调配套方面拥有发展成熟的产业链，包括钛合金、航空铝合金、复合材料、钣金等。

### （三）通用航空发展迅速

辽宁省较早地发布产业发展意见，通过优秀研发单位牵头，积极发展成熟的产业链，是轻型电动运动飞机第一个成功研发制造的省份，取得了相应的生产批准证明，获得了大批量的订单。无人机市场应用范围扩大，发展势头强劲，市场前景较好。

## 二 辽宁省航空装备业存在的问题

尽管辽宁省航空装备业具备了较好的产业基础和优势条件，但对比北京、上海、湖北、陕西、四川等地区，差距与不足也较突出，具体表现如下。

### （一）民用航空工业规模较小

辽宁省航空工业主要集中在军用方面，民用比重较小，仅有10%左右的比例，在全国范围内，辽宁省的民用航空规模仅排第7位，省内重点企业的排名也不尽如人意[1]。

### （二）通用航空产业处于起步阶段

由于限制空域开放、机场基础建设和专业化相关人才不足、成熟完备的机型缺乏等问题的存在，产业处于培育期，发展缓慢，产业链也有待完善。

---

① 辽宁省工业和信息化委员会：《辽宁省航空装备制造业发展路线图》，http://gxt. ln. gov. cn/zmhd/bmhy_ 123659/201709/t20170930_ 3068128. html。

## （三）产业价值链中存在感不强

辽宁省以国际转包业务作为主要业务，主要产品包括各种部件和结构件研制，缺少控制、航电系统等具有高附加值产品，整机开发研制基本处于空白状态。

## （四）产业发展环境有待突破

从项目的整体布局上来说，对辽宁而言国家并没有给出明确的中长期发展战略布局规划，辽宁也没有取得中航的民机项目的明确规划，对比发达地区，辽宁省地方的支持力度还有较大提升空间。

# 三　辽宁省航空装备业发展对策

## （一）发展重点

大力提高干线和支线飞机的创新、研发、制造水平。重点推进关键技术和关键领域的研发制造，推进大型结构件制造技术的研发及成果转化。针对Q400总装项目应提高完成速度，带动波音中心项目在辽宁省的落地，加快新型飞机研发制造基地的建设，推动C系列项目向飞机总装方向发展，形成发展完善的产业链。大力促进我国国产飞机部件、相关零部件以及相关的配套部件的研发、创新、制造。

通用飞机的生产研发应加快脚步。重点推进的产业环节包括研发设计环节、生产零件环节、总装制造环节、试飞试航环节，配套发展飞行器维修环节、会议展览等，形成发展完备的全产业链，促进建设产业集群。推进总装试飞项目建设，大力促进机场和制造基地等项目的建设。

加大力度研发生产航空发动机、燃气轮机。以发展较为成熟的军用发动机技术为基础，加大应用在各类机型的发动机的研发、创新、制造力度，主要集中在通用飞机及其支线等领域，燃气轮机产业基地应列为建设重点，并

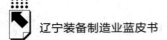

且将发展重心向大型运输机、CF34-10A发动机建设项目趋近。与此同时，坚持层层递进的逐级开发格局，拓宽市场应用的范围，加快产业化发展。

推进零部件及配套设备的创新生产研发。推进国产零部件及配套部件的创新研发生产制造能力。提升辽宁省在国际航空制造产业链的融入程度，国际国内的航空制造的转包业务是承接任务的重点，扩大转包零部件的生产规模。提高辽宁省的平战转换能力，推动提升配套核心产品的研发制造能力。重点提升核心设备的研发制造，以期带动辽宁省相关产业发展。

推进航天技术的开发，拓宽应用范围。加大卫星系统资源的整合力度，以卫星数据为依托重点，发展相关的应用系统，构建具备可持续发展优势的云体系，在新一代信息产业中融入核心技术成果。以具备优势的工程装备制造技术为依托，启动航天发射平台的试验论证研究项目的建设。

（二）主要任务

（1）加快大型结构件、干线客机、支线客机制造技术的研发及成果转化。通过对国际龙头企业整机生产线的引进及提升自主创新，实现从大部件转包制造到总装的产业发展路线。

（2）以波音民用飞机完成中心为依托，形成飞机最后系统安装交付能力，包括飞机内部装修、卫生间、娱乐设备、厨房、客厅等的总装以及交付试飞等。

（3）以以色列IAI客改货项目为依托，建立改装生产线，发展客机改装货机的飞机取证、改装和销售等业务。

（4）完善强化国内外重要民用干线、支线飞机的舱门、机身段、机翼前缘、吊挂等大部件转包生产业务，提高在国际市场的市场占有率。

（5）加快各大类型通用飞机的研发制造生产，加快规模化制造能力的关键技术的突破，形成以整机、衍生制造、零部件配套、科技创新、自主研发为主的产业链。

（6）发展无人飞行器全流程生产，大力推动无人机在航拍、农林、灾害监测、环境监测等领域的应用，完善系统设计、结构生产线、电子及动力系统安装、装配生产线设备以及无人机综合测试系统。

（7）以航空发动机重大科技专项为依托，实现高推重比关键技术的突破，着力发展轴、盘、机匣类发动机重点部件产品。

（8）以飞机总装企业和项目为依托，促进各类航空零部件的发展，重点实施国产支线飞机、大飞机零部件及相关配套部件的研发制造，加快航空零部件配套基地建设。

（9）发展航空检测及维修服务，重点推进以零部件支援、飞机维修、改装、定检为主的航空维修服务。

（10）以国产大飞机项目为契机，大力推进发动机研制任务，做好重点部件的研发生产及产业化，为商飞发动机公司提供各类重点部件产品。

## （三）保障措施

应加大力度构建产业研发平台，企业要正视自身的社会责任，与高校、科研机构合作，鼓励共同创建工程研究中心、工程实验室等研发平台，以此降低风险，同时也可以培养、储备人才，提高就业机会，促进行业成果转化。

整合资源，推动建设产业园，着力打造大型产业基地，建立特色产业园区，与扶持政策相互配合，加强汇聚资源能力，合理优化资源配置。在辽宁省各地打造出不同类型的航空航天基地，并使这些地区形成完整的产业链，推动集成发展。

建立完善的配套体系，打造新发展模式，引进相关配套单位，丰富产业链条，扩大产业的发展模式，形成多元化的发展，提升产业价值。

推进重点项目，提供良好政策环境，实现航空航天产业与不同产业的融合，打造出发展完备的产业模式。积极对接国家相关机构，完成高质量的合作项目，取得政府信任，争取政府支持，得到优惠政策，带动行业整体发展。

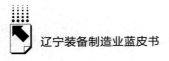

**参考文献**

吕刚：《辽宁省航空航天装备产业发展对策研究》，《建筑与预算》2020年第5期。

辽宁省工业和信息化委员会：《辽宁省航空装备制造业发展路线图》，http：// gxt. ln. gov. cn/zmhd/bmhy_ 123659/201709/t20170930_ 3068128. html。

辽宁省工业和信息化厅：《辽宁省建设具有国际竞争力的先进装备制造业基地工程实施方案》，http：//www. ln. gov. cn/zfxx/zfwj/szfbgtwj/zfwj2011_ 136268/201901/t201901 21_ 3423839. html。

# B.7
# 辽宁省新能源汽车业研究报告

刘雷　王欣　张诚　杨丽丽　赵娜*

**摘　要：** 新能源汽车业是辽宁未来着重发展的领域之一。本文介绍了辽宁新能源汽车业发展现状，指出行业存在产业结构不合理、产业链不完善、企业作为技术创新主体地位不牢等不足。对辽宁新能源汽车业发展，提出了实施新能源汽车技术创新工程、科学规划新能源汽车区域布局、优化新能源汽车产业结构、加快培育新能源汽车配套体系、积极推进新能源汽车推广应用、加快新能源汽车充电设施建设、建立动力电池梯级利用和回收管理体系7项任务。

**关键词：** 新能源汽车业　战略性新兴产业　协同发展

## 一　辽宁省新能源汽车业发展现状

辽宁省在新能源汽车方面一直稳步前进，专利申请量排全国第 17 位，近 10 年来共申请新能源汽车领域专利 1985 件，占全国的比重 1.69%。

截至 2017 年底，辽宁省共 13 家企业能够生产新能源汽车，新能源汽车产量包括整车 4386 辆，专用车 2332 辆，累计产量 6718 辆。新能源汽车得到推广应用许可的车辆共 4723 辆，同比上涨 4.8%。其中公共服务区域推广

---

* 刘雷，沈阳工业大学管理学院副教授，硕士生导师，主要研究方向为科技与创新管理；王欣，沈阳工业大学管理学院硕士研究生；张诚，沈阳工业大学管理学院硕士研究生；杨丽丽，沈阳工业大学管理学院硕士研究生；赵娜，沈阳工业大学管理学院硕士研究生。

中，新能源公交车得到了广泛应用，私家车为 983 辆，占 20.8%。2017 年
11 月，辽宁省为加快充电基础设施建设，进一步规范了充电设施建设。为
了使新能源汽车得到更为广泛的应用，辽宁省发展和改革委员会颁布《辽
宁省电动汽车充电基础设施建设运营管理办法（试行）》，对充电基础设施
建设、运营管理、运营企业职责、管理模式等作出了相关规定。截至 2018
年，公用充电桩（站）208 个、充电桩 1442 个在辽宁省得到落实，充电容
量达 45 万 kWH。①

辽宁省财政厅认真落实中央及省各项政策，积极争取中央资金，加大对
新能源汽车发展支持力度。2019 年，争取中央节能减排补助资金 2.98 亿
元，一是拨付给具有代表性的新能源汽车生产企业，如华晨宝马汽车有限公
司、丹东黄海汽车有限公司等新能源汽车推广应用补贴资金 8462 万元，用
以支持符合要求的新能源汽车产品推广，促进新能源汽车高质量发展，增强
行业信心，保障产业持续健康发展。二是提供新能源汽车充电基础设施建设
补助资金 6600 万元，对符合条件的新能源汽车充电基础设施，按照额定输
出功率进行一次性补贴；对新能源汽车推广应用监测管理平台的建设及运行
维护给予补助。三是在公交系统中融合新能源汽车计划补助资金 14746 万
元，重点扶持新能源汽车在公交车领域中的应用，逐步增加新能源汽车的占
比。此外，为加强资金管理，辽宁省财政厅会同省工业和信息化厅、省发展
改革委等部门，结合辽宁省实际，在充分征求市场主体等多方意见的基础
上，制定出台了《辽宁省新能源汽车充电基础设施建设奖补资金管理暂行
办法》，全面提高财政资金使用效率。②

**专栏 1 节能与新能源汽车项目投融资及园区建设情况**

辽宁雷风新能源科技有限公司充电站项目。2017 年 12 月，辽宁雷风新
能源科技有限公司投入直流桩、交流桩 20 个，其性能满足同时为 20 台新能

---

① 《辽宁省新能源汽车产业发展概况及规划》，http：//www. gev. org. cn/news/1384. html。
② 辽宁省财政厅：《辽宁财政积极促进新能源汽车产业高质量发展》，http：//czt. ln. gov. cn/
zxzx/czxw/202006/t20200616_ 3879401. html。

源汽车充电，充电服务能力能够满足每天为 350 台新能源电动汽车提供充电服务。

大连中比动力电池有限公司年产 2 亿 AH 高能动力锂离子电池建设项目。项目总投资 4.65 亿元，主要生产方形大电池，将建设 2 条智能全自动锂离子电池生产线，现已进入装修工厂阶段。

沈阳妙盛汽车电源有限公司高功率型锂离子电池产业化建设项目。计划总投资 6 亿元，主要建设 4 条锂离子动力电池生产线，实现配料、涂布到电池装配包装生产线的自动化生产。项目建成后，将形成年产 10 亿瓦高功率型锂离子动力电池生产能力。

华晨宝马新研发中心项目。2017 年 7 月，位于铁西区的宝马集团新研发基地全面落成，沈阳成为宝马集团在德国之外最大的研发基地。新研发中心建立了动力总成和电机试验台，并在高压电池领域以宝马集团全球领先的动力电池设计理念，开发高水准的动力电池包，实现了包括电芯、电子电器、机械设计、系统架构及功能在内的高压电池包全流程开发和验证。

华晨宝马高压电池中心项目。2017 年 10 月该项目正式建成投产，项目主要生产用于 G38（即全新一代宝马 5 系）所使用的高能量电池组，高能量电池组的生产所需要的技术零部件都将在华晨宝马高压电池中心同步进行生产。项目占地 6480 平方米，总投资 32413 万元，年产能为 3.3 万套。

资料来源：《辽宁省新能源汽车产业发展概况及规划》，http://www.gev.org.cn/news/1384.html。

## 二　辽宁省新能源汽车业存在的问题

一是新能源汽车产业没有形成合理的产业结构，新能源汽车产业比重过低，产业布局比较分散，龙头企业数量尚显不足，整体竞争力不强。

二是新能源汽车产业产业链结构短缺、配套能力弱、生产能力不强、附加值低，没有形成一定的发展规模。

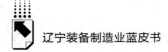

三是企业作为技术创新主体的地位不牢，技术创新和研发投入不足，核心技术人才缺失。自主创新能力有待进一步提升，核心关键技术问题没有得到解决，受制于人。

四是辽宁省整体发展速度较慢，没有形成完善成熟的发展氛围，产业依然处于初级发展阶段，亟待改善整体研发环境。

五是新能源汽车产业的发展方式以粗放式发展为主，尤其是要依靠大量要素投入，缺少技术驱动和创新驱动能力，缺乏成熟的生产线和产业链，内涵式可持续发展的动力不足。

六是缺乏适应现代产业要求的公共研发和设计平台，尤其是在高水平关键零部件生产方面的能力依然缺乏。

七是部分企业只顾自己的发展需求，而缺乏全局的意识，尽管这个问题已经得到了改善，形成了初步的产业集群，但仍然缺乏足够的合作意识，问题依然严峻。

# 三  辽宁省新能源汽车业发展对策

## （一）发展目标

产业化的主要进展，很大程度上取决于能否建立、健全以企业为主体、市场为导向、产学研深度融合的新能源汽车研发与生产体系。辽宁省在新能源电动汽车方面的发展目标为产量争取达到 30 万辆以上，同时实现燃料电池汽车产业化发展。

新能源汽车整车、动力电池等关键零部件生产技术水平得到显著提高，达到国内先进水平。一些关键技术如电池、电控系统和轻量化材料的掌握使用也踏入国际前列，辽宁省新能源汽车的市场竞争力显著增强。

新能源汽车生产配套能力显著增强，在省内打造一批"专、精、特、新"核心零部件的重点企业。产业链支撑体系日益完善，加强关键零部件的自主生产能力和市场配给能力。建立起以满足新能源汽车运行需要的、覆盖全省、布局合理、设备先进的充换电服务网络。

在推广与应用方面，新能源汽车已经取得了重大成果。在公共领域中，公交车、出租车、邮政车辆、物流运输车等推广应用比例显著上升。各市年度新能源客车占比逐年上升，达到30%以上，沈阳、大连市占比逐年上升，达到35%以上。

## （二）发展原则

坚持政府引导和市场驱动两方面的作用。充分发挥规划政策引导和激励作用，鼓励发展新能源汽车生产，引导消费市场。企业应发挥市场主体作用，努力改善市场环境，实现新能源汽车规模化、商业化。地方政府应制定相应的市场准入规则，促进形成统一、竞争、有序的新能源汽车市场，同时也要鼓励社会资本参与新能源汽车生产和充电运营服务。

在加快培育发展新能源汽车的同时也要促进汽车产业整体改造升级，共同实现技术进步与产业进步，促进二者良性发展。

在坚持自主创新能力建设的同时也要加强协同合作能力。深入开展国际技术合作与交流，探索新的合作模式。实现以技术创新为主要方面的创新驱动发展。打造具有自主知识产权的辽宁省新能源汽车产业技术、产品，坚持多元化、特色化的发展道路。

坚持产业整体发展与加强配套相结合，以新能源龙头企业为代表，坚持推动新能源汽车动力驱动电池、电控系统和车互联网系统等产业链协同发展。推动充电基础设施、电网、新能源汽车产业协调发展，形成完整的产业配套体系。

## （三）主要任务

### 1.实施新能源汽车技术创新工程

（1）加强新能源汽车关键核心技术研究

在关键核心技术实现突破性创新方面，重点关注并推动纯电动汽车、插电式（含增程式）混合动力汽车、燃料电池汽车等重点发展领域，实现多领域集成优化设计技术的突破，充分发展相关设备和测试工艺，争取在国内新能源汽车方面达到技术领先水平，燃料电池汽车技术实现重大突破。

提高动力电池及其系统聚合集成技术水平，专注高能量密度、高安全单电池等关键材料的开发，如正负电极、隔膜和电解液，促进新能源电池材料和新结构和新工艺的研究，重点突破支撑长期发展的关键共性技术，充分提高动力电池系统的一致性、安全性和可靠性。尤其要强化电池系统的低温适应性以满足北方寒冷地区的要求。

在材料、技术等瓶颈方面要强化研究，尤其要针对驱动电机和新材料。推动产品集中向电永磁化、结构轻量化、控制智能化等高端方向发展。

大力促进新能源汽车整车电子控制系统的发展，聚焦驱动汽车控制、高度集成电机控制和蓄电池管理等多种功能，加强生产能力和试验能力建设，提高新能源汽车控制系统产业化整体水平。

加快智能联网汽车各方面功能的研发，加强智能交通化、控制化、动态服务化等技术的研究与开发，同时也要加强车辆自动识别系统、电池智能充电、智能定位服务等技术的研究与开发。

（2）加快建立新能源汽车研发体系

以中科院沈阳自动化所、东北大学、大连理工大学等科研所和高校与华晨汽车集团等重点企业为依托，建立以企业为主体、市场为导向的产学研深度融合的创新体系，建设以新能源汽车产业为导向和重点零部件研发、检测、信息服务为重点的公共服务平台。支持沈阳华龙新能源汽车公司依托国家政策建立国家级电动汽车工程技术中心，探索更合适的行业技术发展模式，实现突破性技术创新，加速科技成果转化。

2.科学规划新能源汽车区域布局

从空间布局来看，沈阳、大连、丹东等城市拥有良好的新能源汽车产业基础，结合地方经济发展实际，依托带动性强、影响力大的龙头企业，确保新能源汽车行业健康稳定发展，促进优势产业集聚，最终形成从研发设计、关键零部件生产到汽车整车制造的全产业链协调发展的产业格局。

**专栏 2　新能源汽车区域布局**

沈阳基地：重点依托华晨中华、华晨宝马、华晨金杯、金杯车辆、沈阳华龙新能源等骨干企业，发展宝马之诺、宝马五系、X1 插电式混合动力轿车，华晨 H230 纯电动轿车等新能源汽车，金杯纯电动客车及沈阳华龙增程式城市客车；依托东软集团，重点发展动力电池系统封装、动力电池管理系统、自动驾驶系统、智能充电桩和新能源汽车云服务、车联网等高端汽车电子产品与增值服务。

大连基地：依托比亚迪、一汽客车（大连）有限公司、华晨（大连）专用车、大连黄海、大连奇瑞、大连东风日产等重点企业，发展纯电动城市客车、纯电动轻型客车、插电式混合动力客车、纯电动物流车及新能源乘用车。

丹东基地：依托曙光汽车集团以发展新能源城市公交车为主要方向，加快新能源汽车系列化、高端化步伐，进一步提升黄海品牌的市场竞争力。

朝阳基地：依托一汽凌源、凌源凌河汽车有限公司，加大招商引资、合资合作力度，重点发展新能源商用车；依托朝阳立塬，重点发展新能源汽车动力电池及电池管理系统，积极推进新能源乘用车发展，促进朝阳产业结构转型升级。

铁岭基地：依托专用车产业集群的基础和优势，加快发展新能源专用车和新能源客车，打造国内有影响力的新能源专用车新高地。

锦州基地：依托现有汽车产业基础，通过引进北京华泰汽车集团、深圳沃特玛电池等有实力的新能源汽车整车及零部件企业，创造良好的发展环境，促进新能源汽车产业健康发展。

## 3. 优化新能源汽车产业结构

### （1）统筹整车生产能力

鼓励企业节约资源，使用企业现有基础和技术研发新能源汽车，并在汽车贴牌生产企业内部公开公告。同时鼓励新能源汽车企业通过资源整合、兼并重组发展的方式来提高技术研发能力，扩大市场优势，增加市场份额，最

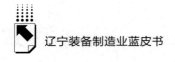
大限度地避免盲目投资和产能过剩。

（2）支持重点整车产品发展

在新能源汽车企业和社会各界的推广作用下，乘用车、公共用车、商用车成为发展新能源汽车的三大主流方向。在乘用车方面，纯电动乘用车和插电式混合动力乘用车（包括轿车、MPV 和 SUV）成为新能源乘用车重点发展对象。在公共用车方面，纯电动和插电式混合动力物流车、卡车、机场轮渡车、除雪车、环卫车等成为新能源公共用车重点发展对象。在商用车方面，纯电动和插电式混合动力以及燃料电池商用车成为新能源商用车领域重点发展对象。

（3）支持核心零部件发展

推进电池封装技术高端发展，提升高安全性、低温耐久性。推动驱动电机及控制器、全电动汽车控制系统、燃料电池及系统等高系统技术研发；推动高效伸缩电机及关键部件，电动驱动模块及关键部件，钢/铝、铝/混纺纤维、碳纤维车身代表轻量化部件的研发；推动嵌入式视觉识别系统、嵌入式雷达系统、高精度定位系统、嵌入式互联网终端、集成控制系统、智能充电电池等的深入研究。

（4）支持重大项目建设

积极推动丹东黄海、华晨宝马等企业新能源汽车项目尽快实现能效；加快航天科技集团与凌源凌河兼并重组项目、华泰汽车集团新能源汽车锦州生产基地项目的建设，加速产业链优化，强化本地配套能力。

4.加快培育新能源汽车配套体系

在强化新能源汽车产业配套体系建设方面，以华晨汽车集团、曙光汽车集团等新能源汽车零部件生产龙头企业为培育和带动先锋，加速发展关键零部件产业。尽快推动迫切需要形成配套能力的电池、驱动电机、电控系统电池关键材料和充电机、充电桩等零部件与配套设施的研发，促进新能源汽车产业规模化、产业化发展。

5.积极推进新能源汽车推广应用

充分落实国家为推广新能源汽车的应用所制定的一系列政策和措施，结合辽宁省实际，加快制定针对性强的应用推广计划。将充电设施建设和配套电网建设与改造纳入城市规划，完善相关工程建设标准，明确建筑物配建停车场、城市公共停车场预留充电设施条件的要求和比例。开放市场，推动辽宁省新能源汽车企业在规模、水平方面更上一层楼，积极参与全省新能源汽车应用工作。在推广突破方面，一定要把公共领域用车放在第一位置，在社会推广中政府要起到不可或缺的作用，积极发展公共服务领域用车，如公共汽车、铲雪车、机场轮渡车等，加大购买和使用力度，通过示范应用增强社会自信心，降低购买成本，在社会上形成一定的影响力后，政府和企业可以通过媒体和广告的方式引导个人消费，形成良性循环。此外，提高燃料电池系统的可靠性和耐久性，推动制氢技术、储运与灌装技术方面的发展。加强新能源汽车运营质量安全监管远程监控平台建设，督促整车生产企业确保生产一致性。

### 6. 加快新能源汽车充电设施建设

落实《国务院办公厅关于加快推进电动汽车充电基础设施建设的指导意见》，加大鼓励商业创新的支持力度，构建灵活的基础充电体系来满足丰富多样的新能源电动车的充电需求。在沈阳、大连等重点城市积极进行充电设施建设，特别是针对公共服务区域与高速公路。加速通过政府和社会资本合作等方式，为社会资本参与充电技术设施运营创造良好的条件。同时更要注意充电基础设施的实施运营也要根据环境灵活变化。

### 7. 建立动力电池梯级利用和回收管理体系

动力电池生产企业要实现对动力电池的梯级利用和回收管理，强化节约意识和环保意识，实行集约、绿色发展。建立与完善动力电池从回收到最终处理各环节管理标准与要求，严格遵守和执行相关的重金属污染法律法规。同时建立动力电池上下游企业回收管理网络与制度，鼓励企业共建、共享旧动力电池回收网络，降低产业成本，提高回收率。同时可以探索通过租金和押金等方式考虑强制回收旧动力电池等政策。

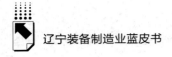

### （四）保障措施

#### 1. 优化组织协调

推动省新能源汽车工作联席会议的作用更进一步发挥，统筹推进发挥各相关部门与各级政府的积极作用，要求建立严格的指标体系，尤其是针对环境保护和实际运营便利性两方面来进行考核。统筹配合，共同提高效率。通过省汽车行业协会和省新能源汽车产业联盟促进省内产业链上下游企业的积极合作与协同创新，并建立长期、稳定的合作发展关系。

#### 2. 强化政策扶持

将国家发布支持新能源汽车的政策充分落实，切实解决新能源公交车运营补贴、商用和私用新能源汽车充电及服务价格等问题。为产业进行多元化融资拓宽渠道，积极设立新能源汽车产业投资基金。进一步发挥政府扩大新能源汽车应用的引导作用。

#### 3. 创新金融服务

鼓励金融机构建立适应新能源汽车行业特点的信用管理和信用评价体系，创立与创新为满足新能源汽车从生产到销售等各环节的金融产品。鼓励建立为满足新能源汽车需求提供相关金融服务的新能源汽车企业联合金融公司，同时支持民间组织对新能源汽车融资起到积极促进作用。

#### 4. 协调产需对接

统筹提升新能源汽车生产企业与购买客户之间、新能源汽车零部件生产厂商与整车生产企业之间产需对接能力与效率。促进供需双方合作共赢；打造开展新能源汽车产品、技术交流活动、促进成果和示范应用等有效途径；在各市积极建立新能源应用试点，支持各新能源汽车企业与政府积极合作，使政府在使用新能源汽车协调产需对接方面起到良好的带头作用。

#### 5. 加强人才培养

加强新能源汽车企业积极实行产学研融合，与各大科学研究所、高等院校进行合作学习交流，培养在电化学、新材料、汽车电子、车辆工程等新能源汽车所涉及的领域中所需的各类骨干人才，为新能源汽车领域培养一大批具有高能力、高素质的尖端人才。同时积极发展高校为企业培养骨干人才的计划，双向加强人才培养。

## 参考文献

刘锐：《基于专利视角的辽宁省新能源汽车技术创新发展态势研究》，《科学技术创新》2020 年第 24 期。

《辽宁省新能源汽车产业发展概况及规划》，http：//www. gev. org. cn/news/1384. html。

辽宁省工业和信息化厅：《辽宁省建设具有国际竞争力的先进装备制造业基地工程实施方案》，http：//www. ln. gov. cn/zfxx/zfwj/szfbgtwj/zfwj2011_ 136268/201901/t20190121_ 3423839. html。

# B.8
# 辽宁省重大成套装备业研究报告

刘雷 杨丽丽 王欣 赵娜 张诚*

**摘　要：** 辽宁省重大成套装备业有着良好的基础，本文介绍了辽宁重大成套装备业发展现状，指出存在部分产品产能过剩、创新型人才缺乏、核心竞争力有待提高等不足。对辽宁重大成套装备业发展，本文提出应提升产业创新能力、推进首台（套）重大技术装备研制和推广应用、鼓励企业开展工程总承包等对策，并给出保障措施。

**关键词：** 重大成套装备业　战略性新兴产业　共性关键技术研发

## 一　辽宁省重大成套装备业发展现状

辽宁省在新中国成立初期就建成了一套比较完整的工业经济体系，其中包括装备制造产业。重大成套装备业的发展主要经历了以下三个时期。

20 世纪 50 年代至 20 世纪 80 年代。此阶段我国正处在计划经济体制下，重大成套装备在封闭的条件下实行了进口替代战略，但是在此阶段，辽宁省研发、生产了一大批对国家整体经济和地方经济发展十分必要的大型成套装备，这段时间的发展是具有历史进步性的。

20 世纪 80 年代至 20 世纪末。此阶段是辽宁省装备制造业发展的飞跃

---

* 刘雷，沈阳工业大学管理学院副教授，硕士生导师，主要研究方向为科技与创新管理；杨丽丽，沈阳工业大学管理学院硕士研究生；王欣，沈阳工业大学管理学院硕士研究生；赵娜，沈阳工业大学管理学院硕士研究生；张诚，沈阳工业大学管理学院硕士研究生。

时期。这个时期我国的经济体制发生了变化，实施了对外开放战略，辽宁省大批的装备制造业企业开始从国外引进先进的工艺和技术，与此同时，自主创新也被许多的技术企业高度重视。

21 世纪初期。在《关于加快振兴装备制造业的若干意见》文件下发后，各个部门更加注重对装备制造业的振兴，随后重大成套装备协调办公室成立，同时设立专门的部门和机构来负责装备制造业的发展。在国家和地区部门的重视下，辽宁省重大成套装备业有了更高层次的突破和更高质量的发展。

辽宁省的工业发展中长期以装备制造业为支柱产业，现已形成了沈阳经济区、大连为龙头的沿海经济带两大经济区。辽宁省依托独特的基础优势，培育了众多重大装备制造产品，使辽宁省该类产品占比显著提升。就智能装备制造业而言，自动化装备、中高端数控机床的应用发展迅速，位居国内前列，为该行业的发展奠定了基础。此外，辽宁省逐渐实现了以企业为主体，以市场为导向，产学研相结合的重大装备业自主创新体系。2015 年辽宁省拥有 22 户国家级企业技术中心，省级技术中心为 294 户，发展速度突飞猛进，由此生产的具有国际水准的新产品逐步破解了国外市场技术的垄断。辽宁省政府十分关注装备制造业的发展，2015 年辽宁省政府财政资金所支持的装备项目有 60 多个，旨在提升整个装备制造业的发展。不仅如此，在"十二五"发展规划时期，辽宁省完成了对 70 多个海外项目的并购，总投资金额 10.52 亿美元[①]。以瓦轴集团为代表，瓦轴集团并购德国发展历史悠久的 KRW 公司为国内轴承行业并购国外企业开启了先河。

辽宁省的装备制造业行业体系逐渐健全，产业基础也更加雄厚。重大成套装备产品的制造已成为辽宁省装备制造业的重点领域，省内拥有北方重工、沈鼓集团、瓦轴集团、大连重工等许多著名企业。重大成套装备产品的制造和研发也位于全国前列，尤其是以冶金、输变电、石矿等为代表的大型

---

① 《辽宁省装备制造业发展"十三五"规划》，http://iic21.com/iic-zxbtz/index.php? m = Home&c = Articles&a = showart&artid = 77175。

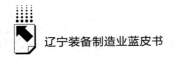

装备制造产品在国内外拥有较高的地位。此外，一些新兴的重大成套装备也在发展，如新能源装备、高端工程机械装备、节能环保装备。

## 二 辽宁省重大成套装备业存在的问题

### （一）部分产品产能过剩

辽宁省的高端智能装备制造业产品的总量供求基本可以保持平衡，但是产品供求内部结构严重失衡，高端的重大技术装备制造企业许多产品都需要依赖国外进口，这是因为省内多数企业的技术不过关，产品科技含量相对较低，处于我国高端装备产业链中低端的装备制造企业产品供过于求。高端重大技术装备产品代表了企业的创新综合实力和企业的自主创新能力，但对比国外企业的进口产品，辽宁省的重大技术装备产品还存在一定的技术缺陷。对许多重大技术装备、关键应用电子技术元器件、重要应用领域以及经济社会发展过程中所必需的高创新技术、高附加值的成套技术装备尚不具备自主研发和制造的能力，不得不依赖国外进口产品，依存程度相对较高。

### （二）创新型人才缺乏

辽宁的整体教育资源从全国范围来看并不靠前，就院校层次而言，大连理工大学和东北大学的创新研究与开发能力在辽宁省相对较强，但创新人才的输出与创新能力的发展仅靠这两所高校是远远不够的。我国的大部分高端制造业的研究开发人员主要聚集在北京、上海、广州和其他一些东部发展较快城市，就东北地区来说，创新人才优势不足，相关专业人才匮乏，这无疑对辽宁省装备制造业的稳步发展造成了不利影响。

### （三）核心竞争力有待提高

辽宁省重大成套装备业整体实力相对不足，产品附加值低导致其不足以满足快速发展的时代需求，智能化和信息化进程相对较慢，产品成本较高。

除此以外，在核心技术方面，受国外新进技术约束，而国内先进制造企业（如瓦轴集团）发展速度慢，缺少支撑快速发展所需的先进技术，形势不容乐观。从产品档次角度分析，重大成套装备业全行业发展相对缓慢，成果指标占比较低。具体而言，设备生产能力有待提高，低附加值的状态需要改进，高新产品的更新速度有待加快。产品档次不高对辽宁省装备制造龙头企业的发展及品牌优势的提升造成了较大的阻碍。从制造质量角度来说，可靠程度不高、管理精细化水平不足阻碍了辽宁重大成套装备业的发展，其中所需材料依赖于高精度、高性能的装备。以轴承技术为例，辽宁省大连机床集团年产机床数量多达 5 万台，而需要由国外进口的轴承占据比例较高，无形中影响到了行业的发展，这也是辽宁省重大成套装备业发展的劣势所在。

## （四）未实现协调发展

从能源消耗的视角进行分析，辽宁省是我国的能源大省，也是我国能源消耗比较严重的一个省份。从资源利用的视角进行分析，辽宁省资源利用主要包括原煤 69.8%、原油 27.5%、天然气 18%，水电只占 0.9%①，由此可见，低碳经济的比重相对较低。从服务业的视角进行分析，服务业对国家经济的发展至关重要，当前国内服务业占比约为 40.1%，而辽宁省的水平仅 36.6%，低于国内平均水平。而对于重大成套装备业发展比较重要的生产性服务业的比重只有 23%②。辽宁省的金融业发展比较滞后，导致重大成套装备业发展的资金不足，大部分企业迫于压力，会把大部分资金用于扩大再生产，无暇顾及企业产品的升级研发。

## （五）资源环境问题

辽宁省高端制造业发展仍然面临高投入、高消耗、高排放的问题，其

---

① 史鹏：《我国装备制造业能源管理中存在的主要问题及对策研究》，《现代工业经济和信息化》2015 年第 7 期。
② 荣宏庆、史苏、王宇：《辽宁省建设具有国际竞争力的重大技术装备战略基地研究》，《党政干部学刊》2018 年第 10 期。

中，重大成套装备业便是此类问题的代表。首先，经济的发展与资源息息相关，资源不足会严重制约经济发展。其次，辽宁省的节能环保技术以及绿色工艺等领域发展相对滞后，缺乏核心技术。最后，在当前的经济形势下，企业面临下行压力，对环境保护工作的投入会增加企业开支，企业向绿色生产转型的动力显然不足。

# 三 辽宁省重大成套装备业发展对策

## （一）发展原则

### 1. 突出政策性的指导

国家的政策环境对产业的发展影响颇深，任何一个产业的持续发展都首先需要国家相应政策的支持。在我国经济社会发展的新时代，为了不断优化重大成套装备业的发展，升级企业的自主创新能力，辽宁省政府给予了重要的政策性产业支持。2012年，辽宁省就出台了重大成套装备首台套的政策，同时下发了《辽宁省首台套重大技术装备专项补助资金管理暂行办法》，并安排了大量的资金，对重大成套装备的制造和研发给予支持。同时，配套实施了减免税赋的政策。随着省内政策环境的不断优化，重大成套装备业的发展也获得了基础性的支持和动力。

### 2. 推进企业综合能力提升

军民融合企业在辽宁省重大装备技术发展中凸显了重要作用。军民融合企业以雄厚的技术力量和先进的管理经验为支撑点，通过参与高端技术的创新发展，使企业不断发挥自身的主观能动性，提升了企业的综合能力，突出了企业在发展建设中的自主改革，逐步实现优势提升。

### 3. 强化自主研发实力

实现重大成套装备业的高效快速发展的必要条件就是要提高企业的创新研发能力。技术上的整体升级才能真正推进产业的进步。企业可以采取多种方式来提高自身的研发能力，首先，可以与高校进行合作，联合研发产品。

其次，可以与国外的先进企业共同进行技术研讨，取长补短，从多方面、多角度提升企业的自主研发能力，如通过建立各方对接平台的方式，推动军民融合，推动专利、专有技术等产业化，对民参军的项目提供人才培训、技术研究等支持。

### （二）发展重点

#### 1.输变电成套装备

重点支持发展输变电成套装备，如 1000kV 高压交流、大容量换流阀等特高压设备、避雷器等供电关键技术零部件、六氟化硫全封闭交流组合式变电器，重点支撑建设柔性直流输变电成套装备，建设智能电网，包括智能变电站成套装备等。

#### 2.光伏发电装备

重点支持发展柔性多端直流太阳输电光伏系统、高产能转化率光伏太阳能动力电池光伏组件、大型储能设备、光伏并网逆变器等大型并网光伏电站以及分布式并网光伏电站。

#### 3.核、风电装备

重点支持研究和发展大型先进核电成套技术装备，如更大型号功率的核主泵和变频器、阀、主泵壳体等相关的系统和材料。重点鼓励支持企业发展大型风力发电装备及其相关的智能控制系统，如大型风力发电机组整机及相应零部件变频器、储能电池、风机主轴、齿轮箱、偏航及变桨轴承等。

#### 4.冶金、石化成套装备

重点支持发展大型烧结、差厚板轧制及横切、高产球团焙烧等大型成套装备，相应配套零部件和超耐高温相关原材料等冶金成套装备。同时，重点发展成套石化装备，如海洋和陆地的石油钻取和开采设备、天然气和石油的长途运输管道、页岩气压裂大型成套设备、大型的天然气液化装备、大型炼油成套装备及相关的配套零部件。

#### 5.工程机械成套装备

重点鼓励企业发展大、中、小型隧道机械工程大型成套设备，大型沥青

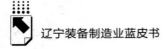

路面再生设备，大型装载机，多功能大型地面汽车起重机及轮式起重机，超高效率养路及修路机械等大型成套工程机械，相应配套零部件及相关材料。

### 6. 物料搬运成套装备

大力发展大型长距离、大运量、耐磨抗高温的（含钢管式）物料输送机，大型物料装卸车机和船机，大型物料堆取料机等成套搬运设备及相关零部件。

### 7. 矿山成套装备

注重大型设备的发展与创新，通过支持发展大型破碎粉磨设备、大型煤洗设备、大型煤矿砂石粉磨骨料成套生产加工设备、煤炭智能选矿综采生产设备等大型成套装备，提升核心业务水平。

### 8. 节能环保成套装备

重点支持和发展钢筋混凝土结构预制件综合生产、垃圾焚烧综合处理、工业工程固体废弃物、建筑工程垃圾处理资源化综合利用、废旧能源汽车和家电综合破碎、分选材料综合利用等成套技术装备及工业关键技术配套装备零部件。

### 9. 关键共性技术

大力发展核岛及其他常规的核岛主传动设备设计、验证、制造应用技术，以及5兆瓦以上的高等级智能风力发电设备机组主体整机结构设计、中压全功率变流器、超大型风机叶片气动及结构设计、模块化永磁风力发动机、高压和低压智能风力节电电机系统控制设计技术、大型工业三废处理技术、先进高强高温合金材料制造技术、高压比流量压气机制造技术、关键零部件抗损技术等。

## （三）主要任务

### 1. 提升产业创新能力

提高产业的创新能力，需要各个部门合作，要加强高校、科研院所和企业的密切合作，健全合作体系，找到辽宁省重大成套装备业发展的障碍点，有针对性地进行技术研发，联合攻关重大成套装备业发展所需的核心技术，为辽宁省重大成套装备发展提供技术支撑。

### 2. 推进首台（套）重大技术装备研制和推广应用

按照相关政策要求，充分利用国家出台的首台（套）重大技术装备政策，积极鼓励省内相关企业上报产品名称并列入重大技术装备推广应用目录。政府及其相关部门同时要做好有关研发补偿政策宣传的工作，财政等部门也要做好相关项目的申报任务，进而促进首台（套）重大技术装备工作的推广。

### 3. 鼓励企业开展工程总承包

鼓励工程总承包企业与装备制造企业进行合作，共同推进服务与制造的协同发展，鼓励企业大力发展重大成套装备工程总集成，促进企业转型，由生产制造型企业逐渐转变为服务型企业。

## （四）保障措施

### 1. 加强组织领导

辽宁省先进装备制造业基地建设工程指挥部负责对各项工程进行综合管理，省工业和信息化厅负责日常的管理工作，各个部门加强领导，落实指挥部事项，指导各市的建设，各省市有关部门要按照责任分工，推动各项任务有效落到实处。

### 2. 深化体制机制改革

加快推进政府职能结构转变，深化"放管服"体制改革，使国有企业的发展政策环境更加优化。深入开展有效降低新型实体民营经济运营成本专项行动，优化企业运营管理模式，增强企业盈利能力。依法整顿清理和严格规范企业行政事业性服务收费工作，减轻企业经营负担，维护公平竞争的社会环境。鼓励发展新型混合所有制实体经济，鼓励非公有制企业积极参与国有企业改革。支持发展新型民营经济，进一步扩大社会市场主体经济活力。

### 3. 推进产业转型升级

加快推进数字化、信息化融合，每年推进50项工业强基项目，为先进装备制造业的发展突破现有瓶颈。加强产业创新能力建设，促进科研成果高

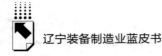
效转化和应用。发挥装备制造业产业合作机制的作用，推动产业链协同发展。积极争取国家科技专项资金重点支持，促进装备制造业产业链向高端化发展。

### 4. 提升对外合作水平

积极响应"一带一路"发展政策，加快推动辽宁装备制造业"走出去"战略，加快促进国际产能与国内技术的融合发展。建设一批国外发展制造基地，实施一批国内重点项目与国外先进装备技术融合项目。通过加大招商引资工作力度，围绕国际先进产业链补国内技术短板，重点以与苏京沪对口技术合作等项目为主要载体，加强与国内重点省份的技术对接与交流。此外，鼓励出口企业逐步加快实现由传统产品技术输出向高新装备技术输出、资本输出和现代服务业输出的模式转变。

### 5. 加快人才引进培养

建立和改革完善专业人才引进政策，通过健全激励机制，建立一批现代装备制造业人才库，加快提升各类中高级技术人才队伍、研发生产管理技术专家和高级技术管理团队、高级技术生产经营者和生产管理者等技能技术人才的占比，为促进重大成套装备制造业加快转型发展提供优秀的专业人才队伍支持和竞争能力保障。

### 参考文献

辽宁省工业和信息化厅：《辽宁省建设具有国际竞争力的先进装备制造业基地工程实施方案》，http://www.ln.gov.cn/zfxx/zfwj/szfbgtwj/zfwj2011_ 136268/201901/t20190121_ 3423839.html。

吴迪：《辽宁省重大技术装备发展研究》，《科技经济导刊》2019年第1期。

荣宏庆、史苏、王宇：《辽宁省建设具有国际竞争力的重大技术装备战略基地研究》，《党政干部学刊》2018年第10期。

# B.9
# 辽宁省装备制造业重点企业报告

丁文平　马燕婷　韩谦　侯强　刘雷　王欣　杨丽丽　赵娜　张诚*

**摘　要：** 辽宁装备制造企业发展迅速。本文选择辽宁地区装备制造重点企业进行介绍，分析企业的发展历程、主要业务状况、核心竞争力及发展特点，根据 2019 年的发展情况剖析企业存在的生产模式、创新能力、市场扩展等多方面问题，并提出企业的行业定位及发展展望。

**关键词：** 装备制造业重点企业　产品结构　核心竞争力　研发创新能力

## 一　沈阳机床股份有限公司

### （一）基本简介

沈阳机床股份有限公司于 1993 年 5 月由沈阳第一机床厂、沈阳第三机床厂、中捷友谊厂和辽宁精密仪器厂四家联合发起成立，并经沈阳市体改委批准设立为股份制企业，1996 年 7 月经证监会批准，发行普通股募集 5400

---

\* 丁文平，沈阳工业大学管理学院学生；马燕婷，沈阳工业大学管理学院学生；韩谦，沈阳工业大学管理学院学生；侯强，沈阳工业大学管理学院教授，博士生导师，主要研究方向为产业组织与战略；刘雷，沈阳工业大学管理学院副教授，硕士生导师，主要研究方向为科技与创新管理；王欣，沈阳工业大学管理学院硕士研究生；杨丽丽，沈阳工业大学管理学院硕士研究生；赵娜，沈阳工业大学管理学院硕士研究生；张诚，沈阳工业大学管理学院硕士研究生。其中一至三部分由丁文平、马燕婷、韩谦、侯强共同编写，四至九部分由刘雷、王欣、杨丽丽、赵娜、张诚共同编写。

万元，总股本超 2 亿元，在深圳证券交易所公开发行上市①。2019 年 12 月股东变更为通用技术集团，实际控制人变更为国务院国有资产监督管理委员会。

## （二）主要业务

沈阳机床股份有限公司主营业务为装备制造业，属于沈阳地区的重点支柱产业，也是国家重要的基础工业和战略性产业，主要产品覆盖传统机床及其零部件和智能化机床设备，经过不断探索，现已将业务拓展到工业服务、配套产品和行业的工业解决方案等领域。

公司不断创新经营模式，利用国有控股优势从传统的生产销售拓展到经营租赁、融资租赁等领域，顺应共享经济大潮，以数字化为支撑，公司正在探索价值分享等新模式为顾客提供产品和服务。公司积极探索机床设备与生产力共享，拓展应用场景精深化发展，提供行业解决方案和项目全生命周期服务，实现了与客户共创价值和共享价值。

## （三）核心竞争力分析

公司是国内机床行业的龙头企业，借助辽宁装备制造业完备的产业门类和产业体系，公司以机床产业园区为载体不断拓展业务布局，形成了以机床产品研发、机床制造、机床销售为支撑，以行业解决方案、全生命周期管理为特色，以供应链金融服务和功能部件业务为创新的全产业链产业布局。公司顺应智能制造大趋势，研发的 i5 智能机床享誉全国，并据此形成了良好的品牌形象和口碑，在智能制造领域处于领先地位。

### 1. 技术研发能力

公司根植于国家装备制造业基地，多年来积累了丰富的研发经验，拥有众多的合作伙伴和充实的研发队伍。多年来，公司遵循基础研发和市场导向

---

① 《沈阳机床（0410）上市公告书》，http：//quotes. money. 163. com/f10/ggmx_ 000410_ 178652_ 1. html。

并重、产品研发与工艺创新并重原则，在机床基础研发、材料研发、数控系统等领域拥有专业人才队伍，在国内具有较强的比较优势。与科研院所、高校以及同行形成了产学研用于一体的产业创新联盟，保证了企业进步的持续动力。

### 2. 市场能力

公司的品牌优势和服务网络具有明显的竞争优势，也形成了良好的市场地位，客户遍布海内外，资源规模较大，且在市场中拥有良好的形象。公司紧随时代发展趋势，持续进行产品升级和开发，满足顾客的定制化个性需求，不断提高顾客黏性，增强顾客忠诚度。公司不断开发新市场，以定制化和供应链金融为优势，为提升公司市场占有率提供了保障。

### 3. 人员能力

公司以员工职业生涯规划为依托，以人才引入和培育为通道，形成了良好的内部人才发展通道，员工差异化发展通道和个人价值实现路径并进，激励员工持续进步，形成了涵盖研发、生产、服务创新、金融等领域的专业化团队，为公司的突破性发展提供了人才保障。

## （四）2019年经营情况

在制造业已由高速增长阶段转向高质量发展阶段的大趋势下，公司紧跟供给侧改革实行发展方式转变、产品结构优化和发展动能置换三大工程，内部处于三种转换时期。机床行业由于受到全球贸易和经济形势的影响，发展环境变得严峻和复杂，行业总体呈现持续下行的趋势，这使行业处于整合阶段，并购破产成为常态，产业风险不断增加。

在内外部急剧变化的情境下，公司面临巨大压力，在国家及省、市领导的帮助下，公司通过治理层面保证企业生存发展，以智能制造和服务型制造为导向，坚持经营和重整并行，在保证司法重整的同时保证了运营。2019年是公司进入崭新阶段的一年，公司成为中国通用技术集团的子公司，形成了良好的上下游合作关系，公司也由"地方队"跃升为"国家队"。

### 1. 2019年总体经营情况

由于受到国内外复杂多边形势和公司内部重塑的影响，2019年公司实现营业收入10.02亿元，同比大幅度下滑，进行业务重整导致利润总额减少30.88亿元。截至2019年末，公司共拥有总资产72.12亿元，其中有11.08亿元属于上市公司股东净资产①。

### 2. 2019年主要工作情况

#### （1）推进完成司法重整工作，实现公司凤凰涅槃

延续2018年资金紧张的压力，2019年公司流动资金严重不足，正常生产运营出现困难，订单无法交付，投入不足导致生产循环停止，经营陷入困境。后由债权人起诉，公司进行为期4个月的重整。通过公司的司法重整，公司在引入战略投资人的同时，减轻了债务负担，优化了债务结构和资本结构，并与战略投资人母公司形成了良好的上下游关系，形成了战略协同。

#### （2）确保公司稳定运行，生产经营活动持续开展

多渠道保证公司资金稳定。针对公司流动资金偏紧、流通速度较慢的问题，公司转变思维处置了长期呆滞的资产，并对无用的资产进行变现，同时改变公司考核方式，将回款纳入二级单位的业绩考核，加大回款力度。总体上保障了公司的正常运行，应收账款规模也实现了稳中有降。

多方案维护人员队伍稳定。针对变革中的不确定性给员工带来的恐慌，通过领导干部深入一线了解员工利益诉求，并进行反馈，公司协调政府、重组方、战略投资人和银行等各方解决员工合理诉求。针对员工利益报账，从流程角度进行设计，每个环节都有各层次职工代表参加，保证与职工切身相关的利益部分能够做到员工有知情权、监督权和表决权。

努力维护上下游合作关系。供应商是保持生产稳定性的关键，客户满意是企业运营的目标。为保持与供应商稳定合作，公司积极将自己的发展意向和运营状况与供应商进行沟通，对公司政策进行解读，对付款方式进行说

---

① 《沈阳机床股份有限公司2019年年度报告》，https://pdf.dfcfw.com/pdf/H2_AN202004301 379077619_1.pdf。

明，对供应商关心的问题积极解答。为保证代理商利益，公司通过代理商会议，了解代理商的利益诉求，通过战略投资人担保加强渠道政策引导，提升合同履约率。

有序保障公司生产供应不中断。根据生产能力有序开展生产，按层次保证客户利益。优先安排预付款合同，保证按时交付；对产品的投入产出进行核算，在能力范围内提升资产周转率，增大短周期、投入小的产品比重，适当压缩投资大、周期长的产品比重。

（3）推动公司核心业务持续发展，增强市场竞争力

优化机床销售业务体系建设。进一步完善市场布局，面向市场变化重构市场细分，优化产品策略和价格策略，拓展二级渠道，完善售后服务。多种手段并进，在稳定市场占有率的同时还提升了顾客黏性。拓展产品线，技术资源售前售后同步支持，提升对顾客的吸引能力和引导能力。

推进5D智造谷等生产力服务平台建设。2019年，公司注重机床纵深演进，深耕机床应用场景，面向辽沈地区进行产业升级，借助地方政府和产业基金力量，共同建设5D智能制造谷。新增两项智能制造谷项目，形成有效聚集特点。

（4）注重产品开发，新产品新技术不断涌现

以智能化为引领，深入纵向合作，以客户定制需求为内容，进行数控机床、加工中心、远程制造和智能维护领域的合作研发，持续提升产品的适应性和质量，并满足高加工精度和高可靠性的要求。

以效率提升为目标，改进传统产品，开发设计新产品和储备技术方案。重点是面向新能源领域特色需求及新兴技术方案储备，在汽车发动机缸体盖专用机、卧式加工中心、龙门立加专机、镗车机床、固定工作台立加和双面卧加机床等领域进行改进。

（5）加强经营预算管控，提升公司运营能力

实施基于月度的预算控制制度，以资金控制为抓手，融合目标管理和预算控制手段，多维度压缩成本费用支出，以制度控制为贯穿，成本控制为核心，资金控制为手段，消灭管理中跑冒滴漏现象，优化资金运行周期，提升

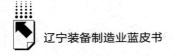

运行效率。以预算中的核心要素标准化为抓手，建立从编制到执行到考核到反馈到分析再到改进的闭环预算管理体系。提升预算组织保障和流程保障，建立组织体系、决策机构、日常牵头架构、执行机构、考核机构、监管机构等，并明确运算管理体系的运行流程。

### （五）发展展望

#### 1. 行业下行风险持续

新冠肺炎疫情和世界贸易格局的变化，对我国经济将产生一定的冲击，而对最为基础需求的机床行业的冲击将是多维度的叠加。同时我国经济增长方式在向高质量转变，传统的大规模投资支撑的高速增长将难以持续，而机床行业是投资拉动最为明显的行业，短期内面临较为明显的下行风险，并在一定时期内持续。

#### 2. 工作计划

公司应该以战略投资人的进入为契机，聚焦机床主业，充分利用自己多年积累形成的底蕴和潜力，充分借鉴和学习战略投资人的现金管理理念和经验，形成协同效应，将企业做大做强做优。

（1）总体思路

积极协同战略投资人的产业资源，挖掘现有机床产品、品牌、技术、客户、渠道、服务能力和品牌，充分利用资本市场的融资优势，坚持以机床为主业，探索纵深延伸，定制服务应用场景，将公司打造成为具有自主核心技术和竞争力的机床制造与服务领域排头兵。

（2）重点工作

服务国家战略，聚焦主责主业。面向国家高质量发展战略要求和供给侧改革需求，深耕机床主业，以智能化提升产品质量，以高精度提升产品档次，以自动化提升产品服务能力，以定制化应用场景为持续动力，有效形成进口替代，逐步扩大市场占有率，形成具有行业竞争力的品牌。

满足行业需求，聚焦细分市场。面向通用型产品，与渠道代理商共拓市场，以 i5 智能机床及工业互联网为基础进行市场开发，面向重点区域，以智能化升级为趋向形成服务能力。

面向定制化需求，依据自身的设计、制造和服务能力以及在工业互联网基础上的数据分析和处理能力，借助通用市场的渠道和制造能力，融入服务产业场景，打造专精特新的智能装备，为客户提供个性化解决方案。

聚焦主导产品，推动技术进步。面向智能化数控机床和数字化加工中心，以关键核心技术突破为重点，对标国际先进技术，以高精度、极端转速、远程维护和综合服务等为重点进行研发，形成新的市场和对进口市场的替代。面向有积累优势的领域，提升核心关键零部件的标准化、模块化、通用化水平，优化工艺方法，提高工艺效率，将多年积累的经验固化，形成知识储备并进行综合和传递，提升企业服务能力。

# 二 沈阳芯源微电子设备股份有限公司

## （一）基本简介

沈阳芯源微电子设备股份有限公司 2002 年由中科院沈阳自动化研究所发起创建，是国家高新技术企业，主营业务领域为半导体设备，涵盖研发、生产、销售和服务全流程，多年来主要致力于半导体装备和工艺的整体解决方案两大领域，曾连续两年被评为中国半导体行业十强企业。2019 年 12 月 16 日，公司在上交所科创板上市，成为"辽宁省科创板第一股"。

公司注册地在沈阳市浑南区，占地 2 万平方米，厂区主要功能区包括专业的集成电路工艺开发和检测实验室、半导体设备生产组装车间。公司依托中科院自动化所多年积累和细部领域深耕，形成了较为完善的自主知识产权体系，拥有的发明专利高达 151 项。公司作为国内领先和在国际有一定影响力的高端半导体装备制造企业，在涂胶机、去胶机、显影机、喷胶机、湿法刻蚀机、单片清洗机等领域拥有了自主、可控、完整的技术体系，面向市场形成了丰富的产品系列，并能够根据企业需求进行定制产品开发。产品广泛应用于半导体生产、高端封装领域，具有良好的工艺适应性。

## （二）主要业务

面向半导体专用设备的全产业链条形成了丰富的产品线，主要产品包括用于不同尺寸处理的单晶圆处理的涂胶/显影机、喷胶机等光刻涂胶显影设备和清洗机、去胶机、湿法刻蚀机等单片式湿法设备。

公司的标杆产品为光刻工序涂胶显影设备，经过多年积累可靠性不断提升，属于填补国内空白、打破国际垄断的重要领域，部分产品形成小批量替代，部分产品在国内知名大厂使用，形成了规模化的进口替代。

## （三）核心竞争力分析

### 1. 优秀的研发技术团队与核心管理团队

公司依托中科院自动化所，以梯队建设和项目支撑形成了完善的人才培养体系，尤其是通过国家和地方重大专项项目培养了半导体装备全流程需要的多学科人才。公司以优厚的待遇吸引同行业人才，依托公司优势科研资源整合社会资源形成了稳定的核心技术团队。公司多年的积累和管理人员相对稳定，对行业的发展态势和竞争格局有着明确的判断，在产品设计、开发、生产和销售等领域都拥有大量的专业领军人才，为公司技术发展和战略选择提供了保障。

### 2. 丰富的技术储备

2019 年，公司研发投入占应收的比例高达 16.45%，总投入超过 3500万元，凭借多年的专业经验积累和国家与地方的重大专项，公司在半导体装备的涂敷技术、喷涂技术、显影技术、精控技术、清洗技术等领域具备了核心技术，并拥有自主知识产权。截至 2019 年底，拥有发明专利达到 139 项，专利授权总数达到 174 项。[①]

### 3. 优质的客户资源

由于公司多方面的技术突破，部分产品已经达到国际先进水平，已通过主流芯片生产的工艺验证，以良好的可靠性、优秀的产品质量和高性价比，

---

① 《沈阳芯源微电子设备股份有限公司 2019 年年度报告》，https：//pdf.dfcfw.com/pdf/H2_
AN202004241378642118_1.pdf。

获得了优质的客户资源，客户包括宁波中芯、长江存储、青岛芯恩、昆明京东方、上海华力、上海积塔、厦门士兰集科、株洲中车等多个大客户。部分产品下游客户涵盖长电科技、台积电、晶方科技等国内一线大厂。公司在全国重点需求区域设置了办事处，以实现对客户需求的快速响应。

4. 较为突出的行业地位

公司参与了多项标准和规范的制定与编制，是电路产业技术创新联盟理事单位。公司获得"2018年中国半导体设备五强企业""全国第一批专精特新'小巨人'"等多项荣誉。同时依据自身的优势地位，与供应商建立了互赢的合作关系，具备较为充裕的原材料供应，保证了公司产业链的安全。

5. 高效的质量管控与服务保障能力

行业属性要求企业产品质量至上。为保障产品的可靠性、稳定性和一致性，企业建立了完善的质量控制制度，采用了严格的质量控制手段，多项产品通过了国际安规认证，成功挤入国际半导体供应商体系。公司建立了面向客户的快速响应机制，能够根据客户的要求进行产品升级和换代，在保证产品质量的同时提升了产品竞争力。

## （四）2019年经营情况

公司以"为客户创造价值"为使命，坚持"客户第一、奋斗为本、诚信合作、专业精品"的企业精神，以设备全流程为支持，持续发挥企业的经营优势，以基础研发和客户需求的双向响应推进产品创新，发挥高科技优势进行精益化管理，引入先进内控管理机制，实现公司稳健发展。

截至2019年底，公司资产总额超过9.3亿元，归属于上市公司股东的净资产超过7.5亿元，2019年公司实现营业收入超过2.1亿元，在国际贸易环境恶化条件下，实现营业收入增长1.51%；归属于上市公司股东的净利润近3亿元，较上年同期下降3.94%。[①]

———————————

① 《沈阳芯源微电子设备股份有限公司2019年年度报告》，https：//pdf. dfcfw. com/pdf/H2_AN202004241378642118_ 1. pdf。

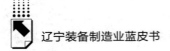
从发展质量的角度看，2019 年，公司获得"全国第一批专精特新'小巨人'""2018 年中国半导体设备五强企业""2018 年中国半导体设备行业十强单位"等多个称号，这些称号能够充分体现出公司拥有的先进技术水平和突出的行业地位。

## （五）发展展望

### 1. 巩固传统优势领域，扩大市场销售规模

公司在集成电路制造的细部领域积累了丰富的产业发展经验，依托多维组合和应用创新、产品的高性价比和售后服务的快速优质响应，顾客黏性持续提升，在行业内已经具有较高的知名度，与国内外知名的多家客户保持了长期稳定的合作关系。公司面向产业前沿和技术发展趋势，持续进行产品研发，丰富产品线，深耕差异化，持续提升产品竞争力，市场规模持续扩大。面向特定优势领域，公司不断探究新的市场细分，紧跟行业发展新趋势，不断推出新产品，在新市场细分市场占有率稳步提升。在稳定国内市场的同时，积极培育和拓展海外市场，建立海外销售体系，提升产品的国际影响力。

### 2. 抓住产业新机遇，加大研发投入

从产业发展的角度，半导体设备的国产化将成为大趋势，这为公司带来了新的发展机遇。公司当前处于领先地位，在持续研发，提升设备技术等级的同时满足客户的特性需求，保持企业的持续竞争优势，增加顾客的认可度和市场渗透率。联合同类企业和上下游企业共同建立测试验证平台，压缩研发、生产和产品检验的周期，建立竞争的时间优势。公司融入国内供应链，通过联合开发保证核心部件的供应安全性，增强产业的可控性，进而提升产品的核心竞争力。

### 3. 人才团队与研发能力建设

依托中科院自动化研究所，公司拥有较为强大的人才队伍、丰富的人才管理经验，形成了较为完善的人才培养机制。但公司处于增长期，建设高端人才团队迫在眉睫，急需培养、储备一批研发、设计、产品制造、工艺优化与

应用等多学科的专业人才，形成面向半导体设备行业全产业链条的技术团队。公司为吸引人才，拟采用股权激励的方式，提升核心团队的凝聚力和积极性。

4. 建立完善知识产权和商业秘密保护体系

半导体设备的制造是一个跨多学科的体系，设计和制造的难度均较大，公司已经在很多领域形成了技术优势，具有一定的技术壁垒，知识产权和商业秘密是公司持续优势的防火墙，因此从员工、产品、工艺、制度等领域建立完善的知识产权和商业秘密保护体系已成为公司亟待解决的问题，以防止核心技术的流失。

# 三 新松机器人自动化股份有限公司

## （一）基本简介

新松机器人自动化股份有限公司 2000 年成立于沈阳，是一家以机器人研发及高端数字智能装备为主的高科技企业，2009 年公司在创业板上市。在中国企业评价协会发布的《2020 中国新经济企业 500 强榜单》中，沈阳新松机器人自动化股份有限公司排第 280 位。公司的主营业务为相互交织的两大板块，一个板块为机器人及其数字化解决方案，另一个板块为面向智能制造、半导体装备、国防安全及消费服务领域提供智能化产品及服务。

## （二）主要业务与核心竞争力

面对智能化、信息化、数字化和网络化制造的新趋势，公司以机器人及数字化工厂解决方案为主要业务，致力于为全球客户提供全智能化、数字化的产品及服务。公司注重人工智能技术赋能的应用场景，充分利用工业互联网和大数据技术，依托 5G 网络的支持，实现机器人、智能制造与应用场景的融合，形成集创新开发、产业应用和金融支持于一体的生态系统。

1. 机器人业务

主要面向工业机器人、移动机器人、特种机器人、服务与医疗机器人四个领域开展业务。在工业机器人领域，通用机器人和协作机器人并重发展，通用机器人主要是为人工成本高和工作环境危险的领域进行人工替代，提升效率保证安全，协作机器人主要面向高精度柔性化生产线领域进行定制开发。在移动机器人领域，主要推进搬运型和装配型机器人的开发，已形成丰富的产品线，广泛应用于汽车、化工、高铁机车和电力等领域。在特种机器人领域，主要是为提升国防设备的智能化和无人化，通过专用定制化开发方式达到标准要求。在服务与医疗机器人领域，主要面向与人交互的领域和医疗领域进行开发，前者主要拓展家用、公共服务、零售和政务领域的应用，后者主要面向智慧医疗和智慧养老领域拓展。

### 2. 数字化工厂业务

面向智能化应用场景，与生产、物流、交通领域展开深入合作。在生产领域体现为智能装备的开发和应用，在自动化生产、数字化制造、智能切割和监测等领域拓展应用场景。在物流领域主要面向制造与商贸物流的分拣、输送、搬运和信息等领域的融合与拓展应用。在交通领域的融合主要体现在综合监控系统、轨道交通自动售检票系统和屏蔽门系统等方面。公司充分发挥集智能技术、核心部件、软件开发和行业解决方案于一体的全产业链价值优势，通过大数据、人工智能、边缘计算等技术，以机器人和智能装备为载体，为用户打造完整的数字化工厂系统解决方案，推进制造企业及其相关服务业的智能化和数字化转型。

### 3. 工业软件与控制平台

以物联网和大数据为技术依托，建设工业软件和控制平台，以开放性和灵活性为特点，以模块化和可升级为基础，以自主可控互联网物联网控制系统为载体，将运动控制、机床加工、机器视觉、测量技术、安全技术和状态检测等集成于一个软件平台，打造端—边—云的智能制造解决方案，建立全体系的自主可控平台。

### 4. 半导体装备业务

该业务为公司实现技术突破的重要领域。典型代表是以洁净机器人为主的领域，洁净机器人已形成系列产品，广泛应用于生物制药、IC 装备和电子等领域；首套柔性 OLED 机器人进入高端柔性屏幕生产线；AMHS 系统为半导体提供了高效智能的物料运输解决方案。这一业务领域将不断拓展，实现从供应商到系统解决商转变。

## （三）2019年经营情况

受到国际贸易形势与全球经济下行压力加大的影响，在国内转型升级和国内外需求放缓的约束下，2019年公司积极探索，从市场角度出发，在巩固既有市场的同时不断挖掘潜在的机遇，从产品线领域扩大到技术领域与探索新产品，依据应用场景定制化开发新的业务增长点。

2019年公司实现营业收入27.45亿元，在固定资产投资放缓和部分项目延期等多重压力下，比上年同期下降11.29%；公司在半导体领域和新产品开发领域加大研发投入以及为新公司设立增加开支，导致归属上市公司股东净利润比上年同期下降34.81%，为2.93亿元。①

## （四）发展展望

### 1. 坚持技术创新提升核心竞争力

公司面向智能化、数字化的趋势，以物联网为背景，巩固既有产品的核心技术优势，持续探索产品与技术创新，完成核心技术的自主化，以市场需求为导向，实现产品的迭代与更新，拓展产品系列优化产品生产线。扩大机器人和工业软件等核心技术在具体应用场景的技术和产品储备，强化机器人和智能技术与工业互联网的整合，形成差异化竞争优势。

### 2. 激发新兴市场的发展活力

以机器人、智能制造、数字工厂和工业软件为依托，关注经济发展新动向，在我国重点布局的新兴市场领域形成应用场景下的新领域，如新能源、医疗、公共服务、航空航天等，探索客户需求，纵深发展拓展新产品线，拓展潜在客户群体，扩大产业规模。

---

① 《沈阳新松机器人自动化股份有限公司2019年年度报告》，https：//pdf. dfcfw.com/pdf/H2 _ AN202004261378680519_ 1. pdf。

### 3. 扎实推进全球化的发展战略

以"一带一路"倡议为背景和发展诉求，面向东南亚和欧洲等国际市场，加强市场布局和营运能力，以分公司和子公司建设为依托，全球布局研发和生产基地，针对不同市场特征采取差异化拓展策略，融入全球机器人和数字化工厂发展体系，实现产品竞争力和品牌影响力的双提升，同时完善供应链体系，做好知识产权和商业秘密的保护，提升供应链整体安全水平。

## 四 中国航发沈阳黎明航空发动机有限责任公司

### （一）发展现状

#### 1. 企业主要业务情况

中国航发沈阳黎明航空发动机有限责任公司（简称中国航发黎明）隶属于中国航空发动机集团有限公司，地处沈阳市大东区，企业共拥有在岗员工1.2万余人，主要业务涵盖航空发动机、国际业务与民机等多个领域，占地100多万平方米。

1919年的奉天军械厂是公司前身，由张作霖创办，正式成立时间是1954年。作为新中国的第一家航空涡轮喷气发动机制造企业，曾接受过党和国家领导人视察。

公司涉及多种型号发动机的研发制造，有力支撑了我国国防的建设。以核心技术为基础，公司在发展过程中逐步形成了完善的体系化生产制造技术，为发动机批产事业与科技研发事业提供了有力支持。公司装备先进，拥有一流的专家技术团队和一流的数字化装备以及高技术设备等，掌握了多项先进核心技术，包括试车技术、修理技术、发动机装配技术、机匣加工技术等，为公司未来发展打下了坚实基础。

#### 2. 企业经营及效益情况

（1）资产负债情况

中国航发黎明在2016~2019年，总资产除2017年有略微下降外，整体呈现递增的趋势，2019 年企业总资产超过 200 亿元，并且企业的资产负债率呈现下降的趋势①。具体情况如图 1 所示。

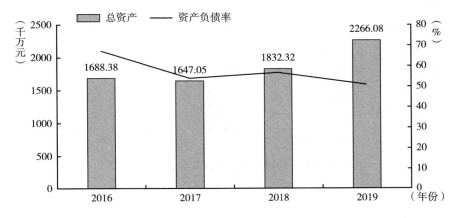

**图 1　2016~2019 年中国航发黎明总资产及资产负债情况**

（2）营业收入情况

2017~2019 年，中国航发黎明的营业总收入呈现"凹"字形的发展形态，在 2018 年出现下大幅度的下降，但 2019 年又呈现大幅上升并超越了 2017 年，突破了 120 亿元，经营状况有所好转，如图 2 所示。

（3）净利润情况

中国航发黎明的净利润在 2016~2019 年呈现增长的趋势，虽然 2018 年营业收入出现了下降趋势，净利润却只增不减，在 2019 年又呈现大幅上升趋势。具体情况如图 3 所示。

## （二）发展特点

### 1. 产品结构不断扩展

公司主要产品（产业）包含领域较为广泛，涵盖燃气轮机领域、国际业务与民机领域、航空发动机领域等。公司拥有"涡轮喷气式发动机摇篮"

---

① 数据均由该上市公司年度审计报告整理得出，http：//www.sse.com.cn/assortment/stock/list/info/announcement/index.shtml？productId=600893。

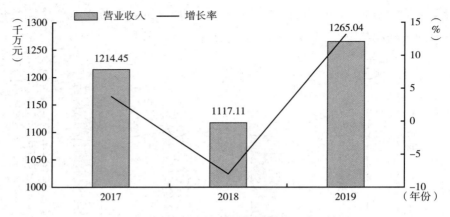

图2 2017～2019年中国航发黎明营业收入情况

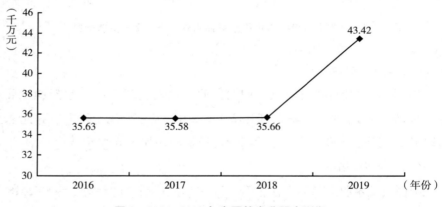

图3 2016～2019年中国航发黎明净利润

的美誉，承制生产了我国拥有自主知识产权的第一台涡喷发动机和我国自主研发的第一台大推力涡轮风扇发动机，并且自成立以来研发制造、改进仿制了多种型号的发动机。公司还承担包括航空动力、燃气轮机等研制任务，为我国的国防建设提供了重要支撑。

2. 切实承担社会责任

公司以实现企业与员工、环境、社会的共赢、健康、和谐发展为目标，做到自身与社会的发展、经济与社会的效益、短期与长远利益相协调。为达到目标，公司在八项社会责任管理工作的重点工作领域做出努力：提升维持长期性盈利的能力；注重产品质量与服务水平的提高；坚持诚实守信，合法经营；促进技术突破，加强自主创新；推进绿色发展；依法保护职工的权益；对生产过程中的安全问题进行保障；积极投身社会公益事业。

### 3. 人才培养逐渐优化

公司人才队伍建设工作通过聚焦公司发展战略，把服务公司发展作为人才队伍建设和员工发展工作的根本出发点和落脚点，创新人才工作机制，扎实做好人才队伍建设的基础性工作，要在人才引进、人才培养、人才使用、人才发展等各项工作上取得积极成效，为保证公司管理与技术创新、型号与任务完成、经济与效益提升提供有效的人才支撑。

### 4. 改革发展意识日益增强

2016年，中国航空发动机集团组建成立，"两机"重大专项正式启动实施，充分体现了党中央、国务院、中央军委实现航空发动机自主研发制造的决心。公司顺应时代的发展，紧跟国家政策方针，确定公司的发展思路是"主线要坚持，支撑点要夯实，持续三个创新的推动工作，加大四个严控的强化力度，着力推动五大体系的建成，争取早日达成六个一流的实现"，以规划目标作为发展的引领，以措施和数据为依托落实行动，以坚定的信念和强大的定力坚守使命。

## （三）存在的问题

### 1. 合作能力有待增强

中国航发沈阳黎明航空发动机有限责任公司是对行业知识和科技发展水平要求较高的企业。在发展过程中，不应只考虑企业自身发展条件，忽略产业链发展所带来的附加价值。应学会如何更好地汇聚、分配、利用资源，实现合理配置优化，加强企业间、产业链间的良好合作，在自身发展的同时，推进行业和产业共同发展。

### 2. 发展体系的创新能力有待增强

公司在发展的过程中应对发展体系进行适当创新，顺应时代发展趋势，

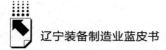

如可以尝试引进配套企业，拉长产业链条，丰富自身的发展模式，以多元化发展作为打造目标，提高整体产业的价值。将营销、制造、信息、工程技术等专业服务组织在实际发展过程中与企业发展体系相互融合，提高企业的发展手段，促进企业实现全面发展。

### （四）发展展望

公司将秉承"动力强军、科技报国"使命，践行成为在航空发动机领域的一流集团的愿景和目标，贯彻落实公司的发展战略，即以创新驱动发展、以质量取得胜利、以人才推动企业发展，积极迎接新挑战，顺应时代变化。

#### 1. 动力为本

发动机是立业之本，坚持以航空发动机业务为发展核心，并实现军民协同发展。

#### 2. 创新求变

创新是发展之源，不进则退、不进则废，根除不思变、不求变、不敢变的旧观念、旧思维、旧文化，培育强调创新的发展观念、思维，推进公司不断进步。

#### 3. 质量至上

质量是企业之基，以装备质量综合工程为引领，建立健全质量保障体系，筑牢基础、强化质量管理，培养严慎细实的工作作风，用人品塑造精品，重点提升产品与服务，提升企业核心竞争力，提升部队作战力。

#### 4. 人才发展

人才是强企之根，坚持高端引领、科学管理的用人导向，深化用人制度改革，努力打造覆盖公司核心专业技术的科技人才梯队，促进人才活力的激发和加强，重视激发员工工作的主动性、创造性，企业的发展成果与员工共享，使员工与企业一同进步。

表1　2016~2019年中国航发黎明年报相关数据

单位：千万元，%

| 项目 | 2019 年 | 2018 年 | 2017 年 | 2016 年 |
|---|---|---|---|---|
| 营业收入 | 1265.04 | 1117.11 | 1214.45 | 1170.26 |
| 增长率 | 13.24 | -8.02 | 3.78 | — |
| 营业成本 | 1118.65 | 984.27 | 1079.30 | 1024.68 |
| 净利润 | 43.42 | 35.66 | 35.58 | 35.63 |
| 总资产 | 2266.08 | 1832.32 | 1647.05 | 1688.38 |
| 总负债 | 1152.60 | 1039.85 | 889.40 | 1135.08 |
| 资产负债率 | 50.86 | 56.75 | 54.00 | 67.23 |
| 现金流量净额 | 180.04 | 89.60 | 138.43 | 203.29 |

# 五　中航沈飞股份有限公司

## （一）发展现状

### 1. 企业主要业务情况

中航沈飞股份有限公司（简称中航沈飞）是一家集科研、生产、实验、试飞服务保障为核心的航空产品制造公司。公司于1951年注册创建于沈阳，占地390万平方米，被誉为"中国歼击机的摇篮"。公司将航空制造技术发展趋势和高端航空产品研制需求作为自己的洞察方向。为面向新一代航空产品研制体系，研制了以智能制造为核心的自动化装配、多项目协同加工的制造和集成平台，在飞机装配集成和复合材料加工制造等方面处于国内外领先地位。公司建设了国内首条集数字化、自动化的航空装备生产加工线，填补了我国航空装备制造业在尖端领域中的空白。

### 2. 企业经营及效益情况

（1）资产负债情况

中航沈飞在2015~2019年，各年总资产均超200亿元，因为公司在2016~2017年实施重大资产出售及发行股份购买资产并募集配套资金，因此资产负债率在 2016～2017 年有大幅上升，2018～2019 年趋于稳定，并且总资产有所增加，资产负债率有所下降[①]。具体情况如图 4 所示。

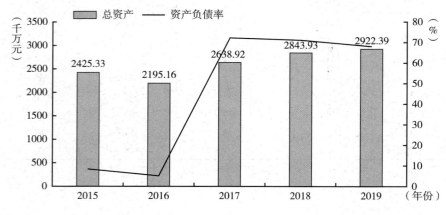

图 4　2015～2019 年中航沈飞资产负债情况

（2）营业收入情况

因中航沈飞在 2016～2017 年实施重大资产出售及发行股份购买资产并募集配套资金，因此 2017 年营业收入迅速增长，并在之后三年营业收入均达到 190 亿元以上。到 2018 年营业收入突破 200 亿元。

2015 年、2016 年中航沈飞的主营业务行业是汽车制造，自 2017 年起，中航沈飞的主营业务行业是航空制造业，其营业收入和增长率情况如图 5 所示。

（3）在职员工情况

中航沈飞作为一个大型企业，其在职员工人数在 2017 年实施重大资产出售及发行股份购买资产并募集配套资金之后突破了 14000 人，并趋于稳定。大专以上员工比例也呈现相同的发展趋势，如图 6 所示。

该企业的在职员工主要包含 5 类，分别为生产、销售、技术、财务及行政人员。2015～2019 年，生产人员占全体员工的比例一直保持稳定的状态，

① 数据均由该上市公司年度审计报告整理得出，http：//www. sse. com. cn/assortment/stock/list/info/announcement/index. shtml？ productId＝600760。

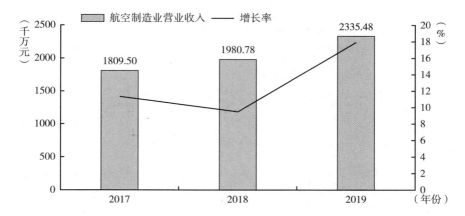

图 5 　2017~2019 年中航沈飞主营业务行业的营业收入和增长率情况

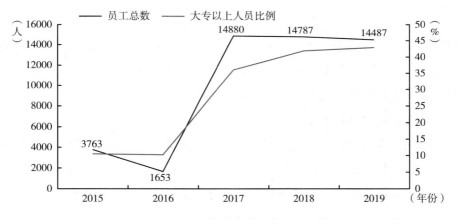

图 6 　2015~2019 年中航沈飞在职员工情况

且所占比重最大。其他 4 类人员发生了一定的变化。2015~2017 年，技术人员占比上升，销售人员占比下降，2017~2019 年各类人员占比均趋于稳定。具体情况如图 7 所示。

## （二）发展特点

### 1. 生产模式不断扩展

公司在大型构件数控加工、仿真技术应用、飞机系统制造等数字化制造

175

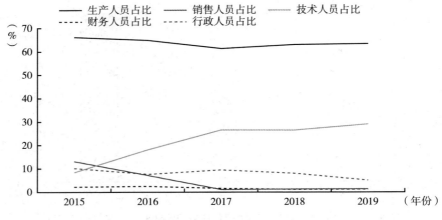

**图7　2015～2019年中航沈飞各类员工占比情况**

体系方面努力实现跨时代的发展，在航空装备制造方面拥有从科研到生产一体化的能力，在行业中拥有较强的核心竞争力与领先地位。公司致力于先进的智能生产模式，针对不同型号装备的需求，能够快速展开零件精准制造、集成装配系统等技术操作，深入推动自动化、智能化双向发展。

### 2. 创新能力不断提升

公司拥有国家级企业技术中心实验室，并且在数字化制造应用、复合材料、飞机设计技术等方面拥有多项国家新发明、新专利。拥有超强的快速制造航空装备能力，多次荣获国家级科技进步奖和国防科技进步奖。

### 3. 历史沉淀丰富

中航沈飞一直肩负着引领国防航空工业事业不断壮大的使命。半个多世纪以来，公司始终承担共和国国防事业重点航空防务装备制造的光荣任务，与共和国国防事业共成长。公司在民用航空领域也有了较大突破，在民航航空产品的生产、销售以及研发方面均积累了丰富大量的经验，并在国内处于领先水平。

### 4. 试验试飞能力强劲

公司拥有的载机实验体系具备故障定位、成品单项装前实验等重要技术。此外，公司开发了能够对载机进行全自动跟踪和飞行姿态测量遥测实时监控平台。同时开发了气象信息以及试飞数据处理等用于专项调试试飞的应用系统。

### （三）存在的问题

#### 1. 管理效率有待加强

由于公司生产的产品要求精度高，所以产品大多结构复杂，一个产品所需要的多种复杂工艺技术之间相互联系、相互影响，形成一个整体。所以中航沈飞企业管理最大的特点就是管理复杂性，因此公司在确保安全生产的同时也要提高管理的效率和科学性，强化航空事业的利用效果和信息交换，使航空发展更上一层楼。

#### 2. 研发创新能力有待提高

航空产品的相关制造能力随着航空产品的快速发展也在逐渐改革和前进。公司必须积极地引进或自主开发新的技术以满足企业对其产品发展的更高层次要求。例如，引进智能化控制系统，减少设备反馈问题的时间，充分提高企业的生产能力，促进企业全面发展。

### （四）发展态势

#### 1. 加快新产品研发，发展高端制造

公司为持续快速健康发展，加强对生产过程管控，有序推进对新型号产品的投入研制工作，丰富装备谱系。在健康发展过程中保障建设稳步实施，有效促进了科研生产和经营研发，强化了一批重点型号产品的生产能力建设与延保条件。

#### 2. 质量管理稳步提升

建立完整、明确、严格的质量管理体系，充分发挥质量管理体系的功效，严格落实质量管理责任制度。通过自主质量控制系统把握好产品质量，推进工程质量实现综合提升；复合材料制造、飞机钛合金尾段制造、电子束焊接装备等技术方面取得了突破，先进技术应用成效明显；稳步推进运营控制中心信息化建设，持续强化与集成各类信息系统。

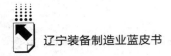

### 3. 落实航空工业集团战略部署

在管理系统流程应用方面平稳推进与持续深化 AOS 运营和企业战略规划。同时建立和健全管理人员领导能力管理体系，推动管理体系稳定、健康发展。此外，还强化财务的成本控制、降本增效以及财务管理能力，推进加强财务管理控制体系，协同提高公司的运营能力。

### 4. 党建工作不断加强

坚持把党的政治建设摆在首位，严明政治纪律和政治规矩。在日常工作方面，全过程牢固树立"四个意识"，坚定"四个自信"，全面组织加强习近平新时代中国特色社会主义思想的学习，积极培育健康的党内政治文化。

## 六　金杯汽车股份有限公司

### （一）发展现状

#### 1. 企业主要业务情况

金杯汽车（全称金杯汽车股份有限公司）位于辽宁省沈阳市，品牌最早可以追溯到 1989 年。该公司重视"引进、消化吸收再创新"的创新形式，是国内唯一通过该形式发展起来的商用车品牌，采纳并应用了丰田的技术、模具还有管理方式。

金杯汽车秉持"品质先，方敢天下先"品牌理念。金杯汽车在 1991 年正式开始投入生产，至今已 30 多年。金杯汽车已经打造出中国轻型客车市场中产品线最丰富且全面的品牌：金杯汽车有三个整车平台，即金杯海狮 H1、H2 以及商用轻型客车阁瑞斯；车型更是丰富多样，包含客运、高档商务、交通行政执法等数个领域。其中，金杯海狮系列产销量做到了我国同行业中连续 15 年第 1 名。到 2010 年时，金杯汽车在客车市场登记在册的数量突破了 100 万辆，逐步发展成为轻客第一、商用车领航的知名品牌。

2. 企业经营及效益情况

（1）资产负债情况

金杯汽车在 2015～2016 年，总资产均超 100 亿元，资产负债率维持在 90% 以上，2017 年的报告期末，因为公司股权发生变动，金杯车辆公司被剥离了股权，造成了公司的资产总额短期内大幅度下降，对比年初，下降了近 48%。2018～2019 年，公司总资产仍旧呈下降趋势，但资产负债率也有所减少①。具体情况如图 8 所示。

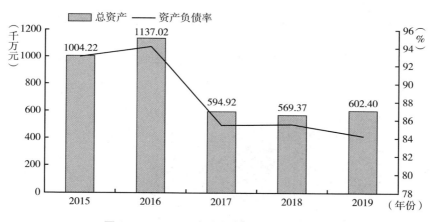

图 8　2015～2019 年金杯汽车资产负债情况

（2）营业收入情况

报告期内，金杯汽车的营业收入均超 45 亿元，其中 2018 年营业收入达到最高值，约 61 亿元。此后，该公司营业收入增长率呈逐年下降趋势。5 年内金杯汽车的营业收入增长率变化较大，经营状况不稳定，如图 9 所示。

报告期内，设计、生产以及销售汽车的零部件是金杯汽车的主营业务，产品主要为汽车内饰业务、座椅业务以及零部件机加工业务等。2019 年，金杯汽车各类产品的营业收入占比情况如图 10 所示。

---

① 数据均由该上市公司年度审计报告整理得出，http://www.sse.com.cn/assortment/stock/list/info/announcement/index.shtml? productId=600609。

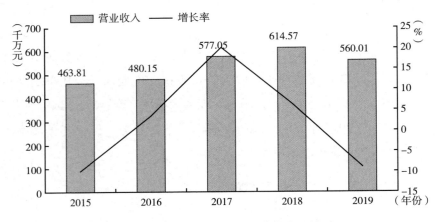

图9 2015~2019年金杯汽车营业收入情况

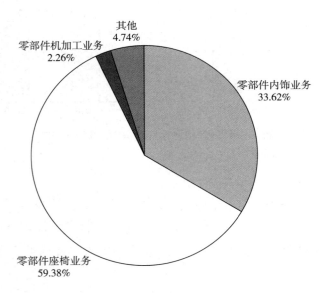

图10 2019年金杯汽车各类产品营业收入占比

（3）在职员工情况

金杯汽车作为一个大型企业，其在职员工人数超3000人。2015~2019年，该企业在职员工总人数呈逐年下降的趋势，2017年时，人员减少幅度

最大，主要是由于剥离金杯车辆公司所致。但这 5 年中企业的大专以上员工
比例呈上升的趋势，如图 11 所示。

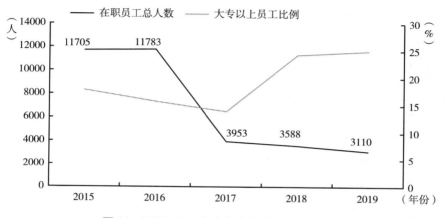

**图 11　2015～2019 年金杯汽车在职员工情况**

该企业的在职员工主要包含 7 类，分别为生产、销售、技术、财务、行
政、后勤及其他人员。2015～2019 年，只有财务人员占全体员工的比例一直
保持相对稳定的状态，其他 6 类人员发生了一定的变化，如图 12 所示。

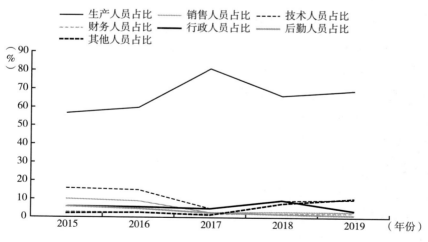

**图 12　2015～2019 年金杯汽车各类员工占比情况**

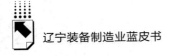

## （二）发展特点

### 1.聚焦主业，优化业务结构

公司的目标是"聚焦主业"，围绕该目标公司对业务结构布局进行了优化，把公司的主要产业集中在汽车零部件相关领域，适时地完成了"西咸产业园"和"金杯房屋"两个非主营业务的子公司股权战略性转让，优化了已上市公司的业务结构布局，集中公司资源和精力，加快推进主业提量增效，提高公司的核心竞争力。

### 2.进一步完善公司治理

公司按照程序对董事会和监事会成员进行了换届选举，新增了职工董事职位，对组织机构设置进行优化，聘请新的高级管理人员。与此同时，公司对高层的管理制度进行了调整，明确了相应的权限，完善了公司治理，优化了公司结构，公司的决策效率也得到大幅提升。

### 3.积极推进定向增发股票

2019年11月22日，中国证监会发行审核委员会审核通过公司非公开发行股票的申请，2020年1月17日，公司收到了中国证监会发行审核委员会的核准批文。此次股票发行对公司的资本结构优化以及主营业务的发展提供了强有力的资本市场支撑，有利于公司不断提高核心竞争力、资本增值能力以及风险承担控制能力。

### 4.重点零部件企业稳健运行

管理业务层面，为提升订单的管理效率，金杯延锋对产品供应链进行优化，这一举措可以为公司节省上百万元的资金。2019年公司内饰配件废品损失总金额占全部内饰总成本的0.32%，对比2018年，下降了20%；金杯安道拓通过VAVE（价值分析法与价值工程法）以及持续改进，提升了13.2%的直产效率和30%的辅产效率。业务项目层面，宝马新3系汽车门板、中控X2仪表板和发泡项目都顺利投入生产，并且完成了批量生产；与此同时，还获得了宝马X5仪表板、门板、中控、整椅及头枕多项业务。产品研发层面，金杯安道拓获得"沈阳市级企业技术中心"认定，新增加多项专利相关证书以及计算机软件著作权，并与宝马合作联合研发了五系虚拟控制座椅。

### 5. 专用车业务持续向好

企业若想长久经营，质量必须过关，长庆专用车通过了环境影响评估以及安全评价验收。另外，产能多与少是公司盈利的关键，为了提高产能，公司对重点设备进行了技术改造，聘用了一批"高、精、尖"人才。为形成新的行业利润增长点，公司还开拓发展与中国石油天然气集团有限公司的车辆租赁业务以及运油半挂车销售业务和汽车维修业务。

## （三）存在的问题

### 1. 行业景气指数下滑风险

汽车零部件行业的发展趋势是与汽车整车市场的景气指数息息相关的。一方面，国内汽车产业经过多年的持续性快速增长，已从发展阶段逐步迈向成熟阶段，国内汽车市场的产销量增长速度有所下降；另一方面，由于受到新冠肺炎疫情影响，如果将来汽车市场的景气指数持续下滑，公司的汽车零部件相关业务的发展和经营情况将会受到不利的影响。

### 2. 成本控制的压力

成本控制是成本管理的一部分，汽车零部件企业的议价能力本就不高，再加上原材料价格普遍上涨而整车厂又在降低成本，双层重压之下，公司产品的成本控制就显得尤为困难。除此之外，伴随着汽车的产品生命周期不断缩短，零部件企业的研发成本分摊周期也随产品生命周期的缩短而变短，这就造成了零部件企业制造环节的成本大幅提高。

### 3. 质量风险

2013 年 1 月 1 日，国务院发布了《缺陷汽车产品召回管理条例》。这一条例的颁布体现出国家越来越重视汽车产品质量，国家对汽车产品质量的监管力度在不断加大，监管范围也越来越广，零部件企业就被纳入产品召回管理条例规定的内容中。这就要求公司在保质保量的情况下精益求精追求完美，减少乃至避免召回情况。

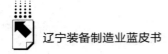
**4. 高端人才短缺风险**

高端人才是公司的领头人，如果公司缺乏高端人才，公司可能会止步不前，因此要想方设法地引进人才、留住人才。公司缺乏新产品研发、业务开发、产品更新换代以及技术改造等方面的高端技术人才和相关专业管理人才。如果公司大量流失这类人才，或者公司不能按时招聘到公司所需的人才，将会导致生产效率下降，不利于公司稳定发展。

## （四）发展展望

**1. 提高盈利能力**

通过不断强化对生产运营的有效管理，提高生产运营效率，扩大产品生产和销售规模，努力降低生产单位产品平均消耗的费用。在关键产品研发、设计、销售等诸环节不断加大资金投入，倾注巨大力量，使公司的零部件生产技术水平和盈利能力得到较大提升。

**2. 做好成本管理**

第一，不断扩大公司生产规模，使劳动分工合理化，从而降低长期平均成本，不断开拓和发展公司内外的潜在客户，实现产销增长；第二，通过搭建共享的资源管理平台，实现各种资源、技术、设备的实时共享；第三，采用精益管理、柔性生产的方式提高质量和效率，满足不同车型整车厂对各种零部件的小而多元化的需求。

**3. 强化质量控制**

加强公司内部控制管理，明确汽车零部件配套采购的相关质量要求和技术标准，选择供应商时要严格按照程序筛选；在所有货物配送进厂前的质量检验上不能麻痹大意，把好质量关。

**4. 解决人才短缺**

根据公司后续发展建设需要，适时引进各领域各专业的专业高技术人才，与此同时，加强储备干部的素质培养和专业培训，做好储备干部的选拔任用工作，保证公司所需人才及时到位上岗。

# 七　辽宁曙光汽车集团股份有限公司

## （一）发展现状

### 1. 企业主要业务情况

辽宁曙光汽车集团股份有限公司是一个跨地区的企业集团，总部设在辽宁，在国内有 10 余家全资及控股子公司。经营范围包括乘用车、商用车以及汽车配件。丹东黄海汽车有限责任公司是辽宁曙光汽车集团股份有限公司的下属子公司，它是我国国内比较早接触新能源客车的企业，到现在已经拥有了比较完整的纯电动产品系列和插电式混合动力的产品系列；同时，在车桥及零部件方面，该公司还获得了纯电驱动车桥和纯电驱动模块等整套专利技术与知识产权，具有较强的自主研发能力，拥有核心零部件方面的关键技术。

2013 年 12 月 17 日，辽宁曙光汽车集团股份有限公司与辽宁省交通厅运输管理局正式签订了关于共同推进道路运输及城市客运节能减排工作战略合作协议，双方将共同推进气化辽宁的"蓝天工程"，公司主要负责清洁能源和新能源客车的设计、制造、推广、培训、服务等有关工作，同时为有需求的城市提供帮助。

### 2. 企业经营及效益情况

（1）资产负债情况

辽宁曙光汽车集团股份有限公司在 2015～2019 年，各年总资产均超 58 亿元，呈现逐年下降的趋势，资产负债率总体在维持在 47%～75% 区间。①具体情况如图 13 所示。

（2）营业收入情况

报告期内，辽宁曙光汽车集团股份有限公司的营业收入各年均超 20 亿

---

① 数据均由该上市公司年度审计报告整理得出，http://www.sse.com.cn/disclosure/listedinfo/regular/，2020。

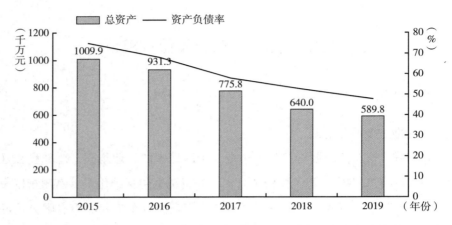

图 13  2015~2019 年辽宁曙光汽车集团股份有限公司资产负债情况

元，其中 2015 年营业收入达到最高值，约 45 亿元。该公司在 5 年内的营业收入增长率波动较大，2016 年和 2018 年呈现下降趋势，为负数；2017 年和 2019 年有所缓和。具体情况如图 14 所示。

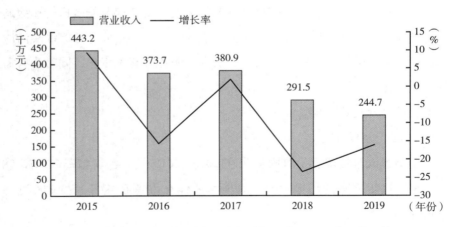

图 14  2015~2019 年辽宁曙光汽车集团股份有限公司营业收入情况

报告期内，辽宁曙光汽车集团股份有限公司生产的主要产品种类没有发生重大变化，是以整车、汽车车桥及零部件为主营业务的上市公司。

（3）在职员工情况

辽宁曙光汽车集团股份有限公司作为一个大型企业，其在职员工人数超3800人。2015~2019年，该企业在职员工总人数呈逐年下降的趋势。其中大专以上学历员工比例在2017~2018年呈现大幅下降趋势，在2018~2019年呈现大幅上升趋势，具体情况如图15所示。

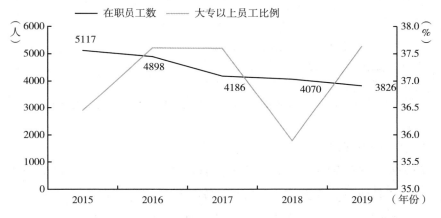

图15　2015~2019年辽宁曙光汽车集团股份有限公司在职员工情况

该企业的在职员工主要包含5类，分别为生产、销售、技术、财务及行政人员，其中生产人员占大多数。并且，2015~2019年，除销售人员在2017年有明显下降趋势外，其他类型员工均呈现较为稳定状态，如图16所示。

（二）发展特点

1. 品牌建设方面

品牌是企业重要的资产，所以公司比较重视品牌建设，获得了"国家名优产品保护品牌"称号，旗下拥有两大中国名牌产品"黄海客车"和"曙光车桥"。其中，具有一定行业影响力的"黄海客车"还获得了"中国驰名商标"称号。

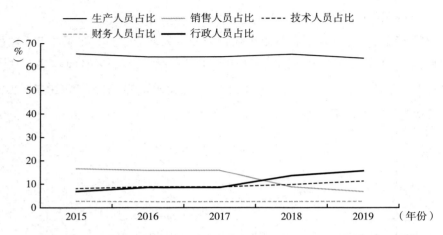

图16 2015～2019年辽宁曙光汽车集团股份有限公司各类员工占比情况

**2.客户群发展方面**

曙光车桥已经做到了批量生产并且拥有稳定的客源，专业形象值得信赖，如广汽传祺、上汽大通、吉利汽车等国内一线品牌以及合资品牌，都是曙光车桥的客户。黄海客车秉持"以人品铸就产品"管理理念，通过不断的产品技术创新、工艺体系升级、产品质量提升、服务体系优化，获得了大众好评。黄海皮卡产品质量过硬，稳定性、安全性较高，已经批量供货给众多国有企业和上市公司。黄海客车的客户涉及多个业务领域，包含客运、旅游、公交等，产品覆盖范围广泛，国内所有省份均已被覆盖，还出口到30多个国家和地区。

**3.技术方面**

公司综合实力强，工艺水平高。拥有多个技术平台，包括国家认定企业技术中心、汽车产品鉴定检测实验室和国内一流的车桥研发、试验中心。技术经验丰富，在客车产品方面涉足50余年，在车桥产品方面涉足30余年。具有较强的自主研发能力，拥有核心零部件方面的关键技术。另外，公司始终遵循"节能、环保、安全"的理念，结合实际，不断创新，聚焦需求，满足需求。

### （三）存在的问题

**1. 研发能力有待加强**

公司采用产品多元化战略，整车、汽车车桥及零部件为主营业务，但与头部公司占领的市场份额相比还略显不足，究其原因是公司主营业务产品的竞争优势不明显，竞争力不足。同时受疫情等因素的影响，公司的各业务销量有所下滑。公司以生产人员为主，技术人员占比较少，有自己的研发基地但研发成果不够乐观，因此公司的研发能力还有待加强，研发资金和研发人员的投入还有强化的空间。

**2. 运营效率有待提升**

公司与行业内其他成员相比，其运营效率稍显不足，公司维持运营的手段大量依靠长期和短期借款，缺乏强劲盈利能力，导致偿债能力较差，公司整体的资金周转效率较低，导致存货增加，运营效率受限，无法取得理想的经济效益，阻碍企业发展的脚步。

**3. 预防风险能力不足**

汽车行业的竞争越来越激烈，公司仍然会面临诸多风险，如信用风险、政策风险以及市场竞争等。"凡事预则立，不预则废。"若公司想要长久繁荣发展，必须提高风险防范意识，增强风险防范能力，做好风险控制。

### （四）发展展望

在新能源核心系统研发方面，公司已经掌握了新能源整车控制技术、电池管理系统（BMS）技术、远程智能监控平台技术、微轻型电驱动车桥及电驱动模块等关键技术。同时，公司密切关注市场动态，结合市场的需求情况，适时地研发电子转向 EPS、电子制动、智能悬挂等电动化、智能化核心零部件。

公司已经拥有四个大型产品平台即轻客、大客、皮卡和特种车，并以之为基础，把纯电动以及插电混合动力作为主要的技术路线，把燃料电池作为长期的技术储备，根据不同市场打造相应产品。

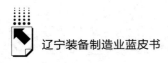

"信誉为本,质量为先"是公司的道德准则,公司将一如既往地坚持,"打造中国一流的新能源商用车集团"是公司未来的核心战略。

表2 辽宁曙光汽车年报相关数据

| 项目 | 2019年 | 2018年 | 2017年 | 2016年 | 2015年 |
|---|---|---|---|---|---|
| 营业收入(千万元) | 244.7 | 291.5 | 380.9 | 373.7 | 443.2 |
| 增长率(%) | -16.05 | -23.47 | 1.93 | -15.68 | 9.26 |
| 营业成本(千万元) | 220.5 | 250.6 | 315.9 | 309.8 | 369 |
| 净利润(千万元) | 5.1 | -13.2 | 31.7 | 6.9 | 10.8 |
| 总资产(千万元) | 589.8 | 640 | 775.8 | 931.3 | 1009.9 |
| 总负债(千万元) | 282 | 336.3 | 449.1 | 634.6 | 757 |
| 现金流量净额(千万元) | -27.70 | -51.69 | -23.61 | 22.26 | 33.59 |
| 员工总数(人) | 3826 | 4070 | 4186 | 4898 | 5117 |
| 生产人员(人) | 2431 | 2657 | 2688 | 3145 | 3358 |
| 生产人员占比(%) | 63.54 | 65.28 | 64.21 | 64.21 | 65.62 |
| 销售人员(人) | 262 | 357 | 664 | 777 | 849 |
| 销售人员占比(%) | 6.85 | 8.77 | 15.86 | 15.86 | 16.59 |
| 技术人员(人) | 432 | 399 | 369 | 432 | 417 |
| 技术人员占比(%) | 11.29 | 9.80 | 8.82 | 8.82 | 8.15 |
| 财务人员(人) | 102 | 105 | 105 | 123 | 140 |
| 财务人员占比(%) | 2.67 | 2.58 | 2.51 | 2.51 | 2.74 |
| 行政人员(人) | 599 | 552 | 360 | 421 | 353 |
| 行政人员占比(%) | 15.66 | 13.56 | 8.60 | 8.60 | 6.90 |
| 大专以上人员(人) | 1440 | 1461 | 1574 | 1842 | 1865 |
| 大专以上人员比例(%) | 37.64 | 35.90 | 37.60 | 37.61 | 36.45 |

# 八 大连华锐重工集团股份有限公司

## (一)发展现状

### 1.企业主要业务情况

大连华锐重工集团股份有限公司(简称大连重工)属国家高新技术企

业，坐落于辽宁省大连市，是重机行业和新能源设备制造业的骨干企业和重点发展企业，所拥有的一体化设计、制造、总装、安装及工程总承包能力使其在行业内占据重要地位。该公司主要经营范围是专用设备制造业，以起重机械为代表的主导产品是公司的业务核心，该类主导产品部分已达国内外先进水准，拥有参与行业标准制定的能力和水平。该公司提供的产品、服务涉及冶金、能源、交通、航空航天等国民经济基础产业，现已形成包含冶金、起重、散料装卸、港口、能源、传动与控制系统、船用部件、工程、海工九大主要产品结构。

**2. 企业经营及效益情况**

（1）资产负债情况

大连重工在 2015～2019 年，各年总资产均超 150 亿元，资产负债率维持在 56%～62%区间，2018 年、2019 年的总资产有所增加，但资产负债率也有所提升①。具体情况如图 17 所示。

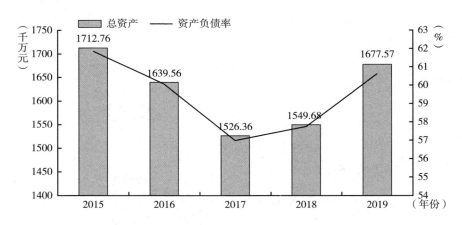

**图 17　2015～2019 年大连重工资产负债情况**

（2）营业收入情况

2015～2019 年大连重工的营业收入各年均超 60 亿元，其中 2019 年营业

---

① 数据均由该上市公司年度审计报告整理得出，http：//www.szse.cn/disclosure/listed/fixed/index.html，2020。

收入达到最高值，约 72 亿元。该公司在 5 年内的营业收入增长率逐年增加，经营状况逐渐向好发展，如图 18 所示。

**图18　2015～2019 年大连重工营业收入情况**

2015～2019 年大连重工生产的主要产品种类没有发生重大变化，曾占各年营业收入前三的产品分别为综合类机械、冶金机械、港口机械。2019 年，大连重工各类产品的营业收入占比情况如图 19 所示。

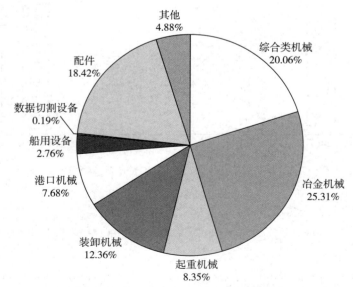

**图19　2019 年大连重工各类产品营业收入占比**

（3）在职员工情况

大连重工作为一个大型企业，其在职员工人数超 5000 人。2015～2019 年，该企业在职员工总人数呈逐年下降的趋势。但这 5 年中企业的大专以上员工比例呈逐年上升的趋势，如图 20 所示。

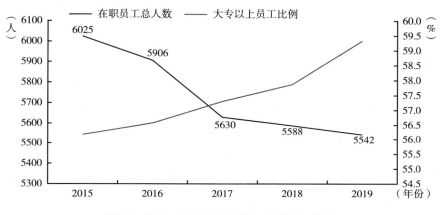

图 20  2015～2019 年大连重工在职员工情况

该企业的在职员工主要包含 5 类，分别为生产、销售、技术、财务及行政人员。2015～2019 年，只有财务人员占全体员工的比例一直保持相对稳定的状态，其他 4 类人员均发生了一定的变化。2017 年，企业对人员结构进行了调整，其中生产人员比例及技术人员比例有了明显的下降，行政、销售人员比例有了明显的增加，如图 21 所示。

## （二）发展特点

### 1. 产品结构不断扩展

该公司主要为重大技术基础产业体系发展建设提供重大技术装备，在冶金、港口、起重机械、散料装卸四大类传统产品部分保持了自身优势。以国家产业政策为向导，逐步在能源环保、传动控制系统、船用部件、工程机械等方面拓展新产品，形成了当前国内竞争优势最显著、规模发展最快的以核电、风电为基础的核心装备制造产业研发基地。公司以传统主导产品为基

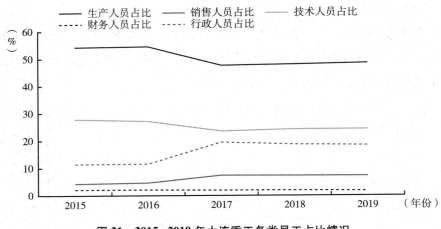

图 21  2015~2019 年大连重工各类员工占比情况

础，通过不断拓展新发展方向，以新兴产品和服务为新的落脚点，形成了协调发展的新型结构。

2. 创新能力不断提升

公司先后建成国家级产品技术研发中心、国家标准实验室等科研发展平台，以完备的技术体系著称，拥有机、电、液系统的集成研发能力。公司先后成功承担了诸多研究课题，涉及船用曲轴、核电起重、风电传控等多个国产技术研究项目。截至 2019 年末，公司累计拥有的发明专利高达 487 项（其中国家发明专利 261 项）、软件知识产权达 45 项，创下了 246 项"中国第一"，技术研发的丰硕成果为创新能力的稳步提升奠定了坚实基础。

3. 人才培养逐渐优化

公司坚持以"人才强企"作为发展目标，通过"为敬业者搭建平台、为成才者培植沃土"的专业人才发展理念，为行业培养了具备国际化水准的一批优秀人才（包含经营管理、科技研发、高新技术等多个方面）。2019年，公司各类员工累计参加培训达 9200 次，148 名一线技能员工提升职业资格等级。截至 2019 年末，公司培养和支持的各类高端化人才达 146 人，其中包含国家级各类高端专业化人才 20 人，省级各类高端化专业人才 43人，市级各类高端化人才 83 人。

#### 4. 国际趋势日益增强

公司始终将实施国际化市场经营战略作为中长期战略，注重产品市场经营国际化、标准服务国际化、网络服务国际化，坚持多层次、多角度、多方向促进企业经营水准向国际化靠拢。公司根据国家"一带一路"的政策，积极做出响应，先后在中国香港、印度、澳大利亚等多个国家和地区开展了多方合作，形成了技术、创新、投资、金融等多领域共同发展的创新服务平台。截至 2019 年末，公司相关产品和服务已累计远销 93 个国家和地区，逐步实现了从零部件到单机设备到成套设备再到工程项目总承包设备出口的转变，形成了全面的服务发展模式。

### （三）存在的问题

#### 1. 盈利能力不足

传统优势产品领域面临竞争对手的侵蚀，"高产低利"的产品格局较明显。传统优势行业市场需求持续降低，供大于求，而企业的营业收入又主要来自冶金机械、港口机械这类传统产品，因此很难为企业带来可观的收益。2015~2019 年，虽然大连重工各年的营业收入比较高，但这 5 年中有 3 年的营业成本大于营业收入，各年末取得的净利润并不理想。

#### 2. 创新效率有待提高

大连重工是一家老牌国有企业，在 2017 年企业的人员调整中行政人员的占比明显提高，可见该企业有着管理层次多、审批链条长的特点，对企业的创新效率产生了影响。其次，企业在新兴产业上扩大规模、提高产能、引进人才方面的巨大投入需要有充足的市场需求作为支撑和良好的经济效益作为回报，但企业在产品结构调整和新项目开发方面尚处在不成熟阶段，因此创新效率难以跟上市场节奏的变化。

### （四）发展展望

#### 1. 加快新产品研发，发展高端制造

加大对新能源产品应用研究的推广力度，整合内外部创新资源，增强全

新技术产品开发能力。在环保方面，实现垃圾、废物核心处理能力的提升与优化升级，加快创新体系的形成，力求实现竞争市场的突破。在军工发展方面，统筹公司上下一致形成发展合力，以军民融合为发展机遇，以小企业合作为发展契机，通过联合高等院校、科研机构、制造企业，促进新产品和新技术的研发配合能力不断突破，实现公司的全新发展。

以市场发展为导向，聚焦于产品技术含量、产品附加值，形成企业发展新定位。不断实现向十大重点领域转型发展，不断对产业结构进行适当调整以满足当前发展趋势，重点着力打造一批能够实现自主生产专用装备和核心零部件的发展产业，冲破进口装备带来的长期依赖，不断实现"核心技术自主化、核心零部件国产化、整机产品智能化"。

2. 产品与服务融合，发展服务型制造

以产品和服务的协同发展为起点，并采用融合发展的方式在前端为客户提供全面的解决方案，以适应消费结构升级；在中端着力于智能化产品的发展进程，借助大数据时代的特点，顺应新一代科技革命的到来；在后端注重服务模式的转变，培养服务型专业人才，提升智能化服务水准、加速大数据服务，追求个性化与多样化并存的发展趋势，拓展服务产业链，不断实现服务增值以提升服务效果。

3. 全面走向国际化，大力开拓市场

围绕当前发展规划，牢牢抓住"一带一路"建设，通过加强与国际市场的对接，促进优势产业向外延伸。注重国际、国内两个市场并驾齐驱，加强培养与国际化发展相匹配的人才，提供良好的人才发展环境，及时对产品技术进行更新与迭代，通过吸收国内外先进技术，提升发展效率，满足日益变化的国际竞争市场；通过多元化发展，进而构建不断发展、完善的国际化竞争路线。

多角度、多方向提升国际化经营能力，出台政策鼓励经营单位出口，加快提升出口比重；推动大连重工国际工程有限公司快速向新业务领域、工程总承包领域拓展，积极探索项目属地化组织，打造"一带一路"示范工程。

表3　2015~2019年大连重工年报相关数据

| 项目 | 2019 年 | 2018 年 | 2017 年 | 2016 年 | 2015 年 |
|---|---|---|---|---|---|
| 营业收入（千万元） | 721.04 | 657.15 | 643.37 | 643.25 | 714.70 |
| 增长率（%） | 9.72 | 2.14 | 0.03 | -10.00 | -13.25 |
| 营业成本（千万元） | 691.54 | 658.53 | 640.47 | 652.19 | 728.84 |
| 净利润（千万元） | 3.60 | 0.23 | 1.87 | 0.91 | 0.60 |
| 总资产（千万元） | 1677.57 | 1549.68 | 1526.36 | 1639.56 | 1712.76 |
| 总负债（千万元） | 1016.95 | 894.97 | 869.85 | 984.76 | 1059.71 |
| 现金流量净额（千万元） | 80.22 | 3.20 | 53.64 | -20.00 | 3.82 |
| 员工总数（人） | 5542 | 5588 | 5630 | 5906 | 6025 |
| 生产人员（人） | 2687 | 2682 | 2681 | 3221 | 3273 |
| 生产人员占比（%） | 48.48 | 48.00 | 47.62 | 54.54 | 54.32 |
| 销售人员（人） | 398 | 407 | 414 | 274 | 258 |
| 销售人员占比（%） | 7.18 | 7.28 | 7.35 | 4.64 | 4.28 |
| 技术人员（人） | 1342 | 1349 | 1322 | 1604 | 1677 |
| 技术人员占比（%） | 24.21 | 24.14 | 23.48 | 27.16 | 27.83 |
| 财务人员（人） | 97 | 106 | 108 | 125 | 128 |
| 财务人员占比（%） | 1.75 | 1.90 | 1.92 | 2.12 | 2.12 |
| 行政人员（人） | 1018 | 1044 | 1095 | 682 | 689 |
| 行政人员占比（%） | 18.37 | 18.68 | 19.45 | 11.55 | 11.44 |
| 大专以下人员（人） | 2254 | 2354 | 2404 | 2565 | 2641 |
| 大专以上人员比例（%） | 59.33 | 57.87 | 57.3 | 56.57 | 56.17 |

# 九　辽宁大金重工股份有限公司

## （一）发展现状

### 1. 企业主要业务情况

辽宁大金重工股份有限公司（简称大金重工）是一家具有海陆两栖电力施工能力的超大中型钢结构生产技术企业，总部位于辽宁省阜新市。公司主营业务产品为电力重型钢结构装备，拥有阜新、蓬莱两大生产工厂和位于北京的投资公司。公司拥有强大的技术能力，在风电塔架产品、火力发电锅炉钢结构产品以及电力重型装备方面拥有多项国家及省级专利技术，是国家高新技术企业。

### 2. 企业经营及效益情况

（1）资产负债情况

大金重工在 2015~2019 年，总资产呈现逐年递增的趋势，2019 年企业总资产超过 36 亿元，企业的资产负债率也呈现逐年上升的趋势，2019 年达到了 45.55%[①]。具体情况如图 22 所示。

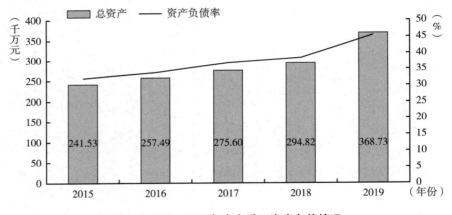

**图 22　2015~2019 年大金重工资产负债情况**

（2）营业收入情况

2016~2018 年，大金重工的营业收入没有发生较大的变化，维持在 10 亿元左右，但这三年的增长率在持续下降，2018 年降至负值。2019 年，其营业收入有了较大的增长，超过 16 亿元，经营状况有所好转，如图 23 所示。

大金重工的营业收入来源可分为国内和出口两部分。2016~2019 年，企业出口产品的营业收入占总营业收入的比重呈现逐年上升的趋势，并且增长

---

① 数据均由该上市公司年度审计报告整理得出，http：//www.szse.cn/disclosure/listed/fixed/index.html。

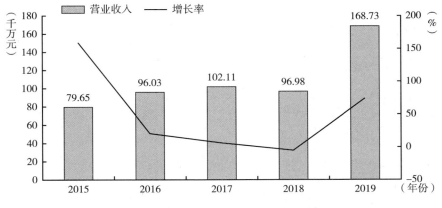

图 23　2015～2019 年大金重工营业收入情况

幅度较大。从 2016 年的 0.16% 上升至 2019 年的 46.17%，具体数据如图 24 所示。

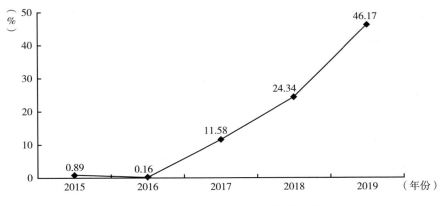

图 24　2015～2019 年大金重工出口占营业收入比重

（3）在职员工情况

大金重工在职员工人数超 500 人，该企业 2019 年的在职员工情况与 2015 年相比，企业在职员工人数有所减少，大专以上在职员工的比例有所增加，如图 25 所示。

大金重工的在职员工可大致分为生产、销售、技术、财务及行政人员。

199

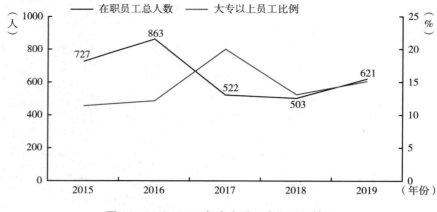

**图25  2015~2019年大金重工在职员工情况**

2015~2019年，生产人员占全体员工的比例总体呈上升趋势，增加了约23个百分点。技术人员占全体员工的比例呈逐年下降的趋势，从2015年的32.32%降至2019年的14.17%。销售人员和财务人员的占比情况相对稳定，没有发生较大幅度的变化，如图26所示。

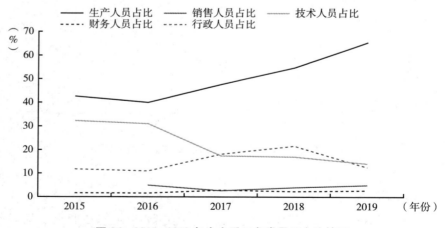

**图26  2015~2019年大金重工各类员工占比情况**

## （二）发展特点

### 1. 创新能力不断提升

大金重工以其出色的能力、全球化的视野和创新精神具备不错的国际影响力，通过了 Vestas、SGRE、GOLDWIND、Senvion、GE 等知名公司所认可的国际认证，而且在制造分片式大直径塔筒方面获得多项技术专利。

### 2. 装备能力不断提高

公司植入了国际上先进的海上建厂以及风电技术高端装备制造等理念，生产能力和核心技术能力都已经达到国内外领先水平。蓬莱大金通过先进的生产技术和生产能力打造出高品质、高效率制造的核心竞争优势，在优化成本控制方面同样表现出色。依靠着核心竞争力，蓬莱大金能够为"两海战略"、出口、海上作业等重大项目提供合格优质产品，为其保驾护航。

### 3. 销售市场不断拓展

公司在复杂多变的销售市场上发现各种问题并辨清实质，洞悉市场规律，综观全局，抓住发展机遇，从而扩大市场份额和影响力。此外，为进一步提升客户满意度，公司加强客户管理服务体系优化，加大针对客户的售后服务的跟踪力度。2019 年企业出口产品的营业收入占总营业收入的比重达 46.17%。

## （三）存在的问题

### 1. 人才政策有待优化

公司为了未来的发展，积极制定和实施能够吸引外部人才并留住现有人才的一系列骨干人才政策，同时积极在公司内部进行培训，提高生产建设队伍整体素质，为公司专业技术人才添砖加瓦。但所取得的效果还有待提升。近五年，公司的技术人员比例在逐年下降，可能存在企业高技术人才流失的现象。

### 2. 疫情影响生产经营

新冠肺炎疫情使国内外企业均受到了不同程度的影响。国际贸易形势惨淡，至今疫情压力依然存在。201╱年公司将近一半的主营业务收入来自出

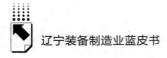

口，如果国外疫情依然严峻，且得不到有效控制，那么对公司出口订单会带来较大影响。

### （四）发展展望

**1. 持续坚定人才战略**

公司通过全面强化人才队伍建设、员工培训、落实相应制度等各方面内容持续强化 HSE 水平。在员工队伍建设方面，公司强调培育员工全方面健康发展。公司于 2019 年引进大量各专业高技术人才骨干，为公司的发展添砖加瓦。

**2. 加强生产方面管理**

公司精准根据客户多方面需求以及订单的实际情况，在保证产品质量的同时切实提高生产效率，降低生产成本，并且合理安排生产进度，保证把最优质的产品第一时间交付给客户。公司为产品品质提供可靠服务与保障，并通过 ISO 9001 等多项国际质量体系认证。此外，公司高度重视员工的生产安全工作，在员工队伍中积极宣传安全知识，定期检查、排查安全隐患，定期进行消防演练等安全活动，对威胁员工生命安全和生产安全的隐患零容忍，切实提高公司安全生产管理水平。

**3. 继续提升生产规模**

公司为提能增效，同时保障客户订单的强大交付优势，决定对阜新生产基地新老厂区、蓬莱生产基地三期、兴安盟生产基地进行技改提升投运，以达到预期的技术能力。公司有了产能提升的基本保障，并于 2019 年实现了年产量 20 万吨的目标。

表 4    2015~2019 年大金重工年报相关数据

| 项目 | 2019 年 | 2018 年 | 2017 年 | 2016 年 | 2015 年 |
|---|---|---|---|---|---|
| 营业收入（千万元） | 168.73 | 96.98 | 102.11 | 96.03 | 79.65 |
| 增长率（%） | 73.99 | -5.02 | 6.32 | 20.58 | 159.00 |
| 出口占营业收入比重（%） | 46.17 | 24.34 | 11.58 | 0.16 | 0.89 |

续表

| 项目 | 2019 年 | 2018 年 | 2017 年 | 2016 年 | 2015 年 |
|---|---|---|---|---|---|
| 营业成本(千万元) | 149. 81 | 92. 14 | 102. 42 | 89. 01 | 71. 88 |
| 净利润(千万元) | 17. 56 | 6. 27 | 4. 15 | 7. 14 | 9. 27 |
| 总资产(千万元) | 368. 73 | 294. 82 | 275. 60 | 257. 49 | 241. 53 |
| 总负债(千万元) | 167. 96 | 113. 41 | 101. 70 | 87. 20 | 77. 30 |
| 资产负债率(%) | 45. 55 | 38. 47 | 36. 90 | 33. 87 | 32. 00 |
| 员工总数(人) | 621 | 503 | 522 | 863 | 727 |
| 生产人员(人) | 407 | 276 | 249 | 345 | 310 |
| 生产人员占比(%) | 65. 54 | 54. 87 | 47. 70 | 39. 98 | 42. 64 |
| 销售人员(人) | 31 | 20 | 14 | 43 | — |
| 销售人员占比(%) | 4. 99 | 3. 98 | 2. 68 | 4. 98 | — |
| 技术人员(人) | 88 | 86 | 91 | 268 | 235 |
| 技术人员占比(%) | 14. 17 | 17. 10 | 17. 43 | 31. 05 | 32. 32 |
| 财务人员(人) | 17 | 12 | 15 | 14 | 12 |
| 财务人员占比(%) | 2. 74 | 2. 39 | 2. 87 | 1. 62 | 1. 65 |
| 行政人员(人) | 78 | 109 | 95 | 95 | 86 |
| 行政人员占比(%) | 12. 56 | 21. 67 | 18. 20 | 11. 01 | 11. 83 |
| 大专以下人员(人) | 527 | 437 | 407 | 758 | 644 |
| 大专以上人员比例(%) | 15. 14 | 13. 12 | 22. 03 | 12. 17 | 11. 42 |

# 政 策 篇

Policy Reports

# B.10
## 装备制造业发展重点政策

袁 峰 王思琪 许凌珠 李清蕾*

**摘 要：** 本文从装备制造业发展政策出发，将重点政策按国家级政策、子行业政策和各省区市政策三方面进行分类梳理，列举出各政策的核心内容并对各类别进行相关分析总结。而后对《辽宁省首台（套）重大技术装备认定暂行管理办法》和《辽宁省制造业设计能力提升专项行动计划（2020~2022 年）》两个相关政策进行梳理，其中最为重要的是"十三五"规划。最后根据已有的政策，对辽宁省新政策需求进行预测，提出发展八大重点领域补齐产业短板，以及在智能制造下属领域提供相关政策支持等想法。装备制造业对于国家工业发展有着关键性作用，国家和地方政府也需提供相应的政策支持，从而更好地推动装备制造业的高速发展。

---

* 袁峰，沈阳工业大学管理学院副教授、副院长，硕士生导师，中国技术经济学会高级会员，主要研究方向为科技创新与电子商务；王思琪，沈阳工业大学管理学院硕士研究生；许凌珠，沈阳工业大学管理学院硕士研究生；李清蕾，沈阳工业大学管理学院硕士研究生。

**关键词：** 装备制造业政策　政策预测　政策支持

# 一　装备制造业发展国家级政策

中国高端装备制造产业的发展正处于起步阶段，为打造"中国制造"，建设制造强国，我国制定了许多政策措施和行动计划来推进和保障装备制造各行业和相关领域的发展与进步。从 2006 年基本实现满足原材料的需求和国防建设的需要到 2020 年打造一批领军企业和标志产品，形成全新产业梯队，装备制造业实现了质的飞跃，装备制造业的政策也在不断创新，相关内容由少到多。2010 年《国务院关于加强培育和发展战略新兴产业的决定》中高端制造业被列为战略新兴产业的重要组成部分；2019 年政府工作报告中提出促进先进制造业和现代服务业融合发展，拓展"智能+"培育新一代信息技术、高端装备等新兴产业集群等。

这类政策不断推动农业装备智能化，推进建设智能工厂，加快工业互联网创新应用，拓展 5G 应用。发展面向重点行业和区域的工业互联网平台，对关键零部件及原材料免征关税和进口环节增值税。大力发展战略性新兴产业，实施新一轮技术改造升级工程，打造具有国际影响力的先进装备制造业基地，在改造升级"老字号"的同时，培育壮大"新字号"。

**表 1　装备制造业发展国家级政策梳理**

| 时间 | 政策 | 核心内容 |
| --- | --- | --- |
| 2006 年 2 月 | 《国务院关于加快振兴装备制造业的若干意见》 | 提出我国应大力提升装备制造能力、自给自足进行国防建设等一系列需求，到 2010 年末，我国在装备制造业方面能拥有多家大型领军企业，从而增强在装备制造业方面的竞争力 |
| 2010 年 10 月 | 《国务院关于加快培育和发展战略新兴产业的决定》 | 高端装备制造业成为战略新兴产业不可或缺的一部分。明确提出应将重点放在航空产业上，并将目光投向卫星产业的发展与应用，同时也一并继续完善交通轨道装备相关事宜。对于海洋资源方面，也需要加以重视，大力发展海洋工程智能制造装备，从多方面多角度促进高端装备制造业的发展，从而不断完善我国战略新兴产业类别 |

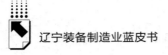
续表

| 时间 | 政策 | 核心内容 |
|---|---|---|
| 2016 年 6 月 | 《工业绿色发展规划（2016~2020 年）》 | 围绕传统机电产品、高端装备、在役装备等重点领域,实施高端、智能和在役再制造示范工程,打造若干再制造产业示范区 |
| 2016 年 11 月 | 《"十三五"国家战略性新兴产业发展规划》 | 根据战略部署,迎合装备制造业的国际发展态势,不断在核心技术方面提升进步,促进整条产业链的和谐发展,打上中国制造烙印,从而使我国装备制造业的水平得到质的飞跃 |
| 2017 年 11 月 | 《增强制造业核心竞争力三年行动计划（2018~2020 年）》 | 到"十三五"末,一系列装备制造业的重点领域的核心技术得到突破,大批量产业化得以实现,建设具有国际竞争力和影响力的装备制造业领军企业的心愿达成,让中国制造走向全世界,得到世界的认可与信任 |
| 2018 年 1 月 | 《关于组织开展 2018 年国家高端装备制造业标准化试点工作的通知》 | 通过加快高端装备制造业技术标准的研制,完善技术标准体系,强化标准的实施,支撑企业自主品牌建设,形成一批高端装备制造业标准化示范的典型企业和园区,促进装备制造业变大变强 |
| 2018 年 11 月 | 《促进大中小企业融通发展三年行动计划》 | 围绕重点领域进行国际经济技术交流和跨境融合,吸引高端制造业、境外原创技术孵化落地,推动龙头企业延伸产业链 |
| 2018 年 11 月 | 《战略性新兴产业分类（2018）》 | 战略性新兴产业包括新一代信息技术产业、高端装备制造、数字创意相关服务、环保产业等九大领域 |
| 2019 年 3 月 | 2019 年政府工作报告 | 推动产业改造提升,促进先进制造业和现代服务业融合发展,拓展"智能+",培育新一代信息技术、高端装备等新兴产业集群 |
| 2019 年 5 月 | 《数字乡村发展战略纲要》 | 让农业装备走向智能。不断将信息技术融入农业方面,创新研发农业智能装备,并鼓励农机装备行业发展工业互联网,让农业装备也走进信息化时代,更加方便智能 |
| 2019 年 11 月 | 《关于推动先进制造业和现代服务业深度融合发展的实施意见》 | 推进建设智能工厂;加快工业互联网创新应用;深化制造业服务业和互联网融合发展,大力发展"互联网+"。大力发展工业互联网,突破一系列关键核心技术,提高安全保障措施,面向多个不同行业进行推广使用 |
| 2010 年 1 月 | 《重大技术装备进口税收政策管理办法》 | 对符合规定条件的企业及以核电项目业为主生产国家支持发展的重大技术装备或产品而确有必要进口的部分关键零部件及原材料,免征关税和进口环节增值税 |

续表

| 时间 | 政策 | 核心内容 |
| --- | --- | --- |
| 2020 年 5 月 | 2020 年政府工作报告 | 推动制造业升级和新兴产业发展,提高科技创新支撑能力。加强新型基础设施建设,发展新一代信息网络,拓展 5G 应用等 |
| 2020 年 10 月 | 《中共中央关于制定国民经济和社会发展第十四个五年规划和二○三五年远景目标的建议》 | 发展战略性新兴产业。不断加快各高端装备制造产业的高速发展,如新能源、绿色制造和航空航天方面,推动多产业相互融合进步,并将信息技术、工业互联网等智能化与多产业进行融合渗透,推动制造业各产业共同繁荣 |
| 2020 年 11 月 | 《国务院办公厅关于推进对外贸易创新发展的实施意见》 | 实施新一轮技术改造升级工程。开展先进制造业集群培育试点示范,使各产业能够集群发展,共同进步。鼓励企业实施绿色化、智能化、服务化改造。提高农业产业竞争力,营造农产品贸易高质量发展环境 |
| 2020 年 11 月 | 《中共辽宁省委关于制定辽宁省国民经济和社会发展第十四个五年规划和二○三五年远景目标的建议》 | 改造升级"老字号"。为提升国际影响力,大力建设装备制造业发展基地,不断推进信息技术与装备制造业的融合发展,使装备制造业更加智能化、数字化,从而带动相关企业的数字化转型进步<br>培育壮大"新字号"。为促进战略新兴产业成为经济的重要支柱,将精力放在新兴产业的建设上,实现快速增长。对一些其他产业的发展也提前进行规划,如量子科技、第三代半导体及增材制造等方面,塑造能够领跑的企业和具有代表性的产品,形成新的工业梯队 |

# 二 装备制造业发展子行业政策

根据国家统计局发布的《战略性新兴产业分类(2018)》,高端装备制造产业中分为五大类别,首先是智能制造装备产业,包括智能测控装备制造、智能关键基础零部件制造及机器人与增材设备制造等六方面;其次是航空装备产业,包括航空器装备制造和其他航空装备制造及相关服务两方面;再次是卫星及应用产业,包括卫星应用服务、卫星装备制造及卫星应用技术设备制造等四方面；接着是轨道交通装备产业，包括城市轨道装备制造、铁路高端装备制造和轨道交通相关服务等四方面；最后是海洋工程装备产业，包括深海石油钻探设备制造、海洋工程装备制造和海洋环境监测与探测装备制造等五方面。

中国高端装备制造子行业政策中，2016 年 12 月，《智能制造发展规划（2016~2020 年）》表明在 2025 年前，智能制造按照"两步走"的战略发展；2017 年 8 月，《民航局关于推进国产民航空管产业走出去的指导意见》中明确了推进民航空管产业"走出去"的指导思想、基本原则和总体目标；2019 年 9 月，《交通强国建设纲要》指出推广应用交通装备的智能检测监测和运维技术，加速淘汰落后技术和高耗低效交通装备等。

这类子行业政策从多方面推进装备制造业的发展，加快自主研发和科学技术的创新突破，扩大绿色智能装备的市场份额，提升铁路装备制造业的整体水平。推动建材工业全产业链高级化、现代化，加快迈入先进制造业。力争步入世界造船强国和海洋工程装备制造先进国家行列，推动我国新能源汽车产业高质量可持续发展，加快建设汽车强国。

表 2　装备制造业发展子行业政策梳理

| 时间 | 政策 | 核心内容 |
|---|---|---|
| 2013 年 5 月 | 《民用航空工业中长期发展规划（2013~2020 年）》 | 总结我国民用航空工业发展取得的成绩和存在的不足，全面分析面临的机遇和挑战，提出 2020 年我国在民用航空工业方面的一系列规划布局、重点任务、重大工程和计划以及保障措施 |
| 2015 年 9 月 | 《关于促进旅游装备制造业发展的实施意见》 | 提出加快实现游轮自主设计和建造、发展大众消费游艇产品、提升索道缆车本土化制造水平、促进游乐设施装备制造业转型升级、推动低空飞行旅游装备产业化发展五大任务 |
| 2016 年 1 月 | 《机械工业"十三五"质量管理规划纲要》 | 以全面提高机械工业产品质量和质量管理水平为目标，以创建世界知名品牌为主线，以信息化、数字化、智能化为支撑，统筹规划，多措并举，促进机械工业实现由规模速度型向质量效益型的历史跨越，为实现机械强国夯实质量管理基础 |

续表

| 时间 | 政策 | 核心内容 |
|------|------|----------|
| 2016 年 12 月 | 《智能制造发展规划（2016~2020 年）》 | 2025 年前,智能制造按照"两步走"的战略发展:第一步到 2020 年,传统制造业实现数字化转型升级,进展显著,智能制造对经济方面的支撑更加可观;第二步到 2025 年,智能制造站稳脚跟,拥有完备的支撑体系,多数重点产业向智能转型方面不断靠拢 |
| 2017 年 1 月 | 《船舶工业深化结构调整加快转型升级行动计划（2016~2020 年）》 | 到 2020 年,建成规模实力雄厚、创新能力强、质量效益好、结构优化的船舶工业体系,力争步入世界造船强国和海洋工程装备制造先进国家行列 |
| 2017 年 8 月 | 《民航局关于推进国产民航空管产业走出去的指导意见》 | 明确了推进民航空管产业"走出去"的指导思想、基本原则和总体目标,并从加大政策支持力度、完善法规标准体系、加强区域性合作、提高企业"走出去"能力和水平等四个方面提出了具体意见 |
| 2017 年 11 月 | 《海洋工程装备制造业持续健康发展行动计划（2017~2020 年）》 | 到 2020 年,我国海洋工程装备制造业国际竞争力和持续发展能力明显提升,产业体系进一步完善,专用化、系列化、信息化、智能化程度不断加强,产品结构迈向中高端,力争步入海洋工程装备总装制造先进国家行列 |
| 2017 年 11 月 | 《铁路"十三五"发展规划》 | 为提升铁路装备制造业的整体水平,向现代化迈进,不断实现关键技术突破与创新,扩大绿色智能装备的相应数量 |
| 2019 年 9 月 | 《交通强国建设纲要》 | 推广成套技术装备并不断进行技术升级创新。提升国产飞机和发动机技术水平,加强民用航空器、发动机研发制造和适航审定体系建设。推广应用交通装备的智能检测监测和运维技术。加速淘汰落后技术和高耗低效交通装备 |
| 2020 年 2 月 | 《建材工业智能制造数字转型三年行动计划（2020~2022 年）》 | 建材工业信息化基础支撑能力显著增强,形成较为完善的产业生态和服务体系,智能制造关键共性技术取得创新性突破,重点领域示范引领和推广应用取得明显成效,全行业数字化智能化网络化水平大幅提升,推动建材工业全产业链高级化、现代化,加快迈入先进制造业 |
| 2020 年 10 月 | 《新能源汽车产业发展规划（2021~2035 年）》 | 以习近平新时代中国特色社会主义思想为指引,坚持五大发展理念,从智能、电动、信息等角度出发,大力进行融合渗透,并对关键技术进行改造升级,不断突破,同时也注重产业基础能力的提升,为产业的优化进步营造良好的环境,从多方面带动我国新能源汽车产业高质量高速度可持续发展,将我国打造成汽车强国 |

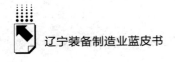

# 三　装备制造业发展各省区市政策

战略性新兴产业在政策支持下逆势增长，成为推动经济加速回暖的重要因素。近年来，多地陆续出台一批力度更大的政策促进高端装备制造产业发展。2020 年 3 月，上海《关于加快推进农业机械化和农机装备产业转型升级的实施意见》指出，到 2025 年，农机装备结构科学合理，让机器替代人工劳动，耕收方面争取达到 98% 的机械率，生产方面力求达到 60% 的机械率，从而解放老百姓的双手。2020 年 4 月，《上海市经济信息化委关于开展 2020 年上海市高端智能装备首台突破专项申报工作的通知》指出对首台突破项目，采取无偿资助方式，每个项目支持比例不超过首台装备销售合同金额的 30%。对被评为国际首台装备项目，按合同金额的 20%~30% 比例进行支持，支持金额不超过 3000 万元；对被评为国内首台装备项目，按合同金额的 10% 比例进行支持，支持金额不超过 1000 万元。

除了北京、上海、广东等发达地区出台相关高端装备制造产业政策之外，云南省、河南省等各省份也颁布了相关政策举措，将目光锁定在战略新兴产业集群，蓄势打造出万亿级先进制造业，向先进制造业强省的目标不断迈进。2020 年 7 月，云南印发的《关于加快构建现代化产业体系的决定》提出对先进制造业等五大万亿级支柱产业进行优先着重培养，争取到 2025 年，主要产业相关收入能够达到 1.5 万亿元。2020 年 8 月 16 日，河南印发《推动制造业高质量发展实施方案》，表明要打造先进制造业强省，预计到 2025 年，河南省的各方面水平、能力与技术都能达到国内的天花板级别，并形成产业集群，打造百亿、千亿甚至数千万亿级别的领军企业。

各省份高端装备制造政策不断推动各省份的装备制造业高速发展，云南省预计到 2035 年，先进制造业的现代化水平与全国平均水平持平，形成相关的产业集群。河南省力争从 2022 年至 2025 年，产业集群能够从 20 个千亿级先进制造业产业集群，提高到 4 个万亿级、6 个 5000 亿级产业集群和 10 个千亿级新兴产业集群，故河南省不断地提升产业基础能力和产业链现代化水平，并制定相应的培养方案，有针对性地加快建设制造强省。

表 3 装备制造业发展地方性政策梳理

| 时间 | 地区 | 政策 | 核心内容 |
|---|---|---|---|
| 2019 年 6 月 | 深圳市 | 《关于 2020 年新兴产业扶持计划（高端装备制造、生物医药、新材料、人工智能、物联网）申报指南的通知》 | 事后资助，按经专业审计机构专项审计后确认费用的 30%给予资助，单个项目资助金额不超过 1000 万元，项目总投资由建设投资、研发费用和流动资金构成，其中建设投资不低于项目总投资的 50% |
| 2019 年 10 月 | 中山市 | 《关于组织开展 2019 年高端装备制造产业发展资金（支持工作母机产品应用推广专题）项目申报工作的通知》 | 原申报通知中申报材料第四点调整为"合同签订时间应在 2017 年 6 月 17 日至 2019 年 9 月 30 日，且包含技术合同，如无单独技术合同，则应提供能够反映装备技术要求、核心技术参数的佐证材料复印件" |
| 2019 年 11 月 | 北京市 | 《轨道交通直流牵引供电系统保护装置技术规范》 | 促进北京市轨道交通直流牵引供电系统保护装置规范设置，更好地引导轨道交通直流牵引供电系统保护装置设计、施工、监理、生产及检验、材料采购招投标、验收及运营维护管理，提升轨道交通运营服务水平 |
| 2020 年 3 月 | 上海市 | 《关于加快推进农业机械化和农机装备产业转型升级的实施意见》 | 到 2025 年，农机装备结构科学合理，让机器替代人工劳动，耕收方面争取达到 98%的机械率，生产方面力求达到 60%的机械率，从而使老百姓的双手得到解放 |
| 2020 年 3 月 | 浙江省 | 《浙江省"4+1"重大项目建设计划 2020 年实施计划》 | 全面推进省市县长项目工程，突出高端制造业和高新技术产业，招引落地一批引领性、前瞻性、标志性重大产业项目。2020 年，全省交通投资，高新技术与产业投资，生态环保、城市更新和水利设施投资，民间项目投资增长 10% |
| 2020 年 4 月 | 上海市 | 《上海市经济信息化委关于开展 2020 年度上海市高端智能装备首台突破专项申报工作的通知》 | 对首台突破项目，采取无偿资助方式，每个项目支持比例不超过首台装备销售合同金额的 30%，对被评为国际首台装备项目，按合同金额的 20%～30%比例进行支持，支持金额不超过 3000 万元；对被评为国内首台装备项目，按合同金额的 10%比例进行支持，支持金额不超过 1000 万元 |

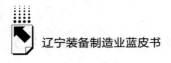
续表

| 时间 | 地区 | 政策 | 核心内容 |
|---|---|---|---|
| 2020年4月 | 重庆市 | 《重庆市促进软件和信息服务业高质量发展行动计划（2020~2022年）》 | 到2022年，成功创建中国软件名城，打造两个中国软件名园、1个国家数字服务出口基地。软件业务收入达3000亿元，年均增长超过20% |
| 2020年8月 | 河南省 | 《推动制造业高质量发展实施方案》 | 明确努力建成先进制造业强省，预计到2025年，河南省各方面水平、能力与技术都能达到国内的天花板级别，并形成产业集群，打造百亿、千亿甚至数万亿级别的领军企业 |
| 2020年8月 | 云南省 | 《关于加快构建现代化产业体系的决定》 | 对先进制造业等五大万亿级支柱产业进行优先着重培养，争取到2025年，主要产业相关收入能够达到1.5万亿元 |
| 2020年8月 | 天津市 | 《天津市海洋装备产业发展五年行动计划（2020~2024年）》 | 到2024年，天津市海洋装备产业将累计培育形成年收入超100亿元企业20家、超50亿元企业3家、超10亿元企业10家 |

## 四 辽宁省装备制造业发展政策梳理及解读

### （一）《辽宁省首台（套）重大技术装备认定暂行管理办法》

#### 1. 首台（套）重大技术装备定义

首台（套）重大技术装备［简称"首台（套）"］是指在辽宁省装备制造业重点领域，经过创新，其品种、规格或技术参数等有重大突破，实现进口替代、补齐重大短板，具有自主知识产权但尚未取得市场业绩或实现首次应用的成套和单机装备、核心零部件。

#### 2. 认定组织单位

辽宁省工业和信息化厅。辽宁省工业和信息化厅发布《辽宁省首台（套）重大技术装备认定申报指南》（简称《申报指南》），企业根据《申报指南》自愿申请认定。认定工作每年开展一次。

3. 基本条件

（1）企业注册和纳税关系在辽宁省境内、具有独立法人资格、管理规范、依法纳税。近三年未发生重大安全和环保事故，无不良信用记录。具备产品设计及主要关键部件的制造和集成能力，所申报产品为本地区研发并生产。

（2）产品符合国家和省工业转型升级要求且为当前国民经济建设和国家重大工程急需。

（3）产品属于省内首次研发成功，市场前景较好，节能、节材、环保效果突出，预期经济效益和社会效益显著。

（4）产品技术先进。首台（套）在同类产品中应达到国内先进水平以上。产品技术先进性需通过省级（含）以上有关部门组织的专家鉴定，或通过查新报告说明其技术先进性。

（5）产品性能可靠。通过省级（含）以上市场监督管理部门资质认定的检验检测机构或本行业公认权威机构的性能参数检测报告，或用户出具的产品使用证明。如果是国家强制性认证的产品，须通过强制性产品认证；如果是特殊行业管理要求的产品，需获取该行业高层人员核对签发的产品生产许可证。

（6）产品知识产权明晰。申请单位通过其主导的技术创新活动，拥有核心技术，或自主知识产权，或依法通过受让取得知识产权的所有权或使用权，拥有产品注册商标所有权。

（7）首台（套）成套设备价值在100万元／套以上，单台设备价值在20万元以上。

（8）产品研制完成时间距申请认定时间一般不超过2年。

（9）企业研制的仅限于自用的设备不属于首台（套）认定范围。

4. 认定程序

（1）按属地管理原则向市（含沈抚示范区，以下同）工业和信息化主管部门提出申请，并按照《申报指南》要求报送首台（套）认定申请材料。

（2）对申请材料进行审核后，将符合条件的申请材料汇总上报省工业

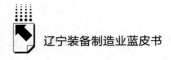

和信息化厅。

（3）省工业和信息化厅通过委托第三方机构的形式对企业申请材料组织专家评审。对通过专家评审认定的首台（套）产品在省工业和信息化厅网站上进行公示，公示期为5天。

（4）对通过公示的首台（套）产品，列入《辽宁省首台（套）重大技术装备推广应用指导目录》（简称《目录》），并在省工业和信息化厅网站上发布。

5. 监督管理

（1）对欺上瞒下或不择手段获得首台（套）认定的请求单位，该首台（套）认定将视为失效，并且在未来三年内不允许该单位再次申请相应资格。

（2）收录在《目录》的首台（套）研制企业的融资项目，优先向金融机构推荐支持。

（3）省工业和信息化厅负责建立首台（套）认定专家库，首台（套）认定评审专家从专家库中抽取。

### （二）《辽宁省制造业设计能力提升专项行动计划（2020~2022年）》

为提升辽宁省制造业总体设计能力，改善现有欠缺领域，努力将辽宁省打造为制造强省，省工业和信息化厅联合省发展改革委、辽宁省税务局、知识产权局等单位编制印发了《辽宁省制造业设计能力提升专项行动计划（2020~2022年）》（简称《行动计划》）。现就《行动计划》包含的相关内容进行以下五点解读。

1.《行动计划》的制定背景

随着新时代各产业的一轮变革，虽然近些年来辽宁省在工业设计工作方面取得了优异的成绩，但这些都不足以支撑现有的形势，工业设计各方面都发生了巨大的变化，当今最关键的问题就是设计能力已经无法满足辽宁省制造业的转型升级需要，在设计基础研究、相应的工具及人才培养与公共服务能力方面等都有所欠缺，需要尽快加强。因此，辽宁省为贯彻落实我国建设制造强省的政策，针对制造业设计能力不足这一问题，提出此《行动计划》。

**2.《行动计划》的总体要求**

《行动计划》提出，坚持以习近平新时代中国特色社会主义思想为指导，全面贯彻党的十九大和十九届二中、三中、四中全会精神，坚持新发展理念，在国家政策和政府引导的带领下，为制造业的发展与进步营造出一个良好的环境，在现有政策的支撑下再陆续完善新的政策措施，不断提高制造业设计能力和水平，查漏补缺，加快促进辽宁省制造业的转型升级，带动制造业相关产业的健康发展。力求早日将辽宁速度转变为辽宁质量、辽宁制造转变为辽宁创造、辽宁制造大省转变为辽宁制造强省，为辽宁省制造业的发展提供高质量可持续的后备力量。

**3.《行动计划》确立的目标**

《行动计划》表明，要在大约3年的时间内使辽宁省制造业的设计能力得到质的提升，要突破多产业的原创设计，如电力装备、高端消费品和机器人等行业，从而改善辽宁省制造业的短板问题。推广工业设计"新工科"教育模式，组建培养一批高水平高素质的人才团队，不断创新设计生产出多种拥有自主知识产权的产品，提升辽宁省制造业的核心竞争力。为提升工业设计基础研究能力和公共服务水平，辽宁省将建设较高水平的工业设计研究院、设计培训基地、设计园区和平台等，挑选上百件创新设计产品加以宣传推广，不断发展壮大，使辽宁省工业设计发展水准和服务质量得到明显的提升。

**4.《行动计划》提出的重点任务**

瞄准辽宁省制造业领域现存的突出问题，共提出4项任务和13项举措加以改善。一是加大基础研究力度，巩固制造业设计基础。加强建设工业设计研究院，加强设计软件研发，加强标准计量基础工作，加强设计知识产权保护。二是强化政策引导和公共服务，培育壮大设计主体。强化制造企业和设计企业二者相互配合，合作共赢，大力建设制造业工业设计中心，推进工业设计企业进步。三是推动重点领域突破，助力产业转型升级。改善设计方面的弱项，对传统产业加以重视，提升生态和系统方面的设计。四是丰富培养模式，引导高端设计人才聚集。鼓励人才培养模式创新，加强培训基地建

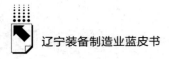

设，实施领军人才计划。

**5. 保障《行动计划》的实施**

《行动计划》从四方面提出了保障措施来确保各项行动的顺利开展。一是组织协调方面，要求各相关部门相互协作、合力推进，并结合各地区实际情况，围绕发展目标进行工作任务的合理分配，稳步推动计划实施。二是在政策支持方面，主动对接国家在工业设计方面的战略部署及行动规划，保障相关企业能够有足够的财政支持。加大鼓励力度，激励资金充裕的地区设置专项资金、举办创新活动等，加强奖励措施，对获得国家乃至国际上的奖项的企业给予一定的奖励。增强优惠举措，对满足条件的企业提供技术方面的系列服务，并依据国家税法规定享有相应的税收优惠政策。三是在投融资渠道方面，提出一些社会资本可以设立设计类产业基金。金融机构主动与设计类企业接洽，依据政府出台的相应政策，创新信贷产品，鼓励企业上市融资。担保机构也可以创立相应的担保品类，加强担保力度，提升企业对其的信任度。四是政策宣传方面，一定要加大宣传力度，对于设计领域的杰出人才、领军企业及优异成绩等极力宣扬，并对知识产权保护领域相关的问题进行普及，避免出现侵权方面的事宜。在社会上为设计创新营造出良好的发展环境，提升其社会地位，重视其社会影响力，从而能够更好地推动设计的发展与进步。

# 五 辽宁省装备制造业发展政策需求预测

## （一）辽宁省新政策需求

当前，辽宁省正加大力度推动高端装备制造业的发展，依据辽宁省装备制造业发展"十三五"规划可以了解到，辽宁省将目光着重聚焦在八大领域，包括智能制造装备产业、航空装备产业和轨道交通装备业等八大产业。辽宁省在装备制造业所用电量和重点企业订货数量等指标回暖也得益于辽宁省做出的一系列重大举措，改善企业经营环境，加大扶持力度，颁布激励政策，推进重大项目建设等。

### 1. 发展八大重点领域补产业短板

装备制造业作为辽宁省工业发展的首要产业，是推动辽宁省经济发展、向制造强省迈进的中坚力量，也是供给侧结构性改革核心所在。辽宁省针对装备制造业的系列问题——工业设计能力不足、依赖国外的先进技术和自主知识产权欠缺等制定了《辽宁省装备制造业重点领域发展指导意见》，清楚地表明智能制造装备产业、航空装备产业和轨道交通装备等八大产业作为"十三五"时期的首要重点发展领域，未来还需发展八大重点领域，找寻产业短板，制定相关政策，推动重点产业做大做强。

### 2. 智能制造领域发展迅速

辽宁省在《辽宁省智能制造工程实施方案》这一政策中提出在未来5~10年的努力下，要将辽宁省打造成全国数一数二的智能制造产业基地，在提升智能制造的创新能力、巩固智能制造的发展基础、创新智能装备和产品等五个方面精准发力。在2015~2016年，辽宁省推进建设近百家智能制造及智能服务试点示范企业项目，已经有15家企业智能化升级转型成功，这些企业主要围绕智能服务、数字化车间、智能装备及产品和智能工厂四个方面进行建立。

辽宁省在两方面持续推动制造业的智能化改造。一方面，将数字化覆盖企业。将信息技术及工业互联网普及企业各处，建设上百户工业互联网试点企业。另一方面，将供应商、重点企业、各大高校及科研院所等优势资源进行整合，建立辽宁智能制造协作联盟。举办智能制造经验交流会，并与金融机构对接融资需求。

当前我国在智能制造装备领域颁布的相关政策有《智能制造发展规划（2016~2020年）》《建材工业智能制造数字转型三年行动计划（2020~2022年）》等，缺少针对智能制造领域下属类别的相关政策，如高档数控机床、机器人和3D打印等，辽宁省也需在上述领域提供相关的政策支持，带动整个智能制造领域的发展。

### 3. 其他领域新政策需求

另外，我国在航空航天领域颁布的相关政策有《民用航空工业中长期

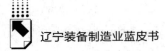
发展规划（2013~2020年）》《民航局关于推进国产民航空管产业走出去的指导意见》等，辽宁省缺少针对航空航天装备相关政策的补充；在汽车装备领域颁布的相关政策有《交通强国建设纲要》《新能源汽车产业发展规划（2021~2035年）》等，政策颁布年份较新且针对新兴新能源汽车领域，推进节能与新能源汽车的大力发展，对此辽宁省还未能及时发布细化政策与具体实施行动计划；在海洋工程装备与高端船舶领域的相关政策有《船舶工业深化结构调整加快转型升级行动计划（2016~2020年）》《海洋工程装备制造业持续健康发展行动计划（2017~2020年）》等，辽宁省打算培育发展游艇制造业，但缺乏对于此领域的相关政策；在轨道交通装备领域颁布的相关政策有《铁路"十三五"发展规划》《交通强国建设纲要》等，政策颁布年份较新，为能够加快发展先进适用的轨道交通装备，加快实现关键技术突破，推进产业协作配套，辽宁省还需结合实际情况做好辽宁顶层设计。综上，辽宁省在航空航天装备、汽车装备和游艇制造业等领域需要国家政策支持和自身突破，从而能够更好地推进辽宁省装备制造业的发展。

## （二）辽宁省政策总结

高端装备制造产业是工业化发展的高级阶段，是装备制造业的高端领域，具有技术含量高、投入大的特点，处于价值链高端，产业链占据核心部位，具有高附加值的特征，其发展水平决定产业链的整体竞争力。高端装备制造业对于国家工业发展有着关键作用，而国家与地方政府政策支持对于高端装备制造业的长期发展极为重要，相信在政策规划引导、补助支持与税收优惠等行动推动下，辽宁省高端装备制造业将得到长足发展。

**参考文献**

《2018年国家及各省市高端装备制造政策汇总及解读》，https：//www. qianzhan. com/analyst/detail/220/180129-d9aee616. html。

《2018 年中国各地高端装备制造业政策汇总及解读》，https：//www. askci. com/news/finance/20180130/154928117257_ 2. shtml。

《2020 年国家及各省市高端装备制造政策汇总及解读》，https：//baijiahao. baidu. com/s？id=1677526429220972647&wfr=spider&for=pc。

《数字乡村发展战略纲要》，http：//www. gov. cn/zhengce/2019－05/16/content_ 5392269. htm。

《中共中央关于制定国民经济和社会发展第十四个五年规划和二〇三五年远景目标的建议（2020 年 10 月 29 日中国共产党第十九届中央委员会第五次全体会议通过）》，http：//www. gov. cn/zhengce/2020－11/03/content_ 5556991. htm。

《〈辽宁省首台（套）重大技术装备认定暂行管理办法〉解读》，http：//gxt. ln. gov. cn/zwgk_ 123432/zcjjd/202008/t20200814_ 3925111. html。

《〈辽宁省制造业设计能力提升专项行动计划（2020～2022 年）〉政策解读》，http：//gxt. ln. gov. cn/zwgk_ 123432/zcjjd/202011/t20201124_ 4022644. html。

《国务院办公厅关于推进对外贸易创新发展的实施意见》，http：//www. gov. cn/zhengce/content/2020－11/09/content_ 5559659. htm。

《交通强国建设纲要》，http：//www. gov. cn/gongbao/content/2019/content_ 5437132. htm。

《建材工业智能制造数字转型三年行动计划（2020～2022 年）》，https：//baijiahao. baidu. com/s？id=1659745045427582292&wfr=spider&for=pc。

国务院办公厅：《新能源汽车产业发展规划（2021～2035 年）》，http：//www. gov. cn/zhengce/content/2020－11/02/content_ 5556716. htm。

《辽宁省装备制造业发展"十三五"规划》，https：//www. sohu. com/a/108632788_ 131990。

《辽宁装备制造业重点发展八大领域》，https：//www. sohu. com/a/126277502_ 114731。

# B.11
# 辽宁省装备制造业人才发展规划

袁　峰　许凌珠　王思琪　李清蕾*

**摘　要：** 人才是一个企业乃至一个行业发展的核心资本，是先进生产力与知识文明的开创者与传播者，优秀人才是实现区域经济高质量发展的基础。装备制造业高端化、智能化发展的关键在于构建高素质、高技能、高创新且具有全球视野的人才队伍。本文梳理了辽宁省装备制造业人才发展相关政策及规划，并从时间、政策名称、核心内容、内涵等方面进行梳理分析，厘清辽宁省装备制造业人才规范发展方向，最后，结合当前辽宁人才政策、装备制造业发展情况、高端装备制造业发展要求等，提出辽宁省装备制造业未来政策及规划还需系统规划人才顶层设计、加大人才引进力度、完善人才政策的物质激励和精神关怀。

**关键词：** 装备制造业　人才发展　人才政策　人才需求

## 一　辽宁省装备制造业人才发展政策及规划分析

辽宁省委、省政府及办公厅，省有关职能部门出台了一系列关于装备制造业的人才政策及重要文件，内容涉及人才引进、培养、评价、服务、管理等各个环节，初步形成了较为全面的人才政策体系。近年来，省级层面出台

---

\* 袁峰，沈阳工业大学管理学院副教授、副院长，硕士生导师，中国技术经济学会高级会员，主要研究方向为科技创新与电子商务；许凌珠，沈阳工业大学管理学院硕士研究生；王思琪，沈阳工业大学管理学院硕士研究生；李清蕾，沈阳工业大学管理学院硕士研究生。

了十余篇相关政策与重要文件。

从各时间来看，辽宁省关于装备制造业领域的人才政策力度不断增强，显示出辽宁工业大省对于装备制造业领域发展一直保持较高关注度。

从文件发布部门来看，大多数文件由多部门联合出台，且省委、省政府层面印发占较大比重，体现出辽宁省最高决策层对装备制造业领域人才工作的重视。

为进一步分析相关政策发展方向，以人才政策的特征为依据，将辽宁省装备制造业人才政策及文件分为三大类，分别是：人才吸引与培养政策、人才管理与维护政策、人才评价与考核政策。人才吸引与培养政策首先是提高本地区人的意识、能力和素质，从而培养本地人才，接着是通过直接、间接等方式吸纳外省人才向本地区汇集靠拢，主要的措施包括提供物质和精神奖励，提高基础设施建设水平，提供便利的政策以方便人才办理跨国跨区手续，降低流动门槛。人才管理与维护政策是指采用科学的方法对人才进行统计并造册，便于了解本地的人才现状和流动情况，加强管理，可以从人才市场着手，改进管理方法，同时构建数据库或人才管理平台，将人才信息数据化，方便日后进一步调用。人才评价与考核政策主要指依据公平、公正、客观原则，构建人才多角度评价考核体系，将本地区人才的能力、绩效、贡献等量化，并给出考核方法，不仅能作为日后奖惩的基础，还可以对人才的发展方向给出一定的引导。

从各类政策及文件的内容来看，人才吸引与培养类政策数量最多，其中包括从具体细分行业角度出发的人才引培政策，也包括个人角度的具体住房补贴、薪酬待遇、落户居留、社会保险等政策。《关于推进人才集聚的若干政策》中就明确了各类人才（项目、平台）补助奖励标准，并为人才提供安居保障、家属就学（业）保障和社会保障。人才管理与维护政策中有极具辽宁特色的《2020"百校千企"人才对接计划》，通过线上开展网络招聘、供求精准对接、双向推荐、信息推送等方式，线下校园双选招聘会、就业政策宣讲等途径，实现校企人才供需精准对接。人才评价与考核政策中，较为重视人才评价考核制度的改革，且相继出台的政策文件更加精细化，不

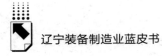
断丰富与完善人才能力、绩效、贡献等相关评价考核制度。其中,《关于在工程技术领域实现高技能人才与工程技术人才职业发展贯通的实施意见(试行)》政策,积极响应与落实人社部提出的重视工程技术领域高技能人才与工程技术人才的发展要求,并对其实施原则进行细化、本土化,结合本省的实际情况,有利于落在实处。

从政策主题来看,既有《中共辽宁省委印发〈关于深化人才发展体制机制改革的实施意见〉的通知》《辽宁省人才服务全面振兴三年行动计划(2018~2020年)》等顶层设计,又涉及《关于进一步提高技术工人待遇的实施意见》《关于在工程技术领域实现高技能人才与工程技术人才职业发展贯通的实施意见(试行)》等特定群体的专项政策。相比较来说,政策文件中综合性文件较多,对于专门针对装备制造行业细分领域的人才政策还有较大创新空间。

表1 辽宁省装备制造业人才发展政策及规划梳理

| 时间 | 政策 | 核心内容 | 内涵 |
|---|---|---|---|
| 2016年8月 | 《辽宁省装备制造业发展"十三五"规划》 | 加大专业技术人才、经营管理人才和技能人才的引进与培养力度,完善从研发、转化、生产到管理的人才培养体系。引导和支持高等院校和科研机构围绕先进装备制造业发展的人才需求调整、新设学科和专业,加快培养产业发展所需的各类人才。鼓励企业与学校合作,培养当前装备制造业迫切需求的技术型、科研型、复合型等人才。继续实施"十百千高端人才引进"等工程,引进和培养一批装备制造业创新型、实用型人才 | 通过提升人才物质精神待遇、加强基础设施建设等方式,提高本地区人的意识、能力和素质,培养本地人才,通过直接或间接的方式吸引各地人才向本地区汇集,且提供便利的政策以方便人才办理跨国跨区手续,降低流动门槛 |
| 2016年11月 | 《辽宁省深化制造业与互联网融合发展的实施方案》 | 加强互联网与制造业的融合发展,大力推动人才培养计划。培养创新实践人才和概念型统筹人才,吸引有创新创业能力的人才企业家进行跨领域创业,培养创业团队, | |

续表

| 时间 | 政策 | 核心内容 | 内涵 |
|---|---|---|---|
| 2016年11月 | 《辽宁省深化制造业与互联网融合发展的实施方案》 | 搭建一个良好的环境鼓励各种融合发展的高素质人才脱颖而出。各地区各部门之间要重点关注融合工作进展,统一思想,加深了解,努力工作,确保完成制造业与互联网融合的每一项战略目标 | 通过提升人才物质精神待遇、加强基础设施建设等方式,提高本地区人的意识、能力和素质,培养本地人才,通过直接或间接的方式吸引各地人才向本地区汇集,且提供便利的政策以方便人才办理跨国跨区手续,降低流动门槛 |
| 2017年2月 | 《中共辽宁省委印发〈关于深化人才发展体制机制改革的实施意见〉的通知》 | 改良人才尤其是创新型人才的培养方式,提高知识转化收益的转化率,增加科研技术类人才的收入,因势利导。在人才资金的分配上做到分类细节化、明确化。放宽人才标准,倡导工匠精神,培养一批拥有高超技术和精湛技巧的工匠型人才。着眼于农村,重视实用人才,细化以培养农民职业技能为主的人才培养机制。加大激励力度,鼓励新青年创新创业,培养创新型人才 | |
| 2018年3月 | 《辽宁省人才服务全面振兴三年行动计划(2018~2020年)》 | 到2020年,全省人才规模实现稳步增长,专业技术人才达到350万人,具有高级技术职称人才达到52万人,高技能人才达到112万人。全省人才工作体系进一步完善,人才发展环境进一步优化,人才集聚效应进一步增强,人才竞争力进一步提升,人才服务发展贡献突出,形成人才引领创新、创新驱动发展、发展集聚人才、人才服务振兴的良好局面 | |
| 2018年6月 | 《关于推进人才集聚的若干政策》 | 开辟大中专毕业生等人才落户"绿色通道",积极吸引留学人员来辽宁创新创业,着力招揽全球优秀博士,大力引进创新创业人才团队,扩大用人主体自主权,建设完善的人才培养平台,提高科研基金的使用效率,做好各类人才的后勤工作,降低人才引进门槛,实行引才荐才奖励制度 | |

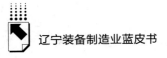

续表

| 时间 | 政策 | 核心内容 | 内涵 |
|------|------|---------|------|
| 2018 年 8 月 | 《关于进一步提高技术工人待遇的实施意见》 | 突出"高精尖缺"导向,大力提高高技能领军人才待遇水平;实施工资激励计划,提高技术工人收入水平;构建技能形成与提升体系,支持技术工人凭技能提高待遇;强化评价在激励工作中的使用,畅通技术工人成长成才通道;协力形成"重实干、强执行、抓落实"的工作机制 | 通过提升人才物质精神待遇,加强基础设施建设等方式,提高本地区人的意识、能力和素质,培养本地人才,通过直接或间接的方式吸引各地人才向本地区汇集,且提供便利的政策以方便人才办理跨国跨区手续,降低流动门槛 |
| 2019 年 1 月 | 《辽宁省建设具有国际竞争力的先进装备制造业基地工程实施方案》 | 加快人才引进培养。建立和完善人才引进、培养与激励机制,建立装备制造业人才库,加快培养和引进装备制造业的中高级技工队伍、研发专家和团队、高级经营管理人才,为产业发展提供科研支持和专业型人才。重视职业化教育和专业技能锻炼,建立实训基地 | |
| 2019 年 9 月 | 《辽宁省人民政府关于推行终身职业技能培训制度的实施意见》 | 为适应全省经济结构调整、产业转型升级、制造业高质量发展、劳动者就业创业需要,深入实施就业优先战略和人才强省战略,深化人力资源供给侧结构性改革,推行终身职业技能培训制度,大规模开展职业技能培训 | |
| 2017 年 2 月 | 《中共辽宁省委印发〈关于深化人才发展体制机制改革的实施意见〉的通知》 | 转变政府人才管理职能,保障和落实用人主体自主权,全面落实国有企业、高校、公立医院、科研院所等企事业单位和社会组织的用人自主权,构建完善市场化的人才服务体系。推进试验区建设,促进人才管理改革,推动沈大国家自主创新示范区、中国(辽宁)自由贸易试验区和沈抚新区等辽宁人才管理改革试验区建设。降低人才的流动门槛,打破户籍、地域、身份、学历、人事关系等制约,促进人才资源合理流动、有效配置 | 对人才进行统计并造册,便于了解本地的人才现状和流动情况,加强管理,从人才市场着手,改进管理方法,同时构建数据库或人才管理平台,将人才信息数据化 |

续表

| 时间 | 政策 | 核心内容 | 内涵 |
|---|---|---|---|
| 2019年5月 | 《关于开展2019年度辽宁省重点产业领域人才（项目）需求调查工作的通知》 | 以辽宁省明确的12大重点产业领域为主,在全省范围内开展重点产业领域人才（项目）需求调查工作,积极推进人才供给侧结构性改革,聚焦全省经济发展战略规划和重点产业（项目）布局,及时了解和掌握辽宁省重点领域、重点产业、重点企（事）业单位对人才（项目）的需求情况及发展趋势,统筹做好人才开发和引进工作 | 对人才进行统计并造册,便于了解本地的人才现状和流动情况,加强管理,从人才市场着手,改进管理方法,同时构建数据库或人才管理平台,将人才信息数据化 |
| 2020年3月 | 《2020"百校千企"人才对接计划》 | 打造"百校千企"人才对接计划品牌,通过线上开展网络招聘、供求精准对接、双向推荐、信息推送等方式,线下校园双选招聘会、就业政策宣讲等途径,组织开展网络招聘或现场招聘活动,为辽宁省1000家左右重点企事业单位、省内外100所左右高校搭建人才对接平台,实现人才供需精准对接,努力集聚各方面优秀人才,为实现辽宁全面振兴、全方位振兴提供有力人才支撑和智力保障 | |
| 2017年2月 | 《中共辽宁省委印发〈关于深化人才发展体制机制改革的实施意见〉的通知》 | 搭建人才分类评价指标体系,从政府、社会、组织以及企业等多个角度对人才进行综合评价。改革职称制度和职业资格制度,突出用人主体在职称评审中的主导作用,合理界定和下放职称评审权限,推动高校、科研院所和国有企业自主评审。建立技能型人才的全方位评价机制,放宽技师报考标准,对于贡献较大或者掌握高端技能的骨干型人才,可以允许其破格参加中高技师的考评 | 依据公平、公正、客观原则,构建人才多角度评价考核体系,将本地区人才的能力、绩效、贡献等量化,并给出考核方法 |

续表

| 时间 | 政策 | 核心内容 | 内涵 |
|---|---|---|---|
| 2018 年 5 月 | 《关于分类推进人才评价机制改革的实施意见》 | 创新重点区域、重点产业(行业)高端人才评价机制。充分发挥高端人才的骨干支撑作用,全面推进人才管理改革试验区建设,促进重点地区、重点产业(行业)人才评价机制创新,对沈大国家自主创新示范区的人才注重评价服务建设东北老工业基地高端装备研发制造集聚区、转型升级引领区、创新创业生态区、开放创新先导区的能力 | 依据公平公正客观原则,构建人才多角度评价考核体系,将本地区人才的能力、绩效、贡献等量化,并给出考核方法 |
| 2019 年 8 月 | 《关于在工程技术领域实现高技能人才与工程技术人才职业发展贯通的实施意见(试行)》 | 通过职称评审,评价选拔一批技能精湛、专业知识扎实的工程技术人才,鼓励和支持他们在更宽广的领域钻研业务,解决工程技术难题,促进工程理论知识与技术技能的深度融合 | |

## 二 辽宁省装备制造业人才发展政策需求预测

### (一)辽宁省未来政策及规划需求

#### 1. 系统规划装备制造业人才队伍建设

高端装备制造业能够拉动内需、鼓励企业自主创新、鼓励装备制造行业向前发展、有利于传统产业转型改造升级。高端装备制造业的发展和振兴,依赖科研水平和基础工艺的提升。搞好人才队伍建设,有利于推动知识创新和技术创新,进而提升科研水平和基础工艺。所以,现今辽宁省的装备制造业人才政策还需完善顶层设计,时刻关注人才需求变化,围绕国家、辽宁省及装备制造业"十四五"发展目标,研究制定人才规划,对标国际,建立健全科学、专业的评估机制。

2. 加大装备制造业重点领域人才引进力度

高端技术人才、研发人才、管理骨干等核心员工，无论是质还是量均难以满足装备制造业及战略性新兴产业的快速扩张的需求，为此还需完善人才引进机制，要与市场接轨，根据人才的能力和层次给予相应的待遇，降低人才引进门槛，拓宽引进通道，重点引进掌握核心技术的科技人才、具备高超操作技能水平的工匠人才与拥有国际视野的专业管理人才等。

3. 完善人才管理相关政策的物质激励和精神关怀

从现有人才引进与管理的相关政策可以看出，当前已颁布政策对人才的关心不够全面，主要关注人才的工资福利、劳动环境等物质激励范畴，对人才的精神领域如心理状态等关心较少。还需进一步兼顾物质激励和精神关怀，关注人才发展未来职业规划，拓宽人才职业发展通道，避免人才浪费。

## （二）政策及规划总结

装备制造业尤其是高端装备制造业在国民经济高质量发展中起着支撑与引领的重要作用，而装备制造业高端化、智能化发展的关键在于构建高素质、高技能、高创新且具有全球视野的人才队伍。辽宁省在装备制造业人才吸引与培养、人才管理与维护、人才评价与考核等方面作出了积极的政策引导。当前，辽宁省高新技术人才还存在缺口，装备制造领域人才发展体制机制还有待健全，未来还需完善补充全行业人才顶层设计、重点领域人才引培、人才关爱与保障等相关政策，支撑助力辽宁省装备制造业高质量发展。

**参考文献**

薛楚江、谢富纪：《人才政策发展三阶段模型与中国人才政策》，《科技管理研究》2020 年第 24 期。

吴帅：《我国引进海外高层次人才政策梳理及分类比较》，《第一资源》2013 年第 2 期。

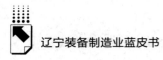
《关于开展 2020 年"百校千企"人才对接计划的通知》，http：//rst. ln. gov. cn/zfxxgk/fdzdgknr/zdmsxx/zcjc/202010/t20201015_ 3988656. html。

《关于在工程技术领域实现高技能人才与工程技术人才职业发展贯通的实施意见（试行）》，http：//rst. ln. gov. cn/zxzx/rcdwjs/201908/t20190827_ 3557198. html。

谭光勇：《高端装备制造业人才队伍建设的思考》，《中国市场》2021 年第 6 期。

# 附　　录
## Appendix

# B.12
# 辽宁省装备制造业产业大事记

袁　峰　王思琪　许凌珠　李清蕾*

## 一　辽宁省装备制造业重大事件梳理

附表1　辽宁省装备制造业重大事件

| 时间 | 事件 | 内容 |
|---|---|---|
| 2019年3月 | 中德园与中国中铁两强合作76.78亿元基础设施PPP项目签约 | 中德(沈阳)高端装备制造产业园与中国中铁股份有限公司联合体入主的沈阳西部建设投资有限公司正式签署了《沈阳中德园基础及公共设施建设PPP项目合作协议》,中德园基础及公共设施建设全面驶入快车道。该项目覆盖中德园全域,总投资约76.78亿元,建设期为9年,分三期实施,各期工程建设期3年。一期项目包括建设开发区25号路及26号路的管廊工程等围绕宝马工厂的配套工程 |

* 袁峰,沈阳工业大学管理学院副教授、副院长,硕士生导师,中国技术经济学会高级会员,主要研究方向为科技创新与电子商务;王思琪,沈阳工业大学管理学院硕士研究生;许凌珠,沈阳工业大学管理学院硕士研究生;李清蕾,沈阳工业大学管理学院硕士研究生。

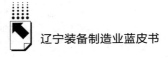

续表

| 时间 | 事件 | 内容 |
|---|---|---|
| 2019 年 6 月 | 2019 中德（沈阳）高端装备制造高峰论坛在沈举行 | 约 10 个招商项目在此次论坛上签约,其中包括:沈阳中关村创新项目、中德汽车产业基金项目等。中德园就双元制职业教育与多家公司进行合作,另有华晨宝马汽车有限公司与 9 所高校进行人才培养合作协议签订 |
| 2019 年 7 月 | 中船重工庄河海上风电 300 兆瓦项目启动 | 中船重工大连庄河海域海上风电场址 Ⅱ（300 兆瓦）项目是国家能源局批复的重点项目之一,是我国北方市场首个以 EPC 总承包方式建设的海上风电工程,也是我国海装第一个自建的海上风电项目。该项目总投资约 51 亿元,建成后年发电约 2580 小时,年发电量 7.7 亿千瓦时,年收入 6.6 亿元。项目建成后,年上网电量将超过 7 亿千瓦时,每年可节约标准煤 23.5 万吨,减排二氧化碳 48 万吨、二氧化硫 870 吨。项目建成以后,将成为整个东北地区海上风电及新能源发展的标杆工程 |
| 2019 年 8 月 | 中德产业园基础设施建设进展顺利 | 8 月 1 日,在沈阳中德产业园基础设施项目 25 号路跨细河桥施工现场,施工人员正在精确校准跨细河桥桥墩模板,确保高质量完成建设项目。25 号路项目全长 4 公里,宽 60 米,为双向 8 车道。起点位于浑河二十四东街,3 次跨越细河,终点位于四环路。2019 年以来,由中铁广州局、中铁九局、中铁三局组建的中德产业园第一项目部、第二项目部、第三项目部进场开工,正在重点建设 26 号街管廊和 25 号道路等工程 |
| 2019 年 8 月 | 高精度数控机床项目落户沈阳 | 8 月 5 日,由韩国斗山机床和沈阳聚星机床有限公司合作建设的高精度数控机床项目落户沈阳市于洪区。该项目建筑面积约 4.59 万平方米,投资总额超过 1 亿美元,一期建成后,可年产高精度数控机床 720 台,产值超过 10 亿元 |
| 2019 年 8 月 | 喀左建信息半导体新材料产业园 | 喀喇沁左翼蒙古族自治县正以朝阳通美晶体科技有限公司为依托,着力建设信息半导体新材料产业园,规划面积 1.79 平方公里,计划总投资 11.6 亿元。朝阳通美晶体科技有限公司总投资 5 亿元,建设年产 187 吨砷化镓、磷化铟和锗晶体项目。项目全部达产后,年可实现销售收入 6 亿元 |

| 时间 | 事件 | 内容 |
|---|---|---|
| 2019 年 9 月 | 中科北方 60 亿元芯片基底材料项目落地鞍山高新区 | 中科北方投资发展有限公司拟建设芯片基底材料(SOI)基地项目,于鞍山市高新区注册公司。每年产出 12 寸芯片基底材料(SOI)约 100 万片,收入约 60 亿元。项目分两期建设,第一期投资 30 亿元,年产出 50 万片 |
| 2019 年 9 月 | 第十八届中国国际装备制造业博览会开幕 | 本届制博会主题为"智能制造与东北振兴",海内外共有 953 家企业参加展览,展位数共 4260 个,总面积达 11 万平方米。其中,境外及外商投资企业展位占 32.8%,共计 1397 个 |
| 2019 年 10 月 | 总投资超百亿元有色金属产业园项目落户朝阳县 | 唐山三石集团落户朝阳县,占地 2800 亩,共投资 50 亿元,首先利用僵尸企业盘活,并运用现有土地和企业相关手续,建设每年生产 30 万吨镍金属的生产线。该项目预计分为三期建设 |
| 2019 年 10 月 | 省先进装备制造业基地建设工程中心调研组来阜调研 | 阜新市委、市政府高度重视装备制造及配套产业发展,培育了一批专精特新企业,产业发展已初具规模,创新能力正不断提升,装备制造及配套产业,已经成为推动阜新高质量发展的四个优势产业之一 |
| 2019 年 11 月 | 中英(大连)先进制造产业园汽车检验中心一期项目在大连花园口经济区启动 | 11 月 4 日,在大连花园口经济区,中英(大连)先进制造产业园汽车检验中心一期项目启动。该项目力求打造一站式汽车综合研发测试基地,总投资 55 亿元,2020 年 10 月一期工程投入使用。项目建成后,可为汽车整车及零部件厂商提供测试场地及开发平台,推动大连汽车产业转型升级 |
| 2019 年 12 月 | 铁岭市装备制造业(沈阳)主题招商推介会举行 | 推介会上,市工业和信息化局做了装备制造业主题招商推介,铁岭经济技术开发区、开原经济开发区、昌图经济开发区、调兵山经济开发区分别作了招商推介。来自沈阳、大连、鞍山等地的 270 余名装备制造企业代表参加了招商推介会,并观看了铁岭投资环境宣传片。本次招商推介会共达成 12 个签约项目,总金额 13.85 亿元 |
| 2020 年 3 月 | 辽宁省首个高端装备制造业标准化试点项目在大连通过考核评估 | 由大连市市场监管局、大连市工业和信息化局指导,由瓦房店市人民政府承担建设的辽宁省首个国家高端装备制造业(轴承)标准化试点项目顺利通过市场监管总局(标准委)、工业和信息化部项目考核评估,被评为合格试点项目 |

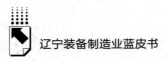

续表

| 时间 | 事件 | 内容 |
|---|---|---|
| 2020 年 5 月 | 辽宁省科技厅组织召开辽宁省先进装备制造、能源领域规划编制座谈会 | 省科技厅赴大连先后组织召开先进装备制造、能源领域座谈会。大连理工大学、中科院大化所等单位有关专家参加了会议。座谈会上，项目申报单位大连理工大学、中科院大化所介绍了基本框架和分工、已开展研究进展、下一步工作重点、各方向撰写思路、任务时间节点等规划编制情况 |
| 2020 年 5 月 | 全省清洁能源发电企业与装备制造企业配套产品对接会成功举办 | 落实省政府关于推进风电光伏项目建设的工作部署，强调了风电光伏建设对拉动投资的重要意义并对各发电企业、装备制造企业和各地区发展改革部门开展下一步工作提出了希望和要求，为全省清洁能源发电企业与装备制造企业双方搭建了一个深度交流的平台，为打造辽宁省新能源产业优势做出贡献 |
| 2020 年 6 月 | 辽宁省科技厅积极推动先进装备制造领域"十四五"科技创新发展规划 | 会议围绕国家与辽宁省科技发展战略，辽宁先进装备制造产业创新发展现状、面临的问题、机遇与挑战，企业拟开展的核心技术攻关与重点产品研发等议题进行了深入探讨交流。与会各方就进一步深化合作达成一致，表示将协力完成规划编制工作，共同推进辽宁省先进装备制造产业创新发展 |
| 2020 年 6 月 | 鞍山市装备制造产业供应链对接会举行 | 本次会议上共签订十个采购合同战略协议，总计 2802.68 万元，包括《炼钢非标机加件采购合同》《除尘备件采购合同》《风机备件采购合同》等 |
| 2020 年 6 月 | 锦州市召开推进汽车及装备制造业发展座谈会 | 政府部门要出台相应的扶持和激励政策，围绕锦州市汽车及装备制造业的缺陷，加大招商引资力度，使数量得到有效提高。并对技术方面加强重视，引进带动能力强的项目，从而推动产业集聚发展 |
| 2020 年 8 月 | 中德（沈阳）高端装备制造创新委员会第二次会议召开 | 会上，中德专家以中德合作新格局下的共赢之路等三个方向为主题进行了演讲，并且各类别专业委员会进行了项目交流，涉及智能制造和工业互联网等多个方面。另外，工业互联网平台应用创新推广中心、中德企业创新孵化中心也在本次会议上正式揭牌 |

| 时间 | 事件 | 内容 |
| --- | --- | --- |
| 2020 年 9 月 | 第十九届中国国际装备制造业博览会在沈阳开幕 | 中国制博会是中国装备制造业领域唯一经国务院批准举办的国家级大型经贸展览活动,从 2002 年起已连续成功举办了 18 届。本届制博会以"转型升级合作共赢"为主题,因疫情影响,采取线下、线上相结合的方式举办。此次展会共有来自美国、德国、法国、瑞士、日本、韩国等 11 个国家和中国香港、台湾地区的 79 家境外和外商投资企业参展,国内参展企业 433 家。随着中国制博会的开幕,第五届制造强国高峰论坛、央企采购对接会、新产品新技术发布会、中国工业文化赋能装备制造业发展论坛、采购商大会、装备制造业大讲堂、中国制造业人力资源经理人高峰论坛、第十九届中国制博会各类颁奖大会也相继举行 |
| 2020 年 9 月 | 2020 全国海洋智能装备创新大赛暨全国水下机器人大赛正式开幕 | 2020 全国海洋智能装备创新大赛暨全国水下机器人大赛在金石滩鲁能希尔顿酒店正式开幕。全国水下机器人大赛,是国家自然科学基金委员会、大连市政府、鹏城实验室共同举办的真实近海环境下的智能机器人高端赛事,已成功举办三届。本次大赛以"筑梦海洋、智能引领"为主题,邀请了包括 5 位中国工程院院士、近百名"长江学者""国家杰出青年基金获得者"在内的相关领域知名专家、200 余名产业界代表参会,吸引了全国重点高校、科研机构及核心企业 20 支优秀团队 130 余人参赛,是全国规格最高、规模最大的一次水下人工智能机器人盛会 |
| 2020 年 10 月 | 中国·葫芦岛、中国船舶集团高端装备制造产业发展科技项目对接会举行 | 深化与中船集团的合作,要在总结以往经验的基础上明晰思路,研究方向。要把握政治方向,把有关国家发展战略的精神吃深吃透;要抓住龙头企业"靠大船",依托渤海造船厂拉长产业链条,扩大民营资本进入,提升葫芦岛市装备制造水平;要用好科技平台,依托中船集团所属科研院所,加快推进科技成果转化和产业化;要加大政策支持,制定切实管用的政策,支持渤海造船厂和相关企业发展;要实现合作共赢目标。对接会上举行了集中签约仪式,中船集团所属研究所、沈阳航空航天大学、沈阳理工大学、辽宁省航空宇航学会等分别与葫芦岛市相关部门和企业签订合作协议 |

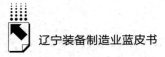

| 时间 | 事件 | 内容 |
| --- | --- | --- |
| 2020 年 10 月 | 盘锦市装备制造业省级标准化试点通过省专家组验收 | 由省市场监督管理局、省工业和信息化厅组织的省装备制造业标准化试点验收专家组,对辽宁陆海石油装备研究院有限公司标准化创建工作进行了验收。经过现场勘查、听取汇报和查阅相关见证资料,最终该试点以 92.5 分的总成绩顺利通过了验收,标志着盘锦市在企业标准化试点建设方面取得了阶段性成果 |
| 2020 年 11 月 | 大连国际车展助推"大连制造" | "大连制造"成为本次车展的亮点之一,是因为大连自贸片区已经形成了全链条的汽车产业,包括整车生产、零部件加工、汽车销售、物流运输、平行进口汽车等。10 月 16 日,东风日产大连分公司迎来了新的里程碑——第 100 万辆整车下线 |
| 2020 年 12 月 | 轨道交通装备技术高层论坛在大连举行 | 大连交通大学和中国中车集团有限公司共同主办的轨道交通装备技术高层论坛在大连交通大学举行。省政协副主席、副市长及来自中国轨道交通装备制造领域的政、产、学、研、用各界嘉宾和代表参加了论坛。本次论坛以"自主创新装备先行·趁势而上开启未来"为主题,邀请了六位两院院士出席,企业高层、院校学者、行业专家共聚一堂,为引领我国轨道交通装备制造技术创新和产业发展、助力交通强国和"一带一路"建设、服务辽宁区域经济社会发展贡献力量 |
| 2020 年 12 月 | "大连制造"助力"华龙一号"全球首堆并网成功 | 中国正式进入核电技术先进国家行列,打破国外核电技术垄断,"华龙一号"全球首堆——中核集团福清核电 5 号机组首次并网成功,在标志着我国迈向核电强国又近了一步的同时,也提高了共建"一带一路"国家对"华龙一号"的信心 |
| 2020 年 12 月 | 2020 中德(沈阳)高端装备制造产业园高质量发展大会召开 | 此次大会以"创新赋能高质量、扩大开放新格局"为主题,全面回顾中德园五年来的建设成果,展望未来前景、明确目标任务。会上,总投资 380 亿元的 30 个项目签约,主要涵盖智能制造、新一代信息技术、工业互联网等领域 |

# 二 辽宁省装备制造业重大创新事件

## （一）东北制药科技创新

东北制药集团股份有限公司根据国家企业技术中心的组织架构，构建了三级科技研发体系。一级研发体系是公司的创新主体，以东北制药研究院为核心，包含外部创新研发平台，针对新产品开发及技术方面的研发工作；二级研发体系由新产品中试基地和工艺研究中心组成，重点负责创新成果转化事宜；三级研发体系为全员参与的群众性创新体系，着重对现有技术的提高以及新产品技术的改进。东北制药经过"三年改革""三年倍增"战略的实施，为公司的创新发展奠定了坚实的基础，公司先后承担12项国家科技重大专项等国家项目，拥有授权发明专利111件，近三年获得药品生产批件等各类批准文件21件。

在技术创新决策方面，东北制药成立了东北制药专家委员会，聘请中国科学院院士、中科院上海药物研究所主任陈凯先为首席专家，成员涵盖15名相关学术领域的专家，强化了专家委员会在科技创新中的顶层作用。在科研组织方面，通过集聚公司研发资源，整合内外部研发力量，重组东北制药集团研究院。东北制药集团研究院是公司科技研发创新的主体，以化学合成原料药、化学药制剂、微生态药物、生物药等新产品开发及重大工艺改进、工程化研究为主要业务内容，为全公司创新发展提供科技支撑。在研发投入方面，随着企业经营情况的不断好转，东北制药持续加大研发投入，年均研发投入1.3亿元，占公司医药制造业销售收入的3.8%；2018年公司研发投入达到2.04亿元，2019年研发投入达到2.5亿元。在成果转化方面，公司研发项目直接面向市场，对研发项目立项、生产转化、市场营销进行一体化规划设计，使各个环节无缝对接，实现研发成果的快速转化。

我国是全球最大的原料药生产国和出口国，化学仿制原料药是我国大宗出口的重要产品。面对国际市场需符合美国、欧盟严苛的药品质量标准壁垒，国内仿制药一致性评价也要求原料药符合国际标准；原料药需要从安全性、有效性和原料的纯度来考察其质量，并且控制药物按既定的工艺生产和正常储存过程中可能产生的杂质，在确证各种杂质化学结构或组分的基础上，采用定向合成技术合成种类繁多的杂质纯品，解决基于有关物质分析的原料药质量研究"卡脖子"关键核心技术难题。杂质研究是原料药质量保证的关键，通过开展针对杂质含量和检验方法开发、杂质合成及结构确认，获得科学、准确的质量检验数据，解决原料药出口杂质不达标的问题，同时解决制剂产品一致性评价原料药研究资料缺失的问题。东北制药已经开展针对维生素 C、磷霉素等 7 个大宗、特色原料药的有关物质定向合成，明确产品的杂质类型、产生机理及控制手段，制定杂质的分析检测方法，完成工艺优化，提升产品质量，提升药品的安全性和有效性。项目涉及原料药品种多，杂质情况复杂，实施中与沈阳药科大学、西安交通大学、天津大学，以及上海峰林科技有限公司、北京普诺旺康医药科技有限公司等科研单位广泛合作，开展原料药杂质定向合成、结构确认、开发分析方法等研究工作，项目进展顺利，已有一批研究成果应用于指导生产。

## （二）北方重工混改后体制机制创新

北方重工集团有限公司为国家级高新技术企业，拥有完整的设计、试验、检测和计量手段及制造体系，拥有先进的产品研发能力，包含专业技术人员 850 余人。公司拥有 200 余项专利和专有技术，有 180 台（套）新产品填补国家空白，获国家各级科技奖 200 余项，2 种企业商标为"中国驰名商标"的产品获"中国名牌"称号。

公司始终秉承"科学技术是第一生产力"的发展理念，公司将继续加大科研投入，鼓励研发创新，不断优化企业创新体制机制，并与东北大学等科研院所建立了产学研联盟，搭建起科技创新平台，以市场需求为导向，做到技术创新与市场接轨，根据市场决定研发方向，针对重点产品项目，建立了院士工作站和博士后流动站，依靠强大的技术团队，生产满足市场需求的产品。全断面大直径敞开式硬岩掘进机是公司众多主导产品中的一种，它的成功研发，填补了多项国内技术空白，产品水平达到国际先进水平，两年内申请专利 18 项，制定国家及行业标准 2 项，其中 QJSYT-094 硬岩土压双模式掘进机获辽宁省科技进步二等奖、沈阳市科技进步一等奖。全断面掘进机成功应用于北京、深圳、广州等国内十余个城市和澳大利亚、巴西以及东南亚、中东等国家和地区的众多地铁工程、市政工程、引水工程、城际轨道交通等建设项目中。

现代建筑产业装备是北方重工重点发展的产品，2017 年北方重工与沈阳建筑大学开展产学研合作，承担了国家重点研发计划课题"重载及变载微动行走技术与装置研究"，采用轻量化结构设计方法，对复杂预制混凝土构件数字化智能精确布料的整机性能开展研究。企业拥有新型干法水泥生产线主要主机、绿色无甲醛人造板等产品及成套装备的核心技术，完成了现代建筑混凝土预制构件设备和成套技术的开发，水泥成套装备已打入海外市场，形成了一定的市场规模和品牌影响力，为企业加速发展现代建筑装备奠定了雄厚的基础。

北方重工加入方大集团后，引入方大集团市场化体制机制，植入精细化管理理念，根据集中管理，精干高效的组织结构设置原则，完成了"四公司、一中心"的组建，实现了对产、供、销和技、财的集成式组织和管理，保障企业经营策略整体划一，为企业营造快速响应、有弹性的精细化管理平台。根据企业产品结构及未来各领域产品市场前景，以"快速进入市场，持续提高效益"为指导思想，加大科研投入，通过内培外引和赛马机制，实现干到给到，奖到心到，为技术团体营造良好的创新平台，打造一支思维开阔、技术过硬、市场观念强、有成本概念的优秀团队，为提升企业的核心竞争力以及企业的技术进步和产业升级提供保证。

## （三）沈鼓集团科技创新

2017～2019 年，沈鼓集团科技创新能力明显增强，实现了科研攻关 283 项，新产品 729 种 1123 台，开展产学研合作项目 81 项，获得省级以上科技奖励 27 项，其中国家科技进步二等奖 1 项。沈鼓集团在各大技术领域取得重大突破，其中包括传热学、转子动力学等。与此同时，沈鼓集团授权专利118项，发明专利38项。10万等级空分装置用压缩机组、120万吨/年乙烯装置用压缩机组通过国家级鉴定，性能指标达到国际同类产品先进水平，是装备国产化的重大技术突破；我国首台国产AP1000屏蔽电机核主泵试验成功；FL-62风洞压缩机在营口基地完成机械运转试验和常压性能试验。

协同创新水平不断提升。以项目为依托，产学研体系建设得到了提高。重点项目转化率达91.8%。完成小流量系数通用模型级开发，并在产品中推广应用；铣制程序优化、新刀具应用，解决了三元闭式叶轮整体铣制粗加工效率低、成本高的问题等。同时，积极推进新产品技术引进，完成了重大新产品技术引进的谈判工作。

技术"三化"工作进展提速。完成635项技术标准的编制，审核发布301项。同时，从标准化角度入手，找到了"一物多码"根因，实现19种配套件结构化数据的网络化承载与自动化应用，为彻底解决"一物多码"问题奠定了坚实基础。机壳标准化计划完成率达到136%，科技保密体系开始构建。

在新产品研发创新、关键产业技术创新方面也取得了新成果，2017～2019年是沈鼓集团确保"十三五"技术发展规划落地实施的关键年，对顺利完成集团"十三五"发展规划的全部任务、开启"十四五"技术发展大局具有重要意义。为此，沈鼓集团围绕长输管线、炼油、石化、煤化工、核电、火电等领域需求的风机、往复机、水泵，开展了一系列的新产品研发。例如，我国天然气行业的快速发展，大大推进了天然气长距离输送和天然气液化等业务板块的扩展，借此机会沈鼓集团通过多年的技术积累，实现了天然气长输管线压缩机、60万吨/年天然气液化装置用离心压缩机的国产化研制，并实现了规模生产，在打破国外技术垄断的同时，其研制产品的技术指标经过国家级鉴定认可，主要技术达到国际领先水平。依托宁波中金的2000万吨/年炼油项目，沈鼓集团实现了世界上最大的筒型压缩机研制，让世界同行业叹为观止；依托神华宁煤的400万吨/年煤间接液化项目，沈鼓集团实现了 10 万等级空分装置用压缩机研制，成为世界上第三家具备该规格产品业绩的企业；以国家重点工程惠州 120 万吨/年乙烯项目为依托，结合企业多年的乙烯装置用压缩机成功经验，采取自主创新和产学研联合开发方式，攻克了大型乙烯"三机"核心关键技术，完成了国内首台套 120 万吨/年乙烯装置用乙烯"三机"国产化研制，提升了我国装备制造业的核心能力，并在重大装备国产化方面实现了重大突破，最终实现大型、高效、高压乙烯成套项目压缩机组装备的设计制造国产化；以中化泉州石化 1200 万吨/年炼油项目 330 万吨/年渣油加氢裂化装置需求的新氢压缩机项目为依托，开发了国产首台 4M150 往复新氢压缩机，标志着我国往复式压缩机行业水平达到国际顶端水平，使我国成为国际上极少数可以设计制造该系列机组的国家之一，在我国往复机发展史上具有划时代的意义，对推动行业进步意义重大；完成了巴基斯坦 K2/K3 核电厂"华龙一号"核电机组安全壳喷淋泵及低压安注泵研制，该机组是我国自主研发的第三代核泵技术成果，攻克了高温、核辐射、杂质、酸碱腐蚀、无冷却介质、小流量长期运行等诸多技术难点，为后续产品出口树立了样板等。

这些世界级高端装备产品的研制成功，在实现国产化的同时，大大提升了沈鼓集团在国际市场的竞争力和影响力，为沈鼓集团产品走出国门，增添了砝码。

### （四）中德园高质量发展模式创新

2015 年 12 月，国务院正式批复中德（沈阳）高端装备制造产业园（简称"中德园"）建设方案，中德园成为国务院批复的全国第一个以中德高端装备制造产业合作为主题的战略性平台。中德园被评为"中德企业合作基地""中德智能制造合作试点示范园区""国家国际科技合作基地"。

中德园自建立以来坚持规划引领，坚持"世界水平、国际标准、中德特色和高点定位"；形成了五大类 67 小类发展指标；实施科学精准规划，充分借鉴德国理念，提高城市设计水平。坚持改革思维，深化管理体制改革，省长、市长分别担任园区省、市两级层面推进领导小组组长，沈阳市将中德园由区级管理调整上升为市级管理；坚持产业高端，以五大主导产业——汽车制造、智能制造、高端装备、工业服务、战略性新兴产业构建高层次产业体系；加大外资项目引进力度，到 2025 年，力争引进德国及欧盟企业达到园区内企业总量的 50% 以上；依靠华晨宝马，拉长汽车产业链，并盯紧新能源汽车及智能化等发展方向，打造千亿汽车产业集群；紧盯实力雄厚、成长性好的龙头企业，抢滩布局生物医药、人工智能、新能源汽车、新材料等战略性新兴产业。坚持对外开放，始终坚持把开放作为园区发展的第一战略，积极融入"一带一路"，创建智能制造合作平台，实现跨国协同合作。坚持创新驱动，抓住沈大自主创新示范区建设机遇，坚持让创新驱动成为园区发展的核心动力，围绕产业链推进创新链，实现新旧动能转换。坚持服务为本，以"一个平台、五大体系"建设为抓手，一个平台即"一站式"企业服务中心，从供给侧、需求侧两端发力，为企业提供全生命周期、全过程、全链条的服务；"五个体系"即加快知识产权体系、"工业互联网"服务体系、"双元制"职业教育体系、融资服务体系、技术提升服务体系建设，打造国际化营商环境。

经开区、中德园拥有世界 500 强企业 57 家，外资企业 475 家，工业企业 329 家，其他各类企业 3000 余家。其综合排名在 2018 年列第 26 位。中德园的工业项目投资强度均高于沈阳市平均值。聚集高质量项目 362 个，如北方生物医药谷、微控飞轮储能等，并引入外资项目 127 个。在贸易通关方面也十分便利，中欧班列直达中德园，并且与 300 多家国外机构累计开展贸易交流活动 128 场。

2020 年末，中德（沈阳）高端装备制造产业园战绩可喜：中国工业互联网研究院辽宁分院、国家工业互联网大数据中心辽宁分中心挂牌，沈阳车联网检测基地成为东北地区第一个国家级的海外人才离岸创新创业基地；中德园的重要经济指标达到了每年增长 20% 左右，截至 2020 年，固定资产投资 110 亿元，规模以上工业总产值 830 亿元，进出口总额 160 亿元。虽然在2020 年受到新冠肺炎疫情的打击，但中德园的经济仍然稳步增长，保持在其一贯的水平。

　　《辽宁省5G产业发展方案（2019~2020年）》明确提出"将中德产业园打造成5G应用示范区"，而中德园也将以习近平新时代中国特色社会主义思想为指导，依据国家、省市总体部署，贯彻高质量发展要求，贯彻新发展理念，加快发展成为世界级先进装备制造业基地，争做沈阳、辽宁甚至东北区域的领头羊。

# B.13
# 后　记

　　装备制造业在辽宁的发展已经有 100 多年的历史，其不断的发展和提升，使辽宁省成为世界闻名的装备制造业基地，成为"共和国的装备部"。进入新时代以来，辽宁更是成为中国不可或缺的现代化装备制造业基地。装备制造业在辽宁的发展历史是近现代工业在中国的发展缩影。但是，长期以来辽宁装备制造业的演进一直没有得到理论上的历史梳理和概况总结。为此，2018 年辽宁社会科学院与沈阳工业大学在学术交流合作中萌发了对辽宁装备制造业进行梳理和总结的动议。几经商议和研讨，沈阳工业大学党委最终决定，以沈阳工业大学管理学院的研究团队为主要项目依托，吸纳省内相关专家学者，建立"辽宁省装备制造业发展研究课题组"，投入专项研究经费，对辽宁省的装备制造业进行年度性跟踪和分析研究，及时对辽宁省装备制造业发展业态、现状和未来发展战略进行把脉，以长期学科建设形成的装备制造业数据库为研究依托，最终以智库研究报告和蓝皮书的形式进行年度分析总结。为了完成此项研究，沈阳工业大学组建了"辽宁装备制造业蓝皮书"编纂委员会，由沈阳工业大学党委书记刘自康教授和校长郭连军教授挂帅，辽宁社会科学院副院长牟岱研究员和相关学者陈亚文研究员等为蓝皮书进行专家论证和体例以及框架的设计，并协调中国社会科学院有关部门。蓝皮书还得到了中国社会科学院科研局副局长王子豪研究员的大力支持和推荐，为本研究项目在社会科学文献出版社进行前期立项协调。社会科学文献出版社皮书分社的邓泳红社长从辽宁装备制造业发展的未来大局出发，对本书的出版给予了重要帮助和支持。在此，衷心感谢王子豪研究员和邓泳红社长对这本蓝皮书立项和出版的大力支持。

　　沈阳工业大学是一所以工为主的多科性研究应用型大学，作为辽宁省冲击国内一流大学重点建设高校，经过 70 多年的发展，确立了以服务国家现代装备制造业和区域经济建设为主，立足辽宁、服务全国的定位，打造"科教融合、实践育人"的人才培养特色和面向"智能+国家先进装备制造业"的学科特色。学校始终与国家装备制造业发展、辽宁老工业基地全面振兴同舟共济、同振共兴，充分发挥自身长期积累的专业优势、学科特色优势，以及国家重工业基地的区位优势和人才培养优势，紧密对接国家、东北和辽沈发展战略与重大战略部署需求，立足装备制造业发展需要，服务国家和地方，特别是将为各级部门和地方经济社会发展提供专业智力支持作为义不容辞的责任和义务，为国家特别是辽沈地区输送了大批专业化高素质人才，学校的高水平成果转化率居辽宁省属高校前列，学校的服务能力和影响力不断提升。

学校拥有支撑装备制造业发展的学科门类，取得了大批与制造业相关的高水平研究成果，已建成一批面向装备制造业的研究基地与学术机构，包括辽宁省科学技术厅重点实验室——辽宁省装备制造管理工程重点实验室、辽宁省高等学校新型智库——辽宁装备制造产业发展与企业成长研究中心等，为研究报告的编制奠定了坚实基础。学校主要领导协调全校优质资源，沟通校外有关部门，为高质量完成研究报告的编制创造了条件。辽宁省发展和改革委员会、辽宁省工业和信息化厅、辽宁省统计局、辽宁省社会科学界联合会、辽宁社会科学院等单位有关人员为报告的编制提供了大力支持和帮助。同时，报告的编制也借鉴了政府有关部门及企业的网站、年报等，参考了大量文献，使报告的编制更为全面完整。报告编制团队齐心协力，多次开会研讨修改润色，终于完稿交付。本报告的编制工作虽然告一段落，但肯定还存在不足和遗憾，将会在以后逐步完善。

祝爱民　牟　岱

2022 年 2 月 20 日

社会科学文献出版社

# 皮 书

## 智库成果出版与传播平台

### ❖ 皮书定义 ❖

皮书是对中国与世界发展状况和热点问题进行年度监测，以专业的角度、专家的视野和实证研究方法，针对某一领域或区域现状与发展态势展开分析和预测，具备前沿性、原创性、实证性、连续性、时效性等特点的公开出版物，由一系列权威研究报告组成。

### ❖ 皮书作者 ❖

皮书系列报告作者以国内外一流研究机构、知名高校等重点智库的研究人员为主，多为相关领域一流专家学者，他们的观点代表了当下学界对中国与世界的现实和未来最高水平的解读与分析。截至 2021 年底，皮书研创机构逾千家，报告作者累计超过 10 万人。

### ❖ 皮书荣誉 ❖

皮书作为中国社会科学院基础理论研究与应用对策研究融合发展的代表性成果，不仅是哲学社会科学工作者服务中国特色社会主义现代化建设的重要成果，更是助力中国特色新型智库建设、构建中国特色哲学社会科学"三大体系"的重要平台。皮书系列先后被列入"十二五""十三五"" 十四五"时期国家重点出版物出版专项规划项目；2013~2022 年，重点皮书列入中国社会科学院国家哲学社会科学创新工程项目。

# 皮书网

（网址：www.pishu.cn）

发布皮书研创资讯，传播皮书精彩内容
引领皮书出版潮流，打造皮书服务平台

## 栏目设置

**◆关于皮书**

何谓皮书、皮书分类、皮书大事记、
皮书荣誉、皮书出版第一人、皮书编辑部

**◆最新资讯**

通知公告、新闻动态、媒体聚焦、
网站专题、视频直播、下载专区

**◆皮书研创**

皮书规范、皮书选题、皮书出版、
皮书研究、研创团队

**◆皮书评奖评价**

指标体系、皮书评价、皮书评奖

**◆皮书研究院理事会**

理事会章程、理事单位、个人理事、高级
研究员、理事会秘书处、入会指南

## 所获荣誉

◆2008年、2011年、2014年，皮书网均
在全国新闻出版业网站荣誉评选中获得
"最具商业价值网站"称号；
◆2012年，获得"出版业网站百强"称号。

## 网库合一

2014年，皮书网与皮书数据库端口合
一，实现资源共享，搭建智库成果融合创
新平台。

皮书网

"皮书说"
微信公众号

皮书微博

# S 基本子库
# SUB DATABASE

## 中国社会发展数据库（下设12个专题子库）

　　紧扣人口、政治、外交、法律、教育、医疗卫生、资源环境等12个社会发展领域的前沿和热点，全面整合专业著作、智库报告、学术资讯、调研数据等类型资源，帮助用户追踪中国社会发展动态、研究社会发展战略与政策、了解社会热点问题、分析社会发展趋势。

## 中国经济发展数据库（下设12专题子库）

　　内容涵盖宏观经济、产业经济、工业经济、农业经济、财政金融、房地产经济、城市经济、商业贸易等12个重点经济领域，为把握经济运行态势、洞察经济发展规律、研判经济发展趋势、进行经济调控决策提供参考和依据。

## 中国行业发展数据库（下设17个专题子库）

　　以中国国民经济行业分类为依据，覆盖金融业、旅游业、交通运输业、能源矿产业、制造业等100多个行业，跟踪分析国民经济相关行业市场运行状况和政策导向，汇集行业发展前沿资讯，为投资、从业及各种经济决策提供理论支撑和实践指导。

## 中国区域发展数据库（下设4个专题子库）

　　对中国特定区域内的经济、社会、文化等领域现状与发展情况进行深度分析和预测，涉及省级行政区、城市群、城市、农村等不同维度，研究层级至县及县以下行政区，为学者研究地方经济社会宏观态势、经验模式、发展案例提供支撑，为地方政府决策提供参考。

## 中国文化传媒数据库（下设18个专题子库）

　　内容覆盖文化产业、新闻传播、电影娱乐、文学艺术、群众文化、图书情报等18个重点研究领域，聚焦文化传媒领域发展前沿、热点话题、行业实践，服务用户的教学科研、文化投资、企业规划等需要。

## 世界经济与国际关系数据库（下设6个专题子库）

　　整合世界经济、国际政治、世界文化与科技、全球性问题、国际组织与国际法、区域研究6大领域研究成果，对世界经济形势、国际形势进行连续性深度分析，对年度热点问题进行专题解读，为研判全球发展趋势提供事实和数据支持。

# 法律声明

"皮书系列"（含蓝皮书、绿皮书、黄皮书）之品牌由社会科学文献出版社最早使用并持续至今，现已被中国图书行业所熟知。"皮书系列"的相关商标已在国家商标管理部门商标局注册，包括但不限于 LOGO（▨）、皮书、Pishu、经济蓝皮书、社会蓝皮书等。"皮书系列"图书的注册商标专用权及封面设计、版式设计的著作权均为社会科学文献出版社所有。未经社会科学文献出版社书面授权许可，任何使用与"皮书系列"图书注册商标、封面设计、版式设计相同或者近似的文字、图形或其组合的行为均系侵权行为。

经作者授权，本书的专有出版权及信息网络传播权等为社会科学文献出版社享有。未经社会科学文献出版社书面授权许可，任何就本书内容的复制、发行或以数字形式进行网络传播的行为均系侵权行为。

社会科学文献出版社将通过法律途径追究上述侵权行为的法律责任，维护自身合法权益。

欢迎社会各界人士对侵犯社会科学文献出版社上述权利的侵权行为进行举报。电话：010-59367121，电子邮箱：fawubu@ssap.cn。

社会科学文献出版社